本书的出版及相关研究得到以下基金及组织的资助与支持：

浙江省文化研究工程重大项目（21WH70077ZD）

教育部产学合作协同育人项目（220606272235133、220604719022904）

浙江省教育科学规划项目（2022SCG217）

杭州市哲社重点研究基地"数字化转型与社会责任管理研究中心"

浙大城市学院"高等教育数智评价研究中心"

卓越 的寻绎

高校教师教学发展的关键机制和策略研究

马楠 等著

浙江大学出版社

·杭州·

图书在版编目(CIP)数据

卓越的寻绎：高校教师教学发展的关键机制和策略
研究 / 马楠等著. —杭州：浙江大学出版社，2023.9
ISBN 978-7-308-24205-9

Ⅰ.①卓… Ⅱ.①马… Ⅲ.①高等学校－师资培养－
研究－中国 Ⅳ.①G645.12

中国国家版本馆 CIP 数据核字(2023)第 176031 号

卓越的寻绎：高校教师教学发展的关键机制和策略研究

马　楠　等著

责任编辑	蔡圆圆	
责任校对	许艺涛	
封面设计	续设计	
出版发行	浙江大学出版社	
	（杭州市天目山路 148 号　邮政编码 310007）	
	（网址：http://www.zjupress.com）	
排　　版	杭州星云光电图文制作有限公司	
印　　刷	广东虎彩云印刷有限公司绍兴分公司	
开　　本	710mm×1000mm　1/16	
印　　张	16.5	
字　　数	286 千	
版 印 次	2023 年 9 月第 1 版　　2023 年 9 月第 1 次印刷	
书　　号	ISBN 978-7-308-24205-9	
定　　价	88.00 元	

目　录

1 绪 论

本书致力于立德树人背景下高校教师教学发展这一重大教育实践问题研究，即我国进入高等教育普及化发展阶段后，高校如何全面贯彻落实习近平新时代中国特色社会主义思想和党的教育方针，强化立德树人根本任务，落实培养担当民族复兴大任的时代新人的国家战略要求；更好地应用大数据分析手段和科学的研究方法，精准评估高校教师教学发展态势；有针对性地找准问题，摆脱传统行政体系以管理为主的机械推进和路径依赖，科学构建发展策略，推进高校相关领域的治理体系和治理能力现代化；实现政治引领、理念创新、发展服务、制度构建、价值文化等各类应用场景的开放创新，更好地满足高校教师教学发展的多元化需求；实现发展的多维协同驱动，更好地扎根中国大地，办好国家、社会和人民满意的高质量的高等教育。

1.1 研究背景

随着党的十九届五中全会胜利召开，我国进入社会主义发展进程中的新发展阶段，这既是我国社会主义发展进程中的一个重要阶段，也是我们的社会跨越到以人工智能为代表的"数字时代"的重要阶段，还是我国教育现代化和高等教育普及化的重要阶段。高等教育普及化和现代化发展进入新发展阶段，"数字时代"加速演进，对我国高等教育改革形成了重要影响。高校教师教学发展对推动高校把握新发展阶段机遇、应对数字时代挑战具有重要意义，也是推动高校全面落实立德树人根本任务、培养堪当大任时代新人、促进高等教育更高质量发展的关键之举。

1.1.1 立德树人背景下的高校教师教学发展

"立德树人"是习近平总书记关于教育的重要论述的核心理念。教师是推进落实立德树人的根本力量,当代教育理论和实践都强调要把学生作为学习的主体,把教师作为主导,形成"教"与"学"的良性互动,中共中央、国务院出台的《关于全面深化新时代教师队伍建设改革的意见》提出"中国梦的实现,关键在人才,基础在教育,根本在教师",也充分印证了这一点。

然而,近代中国的高等教育虽然得到了一定程度的发展,但缺乏应有的重视和系统的引导,从教师教学发展水平上看仍难以企及西方强国的高等教育水平。进入新中国,尤其是从 1985 年教育体制改革至今,各级主管部门的重视程度日益提高,高校教师教学发展的管理体系不可谓不健全,水平相比于过去有显著提高。但随着时代发展和社会进步,尤其是在 20 世纪 90 年代末期我国高校开始扩招之后,各界对高等教育给予了更多的关注,也提出了更高的要求,使得高校教师教学发展水平和人才培养能力与社会期望之间的差距进一步凸显。

从我国当前的高等教育发展生态来看,教师各个方面的发展呈现出"不平衡、不充分"的特点,特别在绩效管理背景下,过分追求"科研 GDP"或"学生 GDP",已经严重抑制了教师教学的积极性,并在客观上促成大学科研和教学"两张皮"的现象。高校教师教学活动和教学发展由边界的模糊性和内涵的复杂性带来教师教学质量和发展状态衡量的不确定性,使得教师教学发展面临"口号响,落地难""理念好,操作难"的尴尬情景,高校教师教学发展面临组织属性的边界刚性制约、教师学术职业与教学专业学习路径不畅、教学与科研张力失调的境地。高校教师教学发展的弱化,一定程度上影响着高等教育的人才培养质量,所以教师教学关注度偏低,在高等教育普及化背景下难以满足立德树人根本任务和教育现代化的要求,与经济社会发展对高校人才培养的现实需求不相匹配,人才培养能力与新兴产业等经济社会发展需求相脱节等关键问题,引发了各界对高校教师教学发展滞后的关注。

高校教师作为推进落实立德树人的核心力量,不平衡、不充分的发展矛盾在我国高等教育中普遍存在,引发了各界的关注,如何推动高校教师教学发展,回应和解决好高等教育普及化阶段实现高质量人才培养的实践问题,正是新发展阶段赋予高校的新课题。

我国早在殷商时期的甲骨文中就有"教""学"二字,跨越漫漫历史长河,从孔子私学开始出现较为职业化的教师这个角色之后,教师就不仅在教学本身,更在我国政治、经济、社会发展过程的方方面面扮演着重要的角色。教师的天职是教书育人,教授就得教书授课;不管名气多大、荣誉多高,老师是第一身份,教书是第一工作,上课是第一责任。尽管教书育人作为教师的天职被普遍认同,但由于缺乏应有的重视和系统的引导,从我国高校教师教学发展的水平上看仍待提高。一个显见的问题:现代教育理论和实践都强调要把学生作为学习的主体,把教师作为主导,形成"教"与"学"的良性互动,而没有实现理念创新和能力适应的教师教学活动是无法适应互动的教学过程的(见图 1.1)。

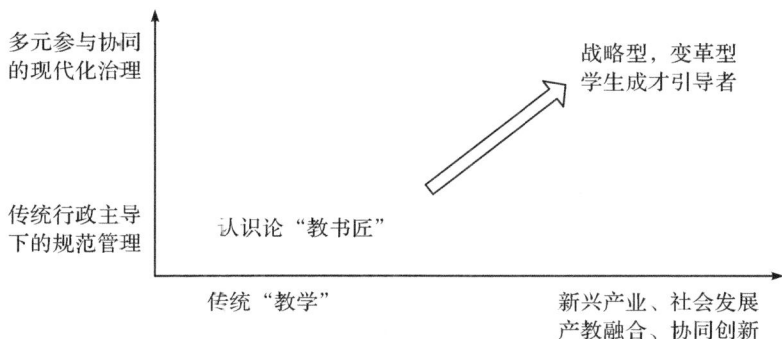

图 1.1　新发展阶段下我国高校教师教学发展面临的关键挑战

　　随着我国进入新发展阶段,与科学技术飞速发展、新兴产业迅速崛起形成对比的是,高校在系统筹划重塑教师教学发展体系、采取科学有效的推进策略方面的重视程度不够,使得高校人才培养能力越来越落后于经济和社会发展需求的可能性极高。正如美国哲学家、教育家约翰·杜威(John Dewey)曾说的,对今天的孩子来说,缺少理念的创新,只用昨天的教育方式,相当于抹杀了他们的未来,没有灵魂的卓越人才培养,难以适应面向未来的高等教育发展要求。

　　一个典型的例证:2020 年初为阻断新冠疫情向校园蔓延,教育部要求全国高校利用网络平台开展线上教学,进而实现"停课不停学"。消息一出,无论是高校的组织管理者还是一线教师和广大学生都有些不知所措,各种 QQ、微信、钉钉建群,BB 平台突击上传课程资料和 PPT,给高校的教学工作带来了重大影响。尽管利用高科技辅助教学并非新鲜事物,但正如前述情况描述一样,不少学者对线上教学、远程授课的教育质量和学生满意度表示怀疑。从教学实践看,"停课不停学"期间,确实存在一定量的网络教学是应急性的,也一定范围存在"教务管理人员不愿当群主、教师不会当主播、学生不想上网课"的现实状况,如此发展水平的网络教学恐难以有效保证教学质量,反映出学校、院系、教务管理、教师层面存在理念、组织、技术、技能、制度、文化等教师教学发展方面的不足,以及基层教学组织作用存在一定缺失等现实问题,体现了高校在教师教学发展相关治理方面尚存在不足。

　　历史上形成的一系列举措,对推进高校教师教学发展产生了一定的效果,但在经济和文化相互交融、产业与教育协同创新、教学与专业深度融合的今天,尤其是立德树人理念尚未全面根植于高校办学的方方面面,学校尚未准确意识到时代进步与高校教师教学发展之间存在的现实问题时,仍然需要推进实施更具针对性的有效的改善措施。引导教师投入教学,在讲台上实现教师角色认同,在师生互动中提升职业适应能力,在教学中获得职业的价值回报;通过组织支持,引导教师投入教学、热爱教学、倾心教学、研究教学,在讲台上实现教师角色认同,在师生互动中提升职业适应能力,在教学中获得职业的价值回报,更好地解决这些事关高校教师教学发展的关键问题,是高校、教育主管部门的共同愿望。

1.1.2 高等教育普及化背景下的高校教师教学发展

"育才造士,为国之本。"[①]新中国成立 70 多年,特别是改革开放 40 多年来,我国在实践中走出了有中国特色的教育现代化发展之路,实现了高等教育普及化,成功跻身世界高等教育大国行列。2017 年,党的十九大报告中提出"建设教育强国是中华民族伟大复兴的基础工程"的总定位,开启了我国高等教育强国建设新的伟大征程。随着教育强国战略的不断推进,我国高等教育快速发展。数据显示,2020 年,我国高等教育在学人数为 4183 万人,居世界第一且优势明显稳定;1978 年以来在学人数年均增长率为 7.2%,居世界第一;毛入学率达 54.4%(见图 1.2),已迈进美国教育社会学家马丁·特罗提出的大众化发展理论所定义的高等教育普及化发展阶段,高等教育跃上新台阶,进入世界第一方阵。在此背景下,高校教师教学发展水平也越来越受关注。

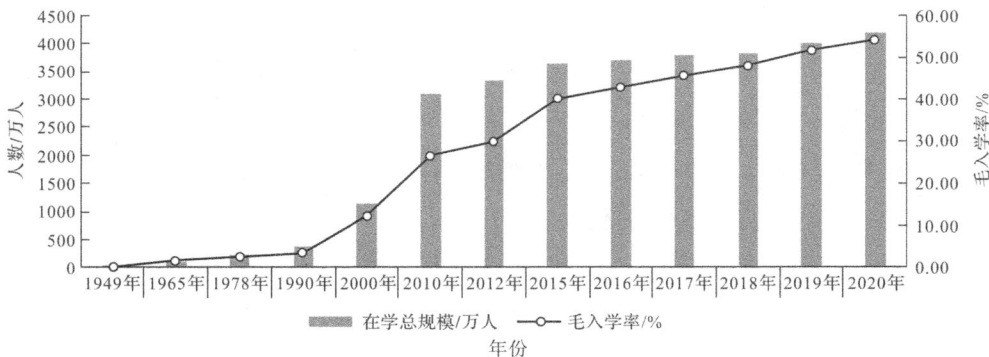

图 1.2 我国历年高等教育在学总规模和毛入学率

数据来源:教育部官方网站公布的教育统计公报。

---

①语出唐朝宰相、文学家权德舆的《策问·进士》,意思是培育和造就人才是治理国家的根本大计。人才兴则国家兴,人才衰则国家衰。

过去 20 年间我国高等教育快速发展,实现了从精英教育到大众化教育再到普及化教育的转变,但跨过门槛后,高等教育普及化仍然要经历漫长的发展过程,发展水平如何,除了规模因素,发展的质量、高等教育功能发挥的程度等都是重要的衡量标准。从人口变化趋势、经济发展情况、基础教育与高考制度、政策与环境需要等基本要素看,我国进一步推进高等教育发展,深化高等教育普及化具有良好的基础条件,数字、信息、计算机、网络等技术的飞速发展和新型基础设施的加快建设,也将有力持续推动高等教育普及化进程。普及化不代表低质量,更不能落后于时代,尤其是新发展阶段的普及化高等教育,历史、政治、经济、文化、科技等多重因素叠加影响、彼此交融和相互依存,人才培养能力的不足可能会引发更为严重的经济、社会发展乃至综合国力竞争上的劣势和危机,这对高等教育的发展和改革提出了新要求。为此,要更好更快地推动高校教师教学发展,努力适应新发展阶段需要,培养堪当大任时代新人是国家的要求和历史赋予高校的使命。所以现在我们要关注的是如何找准关键点、下好先手棋。

推动高校教师教学发展对高校把握发展机遇、应对时代挑战具有重要意义,尤其是高等教育普及化背景下,这一问题更需引起重视。要更好地适应新发展阶段需要,满足传统产业升级换代、高新技术发展和新兴产业创新的要求,需要搞清楚推动高校教师教学发展的关键点和落脚点。2018 年 6 月,教育部召开新时代全国高等学校本科教育工作会议,强调要坚持"以本为本",推进"四个回归",以培养德智体美劳全面发展、能够担当民族复兴大任的时代新人为目标,吹响了建设高水平本科教育的集结号,作出了全面提高人才培养质量的总动员,同时也开启了高校教师教学发展的新征程,为高校教师教学发展争取宝贵的发展机遇。

综上所述,在高等教育普及化的今天,科学技术飞速发展、新兴产业迅速崛起,与高校提前系统谋划重塑教师教学发展体系、采取科学有效的教师教学发展应对策略的重视程度不足形成了对比,使得高校人才培养能力越来越落后于经济和社会发展需求水平的可能性极高。那么,有没有措施可以更好地解决这种教师教学发展滞后带来的高校人才培养能力与国家建设、经济社会发展需求不匹配之间的矛盾?其实,包括美国在内的国家也在反思忽视本科人才培养的问题,并形成了一系列的研究报告,如《重塑本科教育:美国研究型大学发展蓝图》(1998,"博耶报告")、《重塑本科教育:博耶报告三年回顾》(2001)、《失去灵魂的卓越:哈佛是如何忘记教育宗旨的》(2006)、《回归大学之道:对美国大学本科教育的反思与展望》(2006)、《斯坦福大学本科生教育研究报告》(2012),从包括美国在内的高等教育强国为了面对这一问题而不断改进提升的高校教师教学发展策略这一国际高水平大学发展现实和趋势可知,加强高校教师教学发展评价,并有针对性地构建推进策略,是能够解决好上述问题的。这些研究和经验为我国在借鉴吸收的基础上,更加切合实际地、创新性地开展好教师教学发展相关研究工作指明了方向,也是当前和今后一段时间推动我国从高等教育大国向高等教育强国迈进的关键所在。

1.2　研究内容

本书围绕立德树人根本任务视角下的管理方式与治理理念的反思,以推动在高等教育普及化背景下提供高质量的高等教育为背景,基于"问题驱动"的研究范式,将核心研究问题界定为:高校应如何有效推动教师教学发展,以赋能"培养担当民族复兴大任时代新人"国家战略需要的重大高等教育实践,落实立德树人根本任务,力求助力解决当今高等教育面临的人才培养能力不足,以及立德树人使命担当弱化、与经济社会发展脱节等问题。下面就来分析为了推进上述高校教师教学发展的相关研究,现有工作提供了哪些基础和遗留了哪些问题。

(1)高校教师教学发展的核心概念

教师是高校的第一人力资源,教学是与人才培养关联最紧密的工作。从国家到各级教育管理部门都非常重视高校教师教学发展的相关工作,但时至今日仍有较大的发展空间和可能,从管理制度化到治理体系和治理能力现代化的路还很长。鉴于立德树人背景下发展高质量高等教育的战略需要和当前教师教学理念、能力、水平和精力投入之间矛盾的普遍存在,我们首先应该正本清源、厘清边界、建构概念,树立起规范的研究问题。为此,我们通过相关理论与文献综述,界定研究范畴和核心概念。

(2)高校教师教学发展的态势评估

从上述研究背景情况分析和已有相关研究情况来看,受长期以来评价导向等诸多因素影响,教师教学投入不足、教学关注度偏移,已成为当前高等教育发展过程中亟待解决的重要问题。在数字时代背景下,我们应采用数字化的分析手段更加精准地描述这一问题,给出基于大数据可比较分析的态势评估方法,构建态势评估体系,以可观测、可量化的指标对高校的教师教学发展状态和水平加以表征,进而更加精准地剖析当前高校教师教学发展中存在的焦点、堵点和难点问题。

（3）高校教师教学发展的路径模型

教育现象学的相关研究说明，教师教学具备情境性、实践性、规范性、关系性和自我反思性，是涉及教师个人、教学情景、教学组织等多维度，兼具内生性和外源性的管理实践问题，因而对教师教学的发展必然是多层次、多维度、具有复杂性的系统工程。基于此种系统性、复杂性的前提，我们需要牢牢把握高校立德树人根本任务和人才培养中心工作，采用恰当的研究视角、研究理论和研究方法，分析参与教师教学发展的主体和行为要素，找准高校教师教学发展的普遍路径，剖析个人、组织等维度与动态变化的内外环境等相关要素的相互关系，勾画教师教学发展行为主体的行动网络和路径，描绘基于关键要素与路径相结合的发展模型。

（4）高校教师教学发展的推进策略

高校教师教学发展的策略研究涉及相关主体的行为、制度、资源、文化等方方面面，通过揭示高等教育普及化、现代化和数字时代传统产业转型升级、新兴产业加快发展等时代背景和发展趋势下，对高校人才培养体制机制改革的要求与启示，有助于把握发展的方向。当前，发展策略研究的重点是要强化理论与实践相结合，质性研究与量化研究相结合，给出科学系统、行之有效的推进策略。因此，我们围绕高校教师改革发展的管理实践，运用政治学视角，有针对性地剖析高校教师教学发展相关政策和管理制度的理论演进、实践情况和发展成效；提出高校教师教学发展的策略改革基础和理论分析框架；通过理论指导下与实践相结合的混合研究方法，以理论研究为基础、路径分析为指引、实证研究为抓手、制度优化为落脚点、文化建构为创新点，不断完善我国高校教师教学发展推进机制，以此完善我国高等教育治理体系，提升高校治理能力和水平。

基于对以上核心研究问题的分析，本书从相关理论研究与具体政策实践出发，明确高校教师教学发展的关键机制（即找准高校教师教学发展的关键影响因素并科学分析这些因素对高校教师教学发展的影响作用、边界条件和具体过程），是有效构建有针对性的推进策略以解决好高校教师教学发展所面临的核心挑战的题中应有之义。在充分借鉴吸收已有研究和经验的基础上，通过深入的实证研究、建模分析，以及梳理整合理论指导下的发展案例实践开展具体研究工作。研究的总体思路是：采用混合研究方法，以问题分析为出发点、理论研究为基础、实证研究为抓手、模型构建为突破，对高校教师教学发展的关键机制进行全面剖析和科学描述。结合管理实践，把握推动高校教师教学发展复杂系统变革创新的根本动力机制，实现强化组织支持、激发价值回报、促进职业适应和提升角色认同等举措的多维协同,实现创新的整合研究。具体分解如下。

第一阶段,开展相关文献和政策文本的系统性分析,界定研究范畴和核心概念,梳理相关理论研究进展。

第二阶段,开展有针对性的调研、访谈和数据搜集、分析等基础工作,梳理高校教师教学发展的管理实践和基层经验,提出研究的技术路线和基础素材。

第三阶段,按照时空综合维度,采用 1989 年以来各高校的教师教学发展数据构建数据集,在消除可能存在的异方差的基础上,研究时间序列点上的教师教学发展状况,研究不同对象在空间上的差异性,从而构建浙江地方本科高校教师教学发展态势的整体结构。根据态势分析,总结相关高校教师教学发展的现状与存在的问题,并进行原因分析,提供策略研究的基础素材。

第四阶段,确定实证研究的具体方法、支持技术和适用模型,扎实开展资料分析、问卷调查和数据建模,规范开展关键机制的实证研究过程。

第五阶段,依据研究模型和实证研究结论,进行不同策略的绩效比较,为构建推进策略提供扎实的现实基础和翔实的依据,并将实证分析与国内外典型经验比较研究相结合,提出优化、完善、提升、创新高校教师教学发展的具体举措建议。

1.3　研究框架

现代管理学之父彼得·德鲁克指出"管理是一种实践,其本质不在于'知'而在于'行'",也就是说研究的目的应该围绕实践,重在最终的成就。高校教师教学发展的态势评估、机制研究和策略构建也是如此,既要来源于高校教学实践,还要能回归指导高校教师教学发展,进而解决教师教学的复杂性和实践问题。创新是应对复杂性和实践问题挑战的有效方式,其实质是把新思想引入具体的行为领域,并通过意识、理念、方法、工具、制度、信息等各个方面的交互作用,最终达到提升组织的运行效率和发展质量的目的。但怎样才能有效创新?创新从来就不是某个人或某个组织的孤立行为,而是一个复杂的人(理念)—技术(职业能力和管理制度)—社会(组织所处的内外部环境)结合的过程,需要作为参与者的个体和组织之间不断地相互作用、动态匹配,才能得以有效产生。

1.3.1 研究计划

从教师教学行为的显著实践性和复杂相互作用角度分析,高校教师教学发展的创新显然不是孤立的行为,要区分不同维度进行研究。因此本书在系统研究我国高校教师教学发展历史的基础上,引入大数据分析,评估高校教师教学发展态势,表征相关高校的教师教学发展现状和生态,以此回应高校教师教学关注度偏移,并在此基础上探寻高校教师教学发展的推进策略,营造良好的教师教学文化,进一步完善高等教育治理体系,为更好地推进落实立德树人根本任务、实施高教强国战略服务。具体研究计划如下。

子研究一:高校教师教学发展态势评估的大数据建模

数字时代在城市治理等领域日益强化的精密智控,也已成为推进高校治理体系和治理能力现代化过程中的重要内容,其思想理念一方面强调高校教学的制度化、规范化和可测量化,另一方面强调评估过程和结果的导引价值。沿着这一理论脉络,进入数字时代,应用科学的大数据分析对高校教师教学发展态势进行测量和评估,是开展深入研究的重要基础。在系统研究我国高校教师教学发展历史和现状的基础上,通过在大数据分析基础上的数据建模,构建"6+1"维度的高校教师教学发展模型,反映我国高校从1989年至今30余年来教师教学发展的现状、生态和态势,给出研究的关键指引。

子研究二:高校教师教学发展影响因素的扎根理论研究

基于全国高校教师教学发展指数对高校教师教学发展的真实态势进行了"全景扫描",从宏观层面证明高校教师教学发展问题一定程度上普遍存在。进而面临的一个重要现实问题是——究竟哪些因素与高校教师教学发展的关系最为密切?其中最关键的影响因素是什么?子研究二就是为了解答上述问题,对浙江省58所地方本科高校①的172份校(院)长教学述职报告(共涉及104位校长,其中整理出的发展举措内容共计65.94万字)进行扎根理论研究,通过解构其内在逻辑,确定影响因素。同时,基于教师层"自下而上"改革推动和组织层"自上而下"治理保障的两元多维协同发展思路,进一步确定影响因素的核心类属,并指导量化分析模型的构建。

---

① 研究共包含2015年、2017年、2019年三个年度的述职报告文本,考虑新设、更名等各种因素,共涉及58所浙江地方本科高校(时点数据为57所),除去职业大学和没有本科层次的高等研究机构,实现了全覆盖。

子研究三:高校教师教学发展关键机制的多层实证建模

对子研究二提炼出的影响因素结论进行实证检验。通过创新构建整合个体层面和组织层面的 ICR-O 分析框架,系统地探讨了作用于高校教师教学发展的关键性影响过程和边界条件。具体以浙江地方本科高校为对象,进行全覆盖的问卷调查,并对调查问卷的数据进行多层建模,对影响因素影响高校教师教学发展的过程和作用机制进行实证分析,对客观认知事实进行理论化的反思与建构,从而明确高校影响教师教学发展的机制性障碍,实现问题聚焦,找准薄弱环节和重点难点,形成高校教师教学发展的生成、变化与迭代优化的良性趋向指引。

子研究四:高校教师教学发展关键机制的典型案例拓展研究

运用多案例研究的方法,对子研究二和子研究三所确定的关键机制进行拓展研究。本书以浙江省教师教学发展指数排名最高、第一批被列入省重点建设地方本科高校的浙江工业大学,以及浙江省教师教学发展指数进步最快、第一所从独立学院转设为公办地方本科高校的浙大城市学院为案例样本,通过分析前者在转型提升过程中的最佳实践和后者在最优化"教师教学发展"推进过程中的典型做法,对高校教师教学发展的关键机制进一步加以充分讨论,形成更加具象化的认识和把握。

子研究五:高校教师教学发展整合提升的协同推进策略

现代管理学强调管理的本质在于实践,马克思主义科学实践观也强调研究的问题、方法、认识和应用都应该围绕实践,重在最终的成就。教师教学是多元、多维、跨层次的复杂实践性问题,因此研究思路既要来源于教学实践和管理实践,还要能回归指导改革实践和发展实践。通过层层递进的建构主义知识论指引,本书通过综合前述四个子研究的结论,消除理论假设与具体实践之间的沟通阻隔,针对现实问题和未来发展,提出两元多维协同发展的推进策略,为我国高校教师教学的高质量发展提供决策参考。

1.3.2　章节安排

本书研究共分为九章内容呈现,各章安排如图 1.3 所示。

第 1 章:绪论。围绕研究背景分析现实形势、问题和挑战,并在此基础上提出研究的核心问题,明确研究的总体思路和四个阶段的具体思路,确定五个子研究的具体指向内容和相关的研究方法、技术路线,给出研究的数据来源,并总结提炼研究创新点。

第2章:高校教师教学发展研究综述。根据研究问题系统分析国内外相关文献,界定核心概念,研究相关理论适用,归纳研究进展,总结现有不足,明确研究的具体方向和方法。

第3章:高校教师教学发展相关理论与实践。基于大数据分析形成高校教师教学发展指数,构建了解和掌握高校教师教学发展状况的渠道,为分析当前我国高校教师教学发展状况、制定相关政策的科学决策提供数据支撑,为支持与提升高校教师教学发展水平提供指导。

第4章:基于时空综合维度的高校教师教学发展态势评估。根据社会科学"展开、稳定、合成"任务,对述职报告中所蕴含内在意识的各种不确定性进行概括抽象展现,将尚未形成理论确定性的做法以有利于改善教学的方向予以确定并继承下来,科学分析高校教师教学发展影响因素,形成明确的实证研究结论。

第5章:高校教师教学发展影响因素的扎根理论实证。重点关注影响因素的核心类属,采用定量分析的方法,针对个体因素(包括角色认同、职业适应和价值回报)以及组织因素(包括组织支持)与高校教师教学发展的影响关系进行实证评估,并进行多层建模数据分析,证明 ICR-O 分析框架的科学性和适用性。

第6章:高校教师教学发展关键机制多层建模分析。通过分析浙江省地方本科高校案例样本的典型做法和最佳实践,剖析 ICR-O 分析框架提出的高校教师教学发展影响因素间的深度内在联系,对其关键机制研究进行再深化。

第7章:组织支持高校教师教学发展的作用机制。对高校教师教学发展的关键机制进行政治视角下的沉思与建构,将理论研究、实证分析和高校管理实践相结合,以两元多维动态匹配协同发展为方向指引,结合耗散结构能量持续动态交互的研究指导,提出调节、优化、完善、提升、创新高校教师教学发展的具体举措建议,推进形成策略创新网络。

第8章:高校教师教学发展两元多维协同推进策略。通过分析新发展阶段高校面临的发展环境和竞争特点,创新提出基于高校教师教学发展视角的双路径模型,去解释高校价值的可持续创造过程。在此基础上,明确高校教师教学发展对高校竞争优势的影响过程,进一步构建支撑高校获得竞争优势的教师教学发展实践体系。

第9章:研究结论与启示。对全书进行归纳总结,给出研究的主要结论、关键创新、理论与实践贡献,分析存在的不足之处并给出了未来研究的方向。

研究目标　　　　　　　　　各章安排　　　　　　　　　研究方法

提出问题

研究背景
概念界定
理论研究
政策实践

第1章
绪论

第2章
高校教师教学发展研究综述

第3章
高校教师教学发展相关理论与实践

描述性分析
系统文献综述
比较研究
政策文本分析

分析问题

态势研究牵引

第4章
基于时空综合维度的
高校教师教学发展态势评估

德尔菲法
结构化分析
大数据量化分析

解决问题

影响因素

关键机制深化

关键机制再拓展

策略建议

第5章
高校教师教学发展影响因素的扎根理论实证

现状调研
扎根理论
专家访谈

第6章
高校教师教学发展关键机制多层建模分析

问卷调查
多层建模

第7章
组织支持高校教师教学发展的作用机制

多案例研究

第8章
高校教师教学发展两元多维协同推进策略

结构化分析
规范分析

问题回应与展望

第9章
研究结论与启示

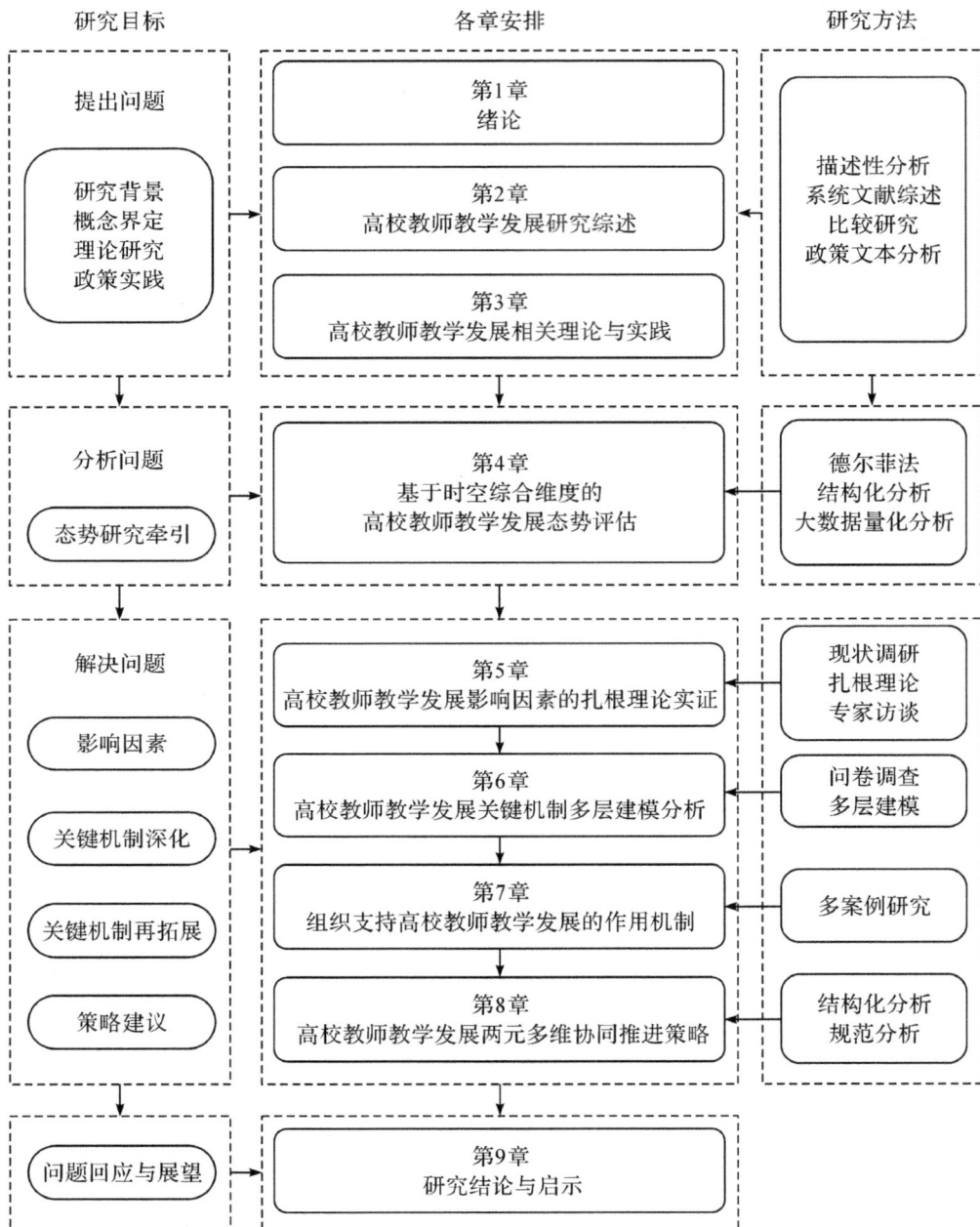

图 1.3　本书各章安排

1.4 研究路径

1.4.1 研究方法

在通过文献研究确定基本的研究内容和研究思路的基础上,拟采取混合研究方法开展具体的研究工作。质性研究回答了"是什么"或"怎么样"的问题,那么规范的量化分析回答的就是"应该是什么""应该怎么样"的问题,二者形成了很好的研究互补。

质性研究部分主要采用扎根理论方法、访谈法和德尔菲法,开展针对教师教学发展作用机制和管理制度的相关研究,确定研究涉及的相关行为主体和具体行为要素,勾画变量关系和行动网络;量化研究部分主要采用问卷调查法,开展针对教师教学发展行为要素、影响因素及关联、制约和耦合关系的研究,通过构建量化分析模型,得出关键机制的量化分析结论。结合两部分的研究结论,在科学化开展高校教师教学发展的态势评估的基础上探讨推进策略的实践取向。具体采用以下研究方法开展工作。

(1)文献研究

利用多种渠道对国内外文献以及资料进行合理搜集与应用,深入了解高校教师教学发展的相关核心概念、内涵、发展脉络、理论演进、发展现状及核心关切的问题。同时,深入分析相关理论研究进展,指导后续研究。

(2)规范分析

教师教学发展系统内外部各要素之间不是孤立存在的,它们的相互联系、相互作用形成了一个立体的网状结构。借鉴政府公共治理领域的精密智控理念,选取对高校教师教学发展影响显著的行为要素,细化为评价指标并构建量化评估体系。当然,要厘清这些要素和影响因素的行动网络关系,开展观察、访谈和专家决策分析是行之有效的辅助办法。

(3)扎根理论研究

本书关注"情境"(区别于"控制"),采用注重发现逻辑而非验证逻辑的扎根理论,通过对相关资料的有序分解、分类整理,用文字来描述研究现象,发掘各高校在教师教学发展各个维度中的差异、规律、结构与特点,在此基础上提炼出高校教师教学发展影响因素的研究结论。

（4）数据建模分析

针对高校教师教学发展的影响因素及其与内外部环境的相互关系开展定量研究。具体拟通过对相关影响因素及其具体属性的刻画，设计对应的量表，采用问卷调查的方法，构建多层次的量化分析模型，针对关键机制中影响因素作用的边界条件开展深入研究。

（5）典型案例研究

选取浙江省地方高校典型做法进行深度解读，关注影响因素作用发挥的具体内容和绩效表现，进一步深化高校教师教学发展的关键机制研究，支撑形成科学化的策略研究结论。

1.4.2　技术路线

根据上述分析，设计如下具体技术路线，如图 1.4 所示。

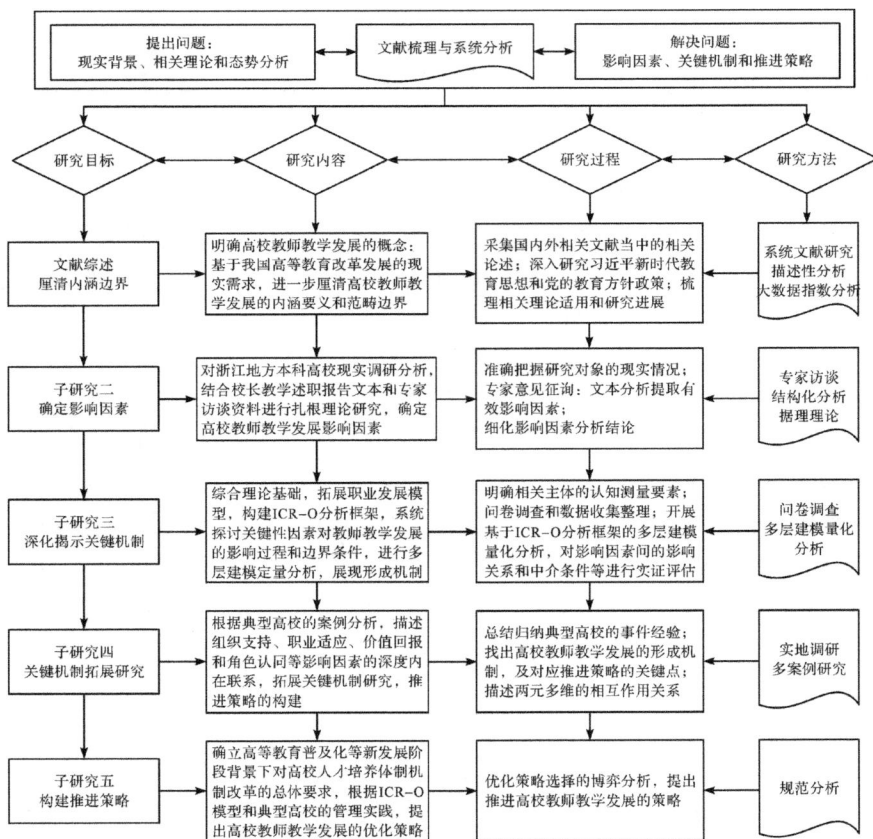

图 1.4　研究技术路线

技术路线图显示,首先,本书将进行相关文献的梳理,开展必要的概念剖析和理论分析;其次,进行充分的调研和访谈,明确与高校教师教学发展相关的维度和内容,并通过规范分析和结构化分析等综合研究方法形成教师教学发展态势评估的量化评价体系;再次,通过实证研究明确教师教学发展的主要影响因素,针对教师遵循或抑制自身教学发展动机和行为的内外部因素及其相互作用机制进行定量分析,并在此基础上对高校教师教学发展具体个案的实施策略进行绩效比较,为形成具有普遍意义的高校教师教学发展推进策略、完善相关体制机制提供翔实的实证依据;最后,总结归纳相关研究结论和典型经验,提出完善高校教师教学发展管理的政策建议。

1.4.3　数据来源

书中数据来源主要包括官方机构的公开数据、各类统计年鉴和档案资料、申请教育部管理部门信息公开获得的数据(部分教育部信息公开批复文件见附录1)、问卷调查的数据、作者的实地调研数据和研究文献中的相关数据等,以有关部门的公开数据和问卷调查所得数据为主。

(1)官方公布的统计数据

政府相关部门的报表·统计年鉴,或在正规出版物、官方网站上公布的统计资料和数据,如教育部、人力资源和社会保障部(包括原劳动部)、全国总工会等公布的统计数据,全国教育年鉴等相关历年统计年鉴,全国优秀教师、优秀教育工作者光荣册等书报和档案资料等。

(2)相关调研搜集整理的数据

本人有幸成为中国高等教育学会"高校教师教学发展研究专家工作组"小组成员,围绕相关领域开展了一系列的基础工作,并跟随中国高等教育学会2020年度重点委托课题"全国高校教师教学发展态势及推进机制研究"(课题批准号:2020ZDWT13)、浙江省教育厅2020年计划项目"高校教师教学发展路径和优化策略研究"(项目编号:Y202044350)、教育部2021年新文科研究与改革实践项目"文科类院校教师教学发展态势与推进机制研究——基于全国教师教学发展指数的挖掘"(项目编号:2021170007)等课题组,在三年多时间里,对浙江省本科高校进行了深入的调查调研,获得了丰富的第一手资料。

(3)已发表的相关文献等资料中的数据

由于研究者自身的局限,在研究过程中确实存在部分数据难以获取第一手资料的情况,故此在必要时引用了相关文献中的一些数据资料(引用时均加以注明)。

(4)选择具有典型意义的浙江地方本科高校以及可参考借鉴和对比研究的境内外高校作为案例调研

调研资料来源包括:其一,相关高校从基层管理实践中获取和总结的一手资料;其二,相关高校通过网站介绍、工作报告、新闻、访谈等途径获取的二手资料。

1.5　研究创新点

当前已有研究围绕高校教师发展的宏观政策、教师的专业化发展、教学组织发展、教师发展阶段等方面开展了较为丰富的研究,也有部分学者针对教师教学培训、课堂教学质量考核评价、责任使命和职业道德等方面开展了研究。总体上,当前的研究更多的是站在认识论的基础上,在高校组织与管理的内部语境中说明教师教学发展的积极意义。本书寻求一定程度上突破已有研究的局限,遵循"实践—理论—实证—实践"的研究脉络,聚焦于高校教师教学发展的关键机制和推进策略研究,具体通过对相关管理活动和政策实践(主要聚焦 21 世纪以来的情况)的总结演绎,结合高校的管理实践和基层经验以及高校校(院)长教学述职报告和大样本教师问卷调查等研究素材,采用交叉学科理论,以职业发展、调节焦点等理论为基础,以大数据分析、扎根理论、多层数据建模、多案例研究等多元混合研究方法开展面向本科高校的实证研究,给出来源于实践又能回归指导实践的研究结论,既关注了高校教师职业发展的要素、发展阶段和行为特点,也创新性地研究了组织支持驱动对教师个体内生动机的关键作用,创新构建了高校教师教学发展的 ICR-O 分析框架,拓展了已有的理论研究,形成了三个方面的研究创新点。

一是聚焦新发展阶段高等教育实践问题,遵循时代变迁的脉络,统计我国教育体制改革以来 30 余年教育主管部门指导高校教师教学发展相关的管理活动和政策实践,通过时间的积淀汇聚形成对高校教师教学发展规律的把握。同时,结合浙江省本科校(院)长教学述职等管理经验,通过扎根理论研究的总结演绎,建构了高校教师教学发展的影响因素及其核心类属并形成故事线,强调外部响应(时代变化—耗散结构)和内部协同(组织支持—个体行为),通过组织层"自上而下"治理保障与教师层"自下而上"改革推动,形成双动因驱动作用关系完整回路。

二是基于高等教育立德树人重大教育实践,对 Guan 等(2021)的通用职业发展理论进行了拓展,进而实现了对教师个体层面的角色认同(Identity)、职业适应

(Capability)和价值回报（Reward）以及学校组织层面的组织支持（Organizational Support）四个影响因素的情境化整合研究，创新构建了 ICR-O 分析框架，从不同层面揭示了高校教师教学发展的多层形成机制，弥补了高校教师教学发展这一领域在实证研究方面的不足。

三是将高校教师教学发展行为决策分为自我成长和组织支持两个维度，以此为主线开展策略研究。通过不同要素的非合作博弈分析，确定相关影响因素，比较不同行为、制度的管理绩效和社会绩效，分析自我成长的内生激励与组织支持的外在驱动之间的耦合机制。具体通过特定情境的典型案例研究，发现基于 ICR-O 分析框架验证的高校教师教学发展影响因素之间存在进一步的联系：学校层面的组织支持会通过影响教师群体对教学工作的更高度认同、发展职业能力的主动性和社会责任导向的价值回报，进而影响教师教学发展水平，证实了"组织支持"是更高层次的、非个体的影响因素，进一步深化了高校教师教学发展的关键机制。

本书研究的实践意义在于：一是本书通过扎根理论所形成的高校教师教学发展影响因素分析结论被中国高等教育学会专家组采纳，并应用于全国高校教师教学发展指数的模型构建；二是系统性构建了高校教师教学发展推进策略，有助于高校推进教师教学发展的具体实践；三是在数据分析基础上的高校教师教学发展研究，为政府投资、要素保障和教育行政管理提供了决策支持，被《杭州城市国际化"十四五"专项规划》《杭州重点投资项目"十四五"专项规划》采纳，并写入《杭州"十四五"期间扩大有效投资工作思路研究报告》。

此外，基于上述研究创新的相关论文被 CSSCI 期刊《高等工程教育研究》录用，已于 2020 年第 2 期正式发表，所提出的"ICR-O 动态匹配视角下的高校教师教学发展：一个跨层次的分析框架"，被 2022 年浙江省教育科学规划课题立项资助，推动进一步深化研究。

1.6　本章小结

高校教师教学发展滞后，教师教学关注度偏移，与高校落实立德树人根本任务、高等教育普及化、教育现代化和新发展阶段经济社会、新兴产业对高校人才培养的现实需求之间的矛盾，是本书研究问题的兴趣点和出发点。加快高校教师教学发展，提升教师的教学角色认同感以促进形成终身学习的观念，加强教师的教学理念、能力、技术等方面的培养以提高教师的职业适应力，提高价值回报以激发教师教学的成就感,优化基层教学组织作用和制度建设强化组织支持力,进而完善促进教师教学发展的体制机制,树立教育治理现代化的理念,构建扎根中国大地的大学教学文化是我们的策略指向和发展目标。

基于"问题驱动"的研究范式,本书将核心研究问题界定为应如何有效推动高校教师教学发展以赋能立德树人、落实培养堪当大任时代新人的重大高等教育实践,确立了四方面紧密关联的研究任务:一是中国高校教师教学发展的真实态势如何?二是基于中国高校教师教学发展的现实,哪些因素对高校教师教学发展有重要影响?三是影响的过程是怎么样的?四是应采取哪些措施推进高校教师教学发展?

坚持理论与实践相结合,采用混合研究方法开展研究工作。一是通过大数据分析,描绘高校教师教学发展的真实形态,构建完善高校教师教学发展态势的评估体系和标准。二是通过访谈、实地观察和扎根理论研究等质性研究方法,对专家访谈、校(院)长教学述职报告文本和典型案例分析等过程中所反映的高校教师教学发展过程中的规律性信息进行概括抽象展现,明确教师教学发展的影响因素,及其影响的形成过程和作用机制。三是通过创新构建 ICR-O 分析框架,针对浙江地方高校教师教学发展的认知与实践情况开展全面深入的问卷调查,采用多层建模的量化分析方法,开展科学化的关键机制研究,得出具有支持性、针对性和实效性的研究结论,确保相关研究分析所得结论科学可靠,确保高校教师教学发展的推进策略更注重真实情景下的实践,有助于研究成果应用落地见效。

2　高校教师教学发展研究综述

教师教学发展是教师发展研究的一部分。20世纪60年代到80年代中期,高校教师发展随着美国高等教育的迅速发展而开始受到越来越多的关注。经过数十年的研究积累,目前国内外关于高校教师发展的研究已经非常丰富和深入,但关于高校教师教学发展的专门研究仍较为薄弱,因为研究的关注度不高,有时仅将其视为相关的教师培训,这显然与我国从已实现普及化的高等教育大国向高等教育强国迈进的现实需要不相符合。本章围绕推动高质量高等教育对教师教学发展的现实需求,介绍相关研究的历史、现状、实践成果和最新动态,并从中获得研究的启发。

2.1　高校教师发展

Eble和Mckeachie(1985)研究指出,最初的教师发展形式可以追溯到1810年美国哈佛大学的学术休假,并且享有长期的聘任,这可以说是相关研究可追溯的最初起点。20世纪60年代末,美国学者傅乐(France Fuller)编制《教师关注问卷》,正式开始了教师发展(faculty development,FD)研究,而后美国高等教育飞速发展的"黄金十年"得以蓬勃兴起。目前研究发现的概念性描述最早出现于1973年拉尔夫(Norbert Ralph)所撰写的《高校教师发展的阶段》一书,但其并未做出明确的概念解读。然而,在最初的一段时间里,高校教师发展作为一个涵盖了相当多理论、实践和目标的术语,在不同研究者的论述中有不同的理解。接下来介绍高校教师发展与教师教学发展的概念、演进脉络、相互关联、内涵发展的相关观点和理论成果。

2.1.1　高校教师发展的概念与演进

发展(development),既是事物从出生开始进步变化的过程,又是事物的不断更新,可见发展是指一种连续不断的变化过程。就发展所带来的事物不断更新的变化而言,既有量的变化,又有质的变化;可能是正向的变化,也可能是负向的变化。在哲学术语里,这种连续不断的更新和进步变化过程,又指向事物由小到大、由简单到复杂、由低级到高级的变化[①];经济学意义上的"发展",则是对具有能够促使原来处于停滞状态的系统产生持续增长或推动能力的一种测度和评价。

发展的本质是内部的变化,发展的外在表现形式是增长。但发展也并不是单纯的量的增长,量的增长只能作为衡量发展的指标之一,具体必须结合应用环境来分析,尤其是管理领域的发展包含了更广泛和更深刻的内涵。除了对发展本质的分析之外,上述概念分析中所提及的发展阶段、发展的内因性和对系统的持续增长能力,都对本书研究具有重要的指导意义。关于高校教师发展,国内学者进行了相对丰富的研究,正如不同学科、不同视角对"发展"的认知所呈现出的差异,高校教师发展的概念辨析也存在模糊性,既是理论、又是实践、还是目标,既是术语、又是问题、还是范畴,在文献综述过程中,显然存在不同的理解。我们思考将前述"发展"的过程和要求融入大学教师的语境中,有助于明确高校教师发展的概念和内涵。

(1)高校教师发展的概念

Francis(1975)首次给出了高校教师发展的较为明确的定义:"为满足学生、院系和高校教师自身需求,在院系层面开展的一系列改善教师态度、技能和行为的活动,以使他们能够更好、更有效的胜任。"这一定义更多地指向了组织层面的管理和培训活动,强调教师的胜任能力,一定程度上忽视了教师个人层面的自我完善。因此,Bergquist 和 Phillips(1975)提出高校教师发展理论模型,围绕态度、过程和结构设计了教师发展的三个维度:个人发展、教学发展和组织发展。其后,Crow 等(1976)进一步从全面发展角度,明确提出了专业发展的要求,补充了教师发展的维度。Husen 和 Postlethwaite(1985)的研究指出,高校教师发展包含缘于学校环境中各种因素影响而导致发生在大学教师身上的总体变化。

在 20 世纪 90 年代以前的很长一段时间内,尽管学界对高校教师发展的概念没有比较一致、确定的认识,但总体上都是将高校教师发展视为提高教师教学水平的活动,甚至认为其就是提高教师教学水平,是促进教学改革的同义语(Boice,1984)。随着以美国为代表的西方发达国家进入高等教育普及化阶段,高等教育规

---

①引自:中国社会科学院语言研究所词典编辑室.现代汉语词典[Z].7 版.北京:商务印书馆,2016:352.

模快速发展之下,一定程度上忽视教育质量成为一种较为普遍的现象。这种趋势使得高校教师发展的研究受到了更广泛的关注。1990年,美国著名高等教育家、卡内基基金会前主席博耶(Ernest Boyer)在报告《学术反思》中首次提出"教学学术"概念,指出"教学支撑着学术,没有教学的支撑,学术的发展将难以为继"。受到"教学学术"观念的影响,高校教师发展的概念逐渐明晰。目前,最具代表性的应为1990年美国教育协会(National Education Association,NEA)在《高校教师发展:增强一种国家资源》中对"高校教师发展"的界定,认为高校教师发展指的是为改进大学教师的教学或科研成效而设计的发展项目,应该包括教学发展、专业发展、个人发展和组织发展四个维度的活动,其中教学发展应该包括更新课程和教学模式、准备学习材料等;专业发展应该帮助教师增强专业实践,获取专业知识和技能;个人发展包括对教师的职业规划、身心健康的维护和交往能力的提升;组织发展就是致力于营造有利于教师发展的组织环境。这一定义也被《国际教育百科全书》所记录。① 由此,高校教师发展的概念开始逐渐明确。

可见,高校教师发展既可以是一种结果,也可以是追求发展的过程;教师既可以是发展的主体,也可以是被发展的对象(客体);教师发展既可以是教师内生激励的发展,也可以是环境(制度、资源、文化等)带来的外生驱动的发展。在这样三大关系的交互影响下,可以认为高校教师发展是教师在职业生涯全周期中,通过内生激励和外生驱动的共同作用,提升自身的个体价值和个人全面发展的各种举措的集合。

(2)高校教师发展的内涵

我国从20世纪90年代开始关注教师发展领域,在较早的中文文献中,关注了教师发展理论的核心内容,并着重介绍了傅乐的教师发展阶段论、卡茨的教师发展时期论、伯顿的教师发展阶段论、费斯勒的教师生涯循环论和司德菲的教师生涯发展模式论等内容,与国外研究情况比较,虽然相对滞后,但也带动了国内的相关研究。后来的研究,有学者从哲学意义上明确了教师发展的社会需求方向,阐述了国际教师教育改革的趋势,并提出了教师发展过程中需要研究解决的几个问题,包括:教师发展与实践、教师发展与元教育、教师发展与文化、教师发展与研究、教师发展与评价等,进一步带动了国内学者对教师发展研究的关注,逐步形成了体现我国教育改革发展实际情况的教师发展的相关内涵。

教师发展最基本的是态度上和功能上的发展,不仅仅包括知识、技能等技术性

---

① 国际教育百科全书(第四卷)[M].贵阳:贵州教育出版社,1990:420-421.

维度,还应该广泛考虑道德、政治和情感的维度。有学者从教师主体发展角度进行研究,认为教师发展是强调教师的专业成长或教师内在专业结构不断更新、演进和丰富的过程;也有学者认为高校教师发展指的是教师的专业化发展,在《教师专业发展》一书中就主要讲述了教师的专业化发展问题,具体内容包括教师专业角色、教师专业精神、教师专业智慧、教师专业发展、教师职业心理等内容。也有研究认为,教师在教师发展中兼具主客体性,既可以是教师的自我内化发展,也可在外部机构的作用下进行发展,包含了个人发展、专业发展和社会性发展三个方面。2007年,我国高等教育学科创始人潘懋元论述了高校教师发展的内涵,认为:从广义上说,高校教师发展可以是所有在职大学教师,通过各种途径、方式的理论学习和实践,使自己各方面的水平持续提高,不断完善;从狭义上说,高校教师发展,更多地强调其作为教学者的发展和提高,也就是强调教师教学能力的提高,在某些国家或地区的特定阶段,因为教育发展水平以及认识的差异,它甚至可能仅仅指新教师培训(潘懋元,罗丹,2007)。他将高校教师发展内涵划分为三个内容:学术水平——基础理论、学科理论、跨学科的知识面;教师职业知识、技能——教育知识和教学能力;师德——学术道德和教师职业道德。

正确把握高校教师发展的概念和内涵还要考虑我国的发展实际,高校教师发展应更全面地包括学术水平的提高、教师职业知识和技能的提高以及师德的提升等多个方面。

当然,除了概念上的辨析之外,也有国内学者从政治理论和哲学意义上明确了教师发展的社会需求方向,阐述了国际教师教育改革的趋势,并提出了高校教师发展研究过程中需要解决的几个问题,包括:教师发展与实践、教师发展与元教育、教师发展与文化、教师发展与研究、教师发展与评价等,带动了国内学者从组织发展的视角对教师发展研究的关注。

高校教师发展研究过程中,教师个体发展与组织发展的不同关注点,是当前不同学者在研究过程中体现出来的主要的差异。正因为高等教育的根本目的是培养社会发展需要的专门人才,高校承担着立德树人的使命担当,今后基于高校组织发展的研究将在完善现代大学制度的工作中发挥更大的作用,并由此更好地促进教师个体发展。后文面向新发展阶段新兴产业发展需要的相关研究就是这一研究视角的体现,这也为高校教师教学发展的研究指明了方向、打下了基础。

2.1.2　高校教师发展与教学的关系

我国著名的教育理论家王策三(1985)指出,教师教学是教师"教"、学生"学"相统一的活动,是育人的基本途径。从前述脉络演进分析过程不难看出,为改善落后的教学,很多大学都把努力的方向放在教学维度上,积极关注教学的改进,这已使得在探讨教师发展的时候,外界往往将其内涵等同于教师教学发展,彼时对高校教师发展和高校教师教学发展的概念并未进行明显区分。Eble 和 Mckeachie 等(1985)在 BERGQUIST 的模型上增加了课程发展维度,虽然没有形成独立维度,但使得高校教师教学发展研究得到了更多关注。实际上在美国教育协会对高校教师发展的定义中,教学发展是教师发展的一部分,两者并不能完全等同。当前,国内外理论研究者对教学发展是高校教师发展的核心维度已经达成了基本共识,并在不断被强化,成为引导教师教学发展政策实践的理论指引,其中教师"德性"发展成为教师教学发展的核心要义之一,也日渐引起重视。

高校教师发展与教师教学发展两个概念间的差异,可以从这样几个方面来辨析。首先是关系层次上的差异,文献研究认为,高校教师发展是一个更加综合的概念,相关维度中包含着教师教学发展。按照《国际教育百科全书》的定义,高校教师发展指的是受学校环境中各种因素影响而导致发生在大学教师身上的总体变化。美国教育协会在《高校教师发展:国力的提升》一文中指出,高校教师教学发展的概念是由高校教师发展细化而来;Bergquist 和 Phillips(1975)的研究指出,高校教师发展由个人发展(态度)、组织发展(结构)以及教学发展(过程)组成。这些分析都指向高校教师教学发展作为下位概念,由教师发展细化而来,是教师发展的核心组成部分。也有研究认为,高校教师教学发展很接近狭义的教师发展。这是从包含范围、关系层次上进行的研究,明确了概念的逻辑关系。

事实上,关于高校教师教学发展鲜有普遍性的概念提出,常常带来与教师发展、教师专业化发展等概念上的混淆,这也是为什么文献研究中关于教师教学发展的专门研究相对较少的重要原因。

除了关系层次的差异,高校教师发展与教师教学发展区别的关键点还在于下面两点。

一是教师的主体性作用发挥程度不同。教学发展更关注教学质量和效果的提升,强调教师对教学角色的认同,重视推动构建学习共同体等师生共同进步的教学互动,以及促进产教融合、产学合作等与行业、产业、经济、社会等外部环境更紧密结合的协同创新,实现教师在教学工作方面的积极配合、主动投入和深入发展,更强调发挥教师适应高等教育和社会发展需要改进人才培养质量的主体性作用。正因为高校教师教学发展相较教师发展更注重教师的主体性作用,在行动内容上也更聚焦具体的教学活动,具有很强的实践性,因此可以对高校教师教学发展做出如下定义:在教师发展过程中,以教师为主体,以提高教师教学能力为核心,以提高教学效果、促进师生共同发展为目的的一系列教学发展行为。

二是发展策略的差异化要求不同。高校教师教学发展强调针对教师不同发展阶段、不同发展目标的需要采用差异化的发展手段，或使其接受不同的发展路径，对发展策略的细化和差异化要求更高。关于教师发展阶段的划分有很多深入的研究，本书研究重点并不在于探讨教师发展阶段的划分，而是关注教师在不同发展阶段面临的困难不同、需求各异，对教师教学发展的驱动因素有不同的影响，应该采取不同的发展策略。

例如，有数据统计，任教 5 年以内的教师（尚处于适应期和熟练期）如果遇到教学上的困难问题，多达 80.4％的人是通过内生激励因素的实践积累自己摸索解决，有 26.3％的人同时通过外援制度因素的导师指导解决。这就说明，这个阶段学校组织应加强带教导师制度建设，帮助教师更好地克服教学困难，提升教学水平。不仅各种管理制度的驱动因素在教师发展不同阶段对需求有所侧重，同类驱动因素在教师发展不同阶段也有不同的关注重点。有研究数据显示，同样作为与教师教学发展密切相关的角色认知的内容，在教师发展的不同阶段，关注重点差异也很明显，应加以区分研究。由此，我们也发现基于教师发展阶段的角色认知对教师教学发展的优化策略研究具有重要意义，将在后文进行专门论述。

2.2　高校教师教学发展

关于高校教师教学发展的概念界定尚不够清晰，大部分文献都将高校教师教学发展作为一项或一系列教学相关管理活动的统称，或者是围绕组织机构（如教师教学发展中心）建设的研究。在文献梳理过程中同时发现，高校教师教学发展边界模糊、内涵较为复杂，衡量发展状态存在不确定性，关于高校教师教学发展仍未能形成普遍性概念，有必要加以厘清。

2.2.1　高校教师教学发展的概念

2003 年，国内高教界引入"教师教学发展"的概念并进行了本土化研究。教师教学发展作为教师发展的下位概念，教学发展是教师发展中的一部分，也是核心的组成部分。因此，在高校教师发展的概念基础上，被比较普遍感知的一种概念性描述，将高校教师教学发展视为"所有在职大学教师，通过各种途径、方式的理论学习和实践，使自己的教学水平持续提高和不断完善的发展过程"。当然，有学者指出上述概念更多地强调高校教师作为教学者的发展和提高,即教师教学能力的提高,而在当前研究过程中,个体发展与组织支持的关注点不同,已逐渐成为学者观点的主要差异。

立德树人是我国高校的根本任务,要求高校承担培养社会发展需要时代新人的使命,新发展阶段政治视角下的高校治理能力现代化要求更高。因此,围绕高校组织支持的研究将在今后完善现代大学治理体系的过程中发挥更大的作用,有助于形成更加有效的举措促进高校教师教学发展。由此,形成了一个关于高校教师教学发展比较明确的概念:"在高校教师发展过程中,为提高教学质量,组织或个人通过各种途径为教师提供一系列持续支持和服务,促进其在教学价值观、教学能力、教学学术方面的发展。"

基于以上分析,通过建构主义理论方法论指引,将原有的知识经验在社会、文化等真实的实践环境中进行互动,并结合我国高等教育改革发展的实际情况进行建构理解并生成理论指导下的政策实践意义,由此展开建构的一种高校教师教学发展概念是:所有大学教师,遵循党的教育方针,践行立德树人使命,坚持培养经济社会发展需要的德智体美劳全面发展合格人才的根本任务,在组织支持下加强理论学习和实践,实现自身的品德修养和教学水平持续提高,推动教学组织的治理水平和人才培养能力不断增强的过程。

2.2.2　高校教师教学发展的内涵

关于教师教学发展的具体内涵,通过文献梳理发现,斯坦雷(Christione A. Stanley)采用思辨法将教师教学发展内容拆分为学生学习的指导与咨询、教与学的方法与技术以及课程设计与评价;麦卡尔派思(Lynn Mcalpine)和阿莫德森(Cheryl Amundsen)等采用统计学的方法将大学教师教学发展内涵划定为教学技能、教学方法与教学方式、教学过程实践、学科知识与专业学习、教学组织的发展与建设等;凯林德(Gerlese Kerlind)运用深度访谈的方法认为教师教学发展应该包括教学知识、教学技能、教学认识、教学信息、临床教学能力、个人的学习能力、教学哲学和改造教学的能力发展;Stenert(2008)通过文本分析,得出了教学观念和教学决策是影响高校教师教学发展的首要因素的结论,使得高校教师教学发展的内容更加丰富全面;美国教育协会将教师教学发展细化为通过改善教师的教学环境,提高教师教学技能,丰富学习材料,逐渐实现提高学生学习成绩和教师教学质量的过程。

我国研究者中较具代表性的是潘懋元等在 2007 年提出的,他们论述了高校教师发展的内涵,认为高校教师发展更多地强调教师作为教学者的发展和提高,即教师教学能力的提高。其他研究者也从不同方面强调了教师教学发展的影响因素和内容,具体包括:强调"教学"的学术性,教师的职业道德与职业生涯发展,教学平台的建设,教师教学认识的提升、教学方法的改进、开展教学培训等。

从已有的内涵分析可见,高校教师教学发展涵盖的内容更强调教师的主体性作用,也更聚焦具体的教学活动,具有很强的实践性。因此,高校教师教学发展在内涵上,应是以教师为主体,以提高教师教学能力为核心,以提高教学效果、促进师生共同发展为目的的一系列发展行为的总和。同时,语境逻辑决定着概念的性质,将"发展"的过程和要求融入我国新发展阶段的高等教育改革实践语境中,还要考虑我国高等教育立德树人根本任务的要求,不能脱离这个背景和语境来抽象地分析高校教师教学发展。因此,除了确保最基本的态度和功能上的发展,"德性"也成为高校教师教学发展的核心要义而且日渐引起重视。因此,高校教师教学发展不仅应包括知识、技能等技术性维度,还应该更广泛地考虑师德师风、政治、情感和责任等维度。

焦燕灵(2013)认为,高校教师教学发展在同性价值取向的基础上,还要进一步彰显个性和不断创新的过程。因此,要对高校教师教学发展态势做出更准确的价值判断,需要化繁为简,找到最能表征发展本质的核心因素。为此,赵春鱼等(2019)开展了深入的文献分析,形成国内外高校教师教学发展内涵分析结论,如表2.1所示。

表 2.1 国内外高校教师教学发展内涵理论分析情况

内容梳理	指标描述	引证文献
教师教学理念、角色意识和教学学术	学科知识与专业学习	Mcalpine & Amundsen,2005;潘懋元,2018;张人杰,2005;邵宝祥,2008
	教学知识	Akerlind,2005;周玲,康翠萍,2018
	教学认识和教学哲学	Akerlind,2005;Steinert,2008;眭依凡,2000
	专业境界	焦燕灵,2013;苏强等,2015
	学术性工作	苏强等,2015;陈时见,周虹,2016
	角色转化	傅树京,2003;程妍涛,顾荣芳,2017
教师责任意识、职业道德等个人属性	学生学习的指导与咨询	Stanley,2001
	认识学生及其学习风格	NEA(1991)
	职业道德	苏强等,2015;苏秋萍,2009;刘庆昌,2011;毋丹丹,2014;蒋文昭,2009
	角色认同与发展	苏秋萍,2009;陈时见,周虹,2016
	关注学生学习	刘献君,2018;裴跃进,2008;陈时见,周虹,2016

内容梳理	指标描述	引证文献
教学改革实践	课程设计与评价	Stanley,2001;曾玲晖等,2016
	更新教学模式和课程计划	NEA(1991)
	教学过程实践	Mcalpine & Amundsen,2005;周玲,康翠萍,2018
	改善教师教学条件	NEA(1991);张连红等,2014;陆国栋等,2014
	高科技辅助教学	曾玲晖等,2016;张人杰,2005
教学方法和技术	教与学的方法与技术	Stanley,2001;陈时见,周虹,2016
	教学技能	Mcalpine & Amundsen,2005;Akerlind,2005;周玲,康翠萍,2018
	教学方法与方式	Mcalpine & Amundsen,2005;陆国栋等,2014
	提升临床教学能力	Akerlind,2005;曾玲晖等,2016
	改善教学的能力	Akerlind,2005;曾玲晖等,2016
	准备学习材料	NEA(1991)
	教学诊断	NEA(1991)
	评价反馈学生学习效果	NEA(1991);曾玲晖等,2016
教师学习	个人的学习能力	Akerlind,2005;陈时见,周虹,2016
	教学能力提升制度(培训)	张连红等,2014;陆国栋等,2014
	教研参与等终身学习	张人杰,2005;程妍涛,顾荣芳,2017
	教学规范化建设	赵春鱼,2016
	职后教师培训	钟祖荣,张莉娜,2012;钟启泉,2012
	教学组织的发展与建设	Mcalpine & Amundsen,2005;潘懋元,2018

资料来源:根据赵春鱼等(2019)的研究资料及文献综述整理。

高校教师教学发展的概念梳理和演绎为本书研究带来了丰富的启示,随着概念建构的逐渐明晰,高校教师教学发展与人才培养乃至推动高等教育现代化建设之间的关系也进一步得以明确和强化。

2.3 国内外研究

2.3.1 研究现状

基于联系普遍性的内部矛盾所激发的"内因"驱动才是发展的根源。对发展的研究必须结合应用环境来分析,找到与环境相适应的内生动力源。在管理领域,发展则包含了更广泛和更深刻的内涵,除了对发展本质的分析之外,发展的阶段、发展的内因性和对系统的持续增长能力,都对本书研究具有重要的指导意义,均应纳入文献检索与分析的范畴。通过系统文献综述开展文献研究,有助于对研究问题的把握。本书主要通过 Web of Science、Taylor Francis 和"中国知网"数据库,检索发表的与高校教师教学发展相关的中英文文献。

以"教师发展"作为关键词在"中国知网"进行文献检索,其中围绕高校教师发展开展研究的论文有 365 篇(截至 2022 年底),发文时间主要集中在最近的 10 年里,而筛选标准是:第一,文献内容必须与"高等教育"和"教学发展"的主题明显相关;第二,文献必须涉及教师教学发展的目标、影响因素、路径、策略、评估手段、体制机制等,仅讨论高校教师教学发展的必要性或个案经验的软文、书评等将被剔除,共检索到相关论文仅约 90 篇(见图 2.1),主要是综述研究、比较研究、路径研究、教师教学发展中心等组织建设等几个方面的基础研究。从时间分布上看,国内相关研究自 2014 年开始逐步兴起,这一时间正是习近平总书记"做党和人民满意的好老师"重要讲话之后,是教育工作者对习近平新时代中国特色社会主义思想和党的教育方针的一种积极响应。

在外文文献的筛选过程中发现,概念不清常常带来混淆。丛立新(2007)在研究中发现,有些西方学者将高校教师发展仅视为提高教师教学水平的活动,如Boice(1984)认为教师发展是促进教学改革的同义语等。Taylor 和 Coletnr(2010)等国外学者则提出用"Educational Development"(ED)概括教学语境下的教师发展,即"所有能系统化地帮助高校教师去促进学生学习的工作",并将传统的教学组织发展和环境建设、课程培养方案建设等更广范畴地纳入其中,这种观点实际上认为讨论教育问题就是讨论教学问题。但总体来说,国内研究者普遍认为教育与教学之间并不能等同,因此,"TD"的表述被更多的中文文献所使用,指向"教学发展"的英译。以"Teaching Development"(TD)作为关键词针对英文文献进行检索,符合筛选标准的相关国外文献仅约 80 篇。

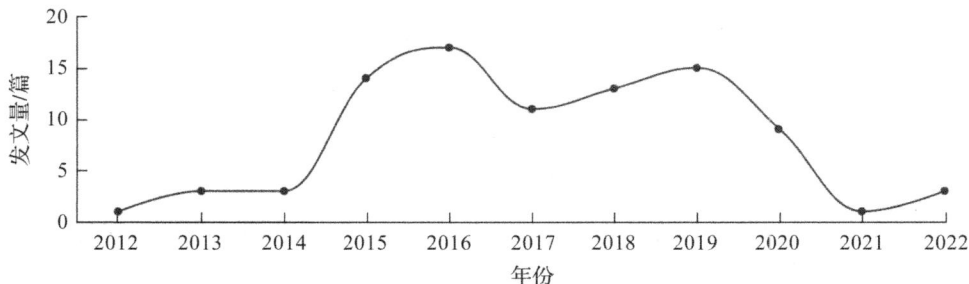

图 2.1　高校教师教学发展相关文献发表年份趋势

资料来源:中国知网。

再看我国当前高校教师教学发展研究,围绕教学发展的内容与路径(马楠,陆国栋,2020)、教师学习(刘隽颖,2018;李义茹等,2018)、青年教师培养(唐玉生,2020)、教师教学能力提升(赵慧臣等,2019)、教学评价与教学质量(曹燕南,2019;赵巍,2021)、教师教学竞赛(陆国栋等,2019;高雪芬,2018)等相对微观的层面形成了一定的研究成果,但是从组织层面对高校教师教学发展的作用机制和推进策略的研究,对高校战略和决策层面如何评估分析和把握高校教师教学发展态势的研究,以及更宏观的教育行政和政策层面如何构建高校教师教学发展有效牵引机制的相关性研究成果显得相对较少。

除了上述提到的研究和综述性的文献以外,高校教师教学发展的其他研究主要集中在三个方面:第一,聚焦于讨论高校教师教学发展的内涵。例如,周玲和康翠萍(2018)基于科学知识图谱的研究范式,对我国高校教师教学发展的研究热点及演变做了总结,将教师在主观努力和外部支持下持续更新教学理念、充实教学知识、提升教学能力并实现自我价值和学生成长的动态过程,视为高校教师教学发展。第二,定性讨论阻碍高校教师教学发展的影响因素。例如,在苏强等(2015)的研究中,提出体制机制弊端与教师内生动力不足是阻遏高校教师教学发展的两大因素,并进一步指出高校教师教学发展是涉及多重资源(如人力、经费和时间)和制度机制(教学职业文化、教师激励措施和学校行政支持)的复杂问题,而目前国内高校相关机构的行政属性(如人员配备不合理、职能虚化或者效率低下)难以有效满足教师教学发展的价值诉求。第三,关注高校教师教学发展的实现路径。在为数不多的实证研究中,蔡永红等(2018)构建了一个涵盖心理需要满足、自我效能感和教学专长发展三个维度的分析模型,定量探索高校教师教学发展的实现机制。他们的研究发现,三种基本心理需要满足(自主、能力及关系)对教师教学方面的专长发展具有积极影响效应,三种基本心理需要满足通过自我效能感来影响教师教学发展。

虽然有关高校教师教学发展的研究取得了一定进展,但目前仍处于萌芽阶段(李中国,黎兴成,2015)。具体而言,也表现在三个方面:第一,已有成果对高校教师教学发展影响因素的实证研究是不足的,更多的是基于认识论的哲学,探讨哪些因素会显著影响高校教师教学发展缺乏一个整合的分析框架,研究系统性相对欠缺。第二,对高校教师教学发展形成过程的探讨大多聚焦于个体的动机因素(如教师的心理需求满足),研究主要考虑教师的职业属性和个人价值,认为教师是一个能够自我建构的教学系统,教学发展是其内生的目的,因此教师教学可以按自身规律发展,而忽略了时代背景、发展要求等特征因素影响下的内生动机与外部环境等因素的交互作用;第三,普遍遵循发展应不受外界的干扰,尤其不能为迎合利益的目的去片面追求考核评价指标,组织支持更多的仅表现为教师培训和青年教师的入职培养。然而,考虑到我国特殊的文化背景和愈来愈强化高校立德树人根本任务要求,从政治角度去看,教师积极探索更高深的知识应不只是出于个人价值和知识追求本身,还是与学校等组织发展密切关系的一种追随,对社会有着深远的影响,而这些恰恰是推进我国高等教育治理体系建设的重要内容。因此,如果仅将高校教师教学发展视为教师培训的一部分,或者是同义词,这显然与我国已实现高等教育普及化,从高等教育大国向高等教育强国战略迈进的现实需要不相符合。

上述分析,足见高校教师教学发展在我国虽然日益受到研究者的关注,而且有了一定的基础,但相关研究还不够深入。研究逐渐展开但成果缺乏,说明研究人员虽然意识到高校教师教学发展的重要性,也意识到存在问题,但缺少更精准的问题剖析及系统性的思考和把握。正如美国北卡罗来纳州立大学爱德华兹(Edwards)教授在 2008 年的文章中所写:"社会科学研究中,近年来提出的理论并不比几十年前提出的理论强。"当前高校教师教学发展研究也大体如此,没有取得明显的突破。

2.3.2　发展趋势

(1)发展综述

除了概念辨析和基础理论研究之外,王长纯等国内学者从政治理论和哲学意义上明确了高校教师教学发展的社会需求方向,阐述了国际教师教育改革的趋势,并提出了高校教师发展研究过程中需要研究解决的实践、教育、文化、评价等几个方面的问题,带动了国内学者从组织支持的视角对高校教师教学发展研究的关注。

高水平的高校教师教学发展是人才培养的基本保障。除了历届中央人才工作会议、教师工作会议所传达的党和国家对高校教师教学发展的指示精神外,近两年更是作为专题以国务院文件的形式加以推进,使得高校教师教学发展得到了前所未有的重视。在党和国家强调"中国梦的实现,关键在人才,基础在教育,根本在教师"的中国式高等教育现代化方向指引下,我们可以发现全国范围内"要全面提高高等学校教师教学质量""全面开展高等学校教师教学能力提升系列活动"①等一系列政策要求和改革实践举措,我国高校教师教学发展正处在前所未有的发展关键期。

在高校教师教学发展组织建设方面的研究进展,未来将更关注教学组织的制

---

① 2018 年 1 月,中共中央、国务院在《关于全面深化新时代教师队伍建设改革的意见》中指出。

度与行为如何与教师教学、学习等自主行为的内生动机耦合发展,以及如何形成有效的组织支持策略。在这一方面的实践中,基层教学组织的有效运行发挥着重要作用。本书作者之一的陆国栋教授在任浙江大学本科生院常务副院长期间就已提出"重建基层教学组织"的有关思考,并于 2013 年在浙江大学开展相关的制度实践,这是关于高校基层教学组织建设的较早研究和改革实践。从已有研究结论看,基层教学组织相当于高校教学有机体中的组成细胞,要确保机体的健康成长,细胞就要保持活跃和旺盛的新陈代谢。实践中如何定义这个"细胞",陆国栋等(2014)研究认为,基层教学组织不只包括传统意义上的教研室或课程组,还应更广泛地包括上至院系、教学部、教学基地、实验教学中心,下至教学团队、教研室、课程组等方方面面的相关组织机构。四川大学在《基层教学组织建设工作实施办法》中也指出,基层教学组织是联系教师与学生、落实教学工作的"最后一公里"。除了落实课程的建设和实施之外,基层教学组织还需要关注课程的教学研究、改革、评估及教师教学发展培训。新发展阶段国家对基层教学组织更加重视,教育部提出开展虚拟教研室建设的政策要求,虚拟教研室成为高校基层教学组织建设的新目标,全国首批 439 个虚拟教研室进行试点建设。学校更深度支持基层教学组织建设的政策应包括明确工作责任与任务、工作管理制度、负责人任职条件及考评、评价与经费投入、考评与奖惩办法等内容,浙江大学、四川大学、西南大学等已有相关实践探索。

"文化为国家之命脉,国家之所以兴盛在于文化。"眭依凡(2012)曾引用此句说明文化是大学的灵魂,因此,可以从文化因素考虑高校教师教学发展。眭依凡和赵彩霞(2017)认为,通过大学文化推动的教师教学发展超越了简单的制度要求,深入每个教师的灵魂,成为大学教师的自我要求和自律行为,形成潜在的大学教学文化。大学塑造什么样的教学文化,能体现一所大学是否真正重视人才培养,这主要是基于大学文化对于育人的关键作用。从中国当前的高等教育发展水平来看,作为世界高等教育第一大国[①],高校教师教学发展不能太狭义地来理解,应考虑我国特殊的文化背景和高校立德树人根本要求,扩展到更高的大学文化层面来研究(张连红等,2014;邬大光,2013;亓志勇,2013)。面向未来,我们需要更多关注,文化作为一所高校的灵魂,是如何以及在多大程度上影响着高校教师教学发展的。

新发展阶段,推动创新型人才培养不能一味地"向西方要理论",要扎根中国大地。章太炎先生在《太炎学说》中评价中国哲学的优点是从人事出发,所以有应变

①来源于教育部高教司统计。

的长处,在造就人才方面胜过西方。所以根据我国的实际情况科学谋划,要将习近平新时代中国特色社会主义思想和关于教育的重要论述,以及党和国家的教育方针作为推动高校教师教学发展的理论基础和创新源泉(戚如强,2018;李世珍,郝婉儿,2021;李广,解书,2017;杨德广,2020)。人类命运共同体理念,是习近平新时代中国特色社会主义思想的核心内容之一。面向未来的高校教师教学发展,强调共同命运、提高人才培养的思想智慧,与加强高校思想政治教育密不可分。强化思想政治教育工作,提升"思政课程"和"课程思政"的建设水平,要更全面地融入高校教师教学发展的全过程。

随着高等教育改革逐渐进入深水区,推动系统性的综合改革面临着越来越多的困难,具有相对的不确定性且相对更难以落地见效。为此,从新发展阶段高等教育普及化的现实出发,围绕高校教师教学发展,推动小切口的政策改革研究先行引领,更有可能不等不靠,把握住发展机遇,这样的认识也更进一步地激发了研究者对高校教师教学发展的研究热情,并且相关政策研究趋势已初见端倪(吴爱华等,2019;张应强,2014;陈亮,2019)。

(2)发展目标

"苟利于民,不必法古;苟周于事,不必循旧。"[①]当今世界,变革创新的潮流滚滚向前,只有对研究对象有正确认识,才能更好地把握研究的方向。根据前述理论研究的综述分析,虽然高校教师教学发展的核心地位从理论研究、党的教育方针和国家的教育发展规划等方面都得到了确立,但目前教师教学发展却面临组织属性的边界刚性制约、教师学术职业与教学专业修习路径不畅、教学与科研张力失调等问题。高校教师教学活动的特点和自身价值实现的需要,均指向高校教师教学发展的核心动力应源自精通教学技艺并具有高度角色意识的教师本身。然而,由于"科研本位"对评价的影响,高校教师对教学发展一直未给予应有的重视(刘振天,2017;汪霞,崔军,2015),特别在大学综合排名、科研学科排名等社会评价引导下,人才培养与教学工作地位日渐式微。一方面,高校教师教学发展本应在人才培养中发挥关键作用,却始终被"悬置";另一方面,高等教育跟随西方主导的"现代化",也忽视了立德树人根本任务的要求。

学者呼吁应加快建立健全科学研究与教学关联的评价制度,改变以科研为首的大学评价制度,增加教学在大学评价中的权重(苏强等,2015)。"教育评价事关

①出自《淮南子·氾论训》。

教育发展方向,有什么样的评价指挥棒,就有什么样的办学导向。教育评价要坚持立德树人、坚持问题导向、坚持科学有效、坚持统筹兼顾、坚持中国特色。"[1]正是基于当前国家对教育评价的有关要求,实施态势量化评估所提出和希望的,是更多的高等教育领导管理者、广大教师和其他相关的社会各界人士都能够转换思路,以数字时代的治理思维来看待高校教师教学的当下状况和未来趋势,为应对高等教育普及化的持续深化和高等教育现代化的加快发展找到更优化的推进策略。所以,本书研究团队在 2019 年,通过全国范围内 30 余年数据基础上的高校教师教学发展态势分析和政策实践研究,指出当前我国高校普遍存在教师教学关注度偏移的问题,并开展了有针对性的态势评估研究。

《中国教育现代化 2035》发展规划反映出我国高等教育未来 15 年的核心问题,高等教育在数量上进入普及化发展阶段,然而高校教师的教育理念还没有跟上,与《仁川宣言》[2]所描绘的全纳、公平、有质量的未来全球教育发展愿景不相适应,而这恰恰正是高等教育普及化最需要秉承的教育理念,也正是教育哲学中所揭示的社会需要的高校教师教学发展的方向。可见,推动实现高质量的高等教育,培养符合时代发展和社会需要的优秀人才,是高校教师教学发展的核心关切目标。

其实,包括美国在内,各高等教育强国也在反思忽视本科教育、人才培养与社会需求脱节的问题,并形成了一系列的研究报告,如 1998 年的"博耶报告"、2006年《失去灵魂的卓越:哈佛是如何忘记教育宗旨的》、2012 年《斯坦福大学本科生教育研究报告》等。Sorcinelli(2007)研究指出,教师的深化发展是确保大学质量和支持大学改革的主要策略性杠杆,对于教师个人与大学的成功同等重要。与美国等高等教育强国情况一样,中国继续发展高等教育,也要对本科教育和人才培养质量引起足够的重视。第一项重点要做的工作就是坚持依靠教师,深化内涵式发展,课程和教学都要靠教师来做,所以最重要的就是教师(潘懋元等,2019)。高校教师教学发展与本科教学质量的关系最为密切和直接,正因如此,为妥善应对 21 世纪以来高等教育规模持续扩张带来的本科教学问题,我国出台了一系列政策来推动高校教师教学发展,如表 2.2 所示。

---

[1]2020 年 9 月,中共中央、国务院在印发的《深化新时代教育评价改革总体方案》中指出。
[2]2015 年 5 月,联合国教科文组织在世界教育论坛上发表《仁川宣言》,将未来全球教育的发展愿景概括为"确保全纳、公平、有质量的教育"。

表 2.2　21 世纪以来我国推动高校教师教学发展部分重要政策一览

时间	政策	核心内容
2000 年 7 月	中共中央组织部、人事部《关于加快推进事业单位人事制度改革的意见》	建立一套符合专业技术人员岗位要求的具体管理制度;形成一个人员能进能出,职务能上能下,待遇能升能降,优秀人才能够脱颖而出,充满生机与活力的用人机制
2001 年 8 月	教育部《关于加强高等学校本科教学工作提高教学质量的若干意见》	就加强教学工作提出了 12 条要求
2003 年 4 月	教育部《关于规范并加强普通高校以新的机制和模式试办独立学院管理的若干意见》	优先支持办学质量高、办学条件好的普通本科高校试办独立学院
2005 年 1 月	教育部《关于进一步加强高等学校本科教学工作的若干意见》	确立质量是高等学校的生命线,把提高质量放在更加突出的位置,鼓励教师开展教学理论研究、教学实践探索和优质教学资源开发
2006 年 7 月	人事部《事业单位岗位设置管理试行办法》	根据聘用合同规定的岗位职责任务,全面考核工作表现,重点考核工作绩效
2007 年 1 月	教育部、财政部《实施高等学校本科教学质量与教学改革工程的意见》	推动专业结构调整与专业认证、课程教材建设与资源共享、实践教学与人才培养模式改革创新、教学团队与高水平教师队伍建设、教学评估与教学状态基本数据公布、对口支援西部地区高等学校等六大方面
2007 年 3 月	教育部《关于进一步深化本科教学改革全面提高教学质量的若干意见》	进一步推动本科教学工作,切实提高本科教育质量
2011 年 7 月	教育部、财政部《关于"十二五"期间实施"高等学校本科教学质量与教学改革工程"的意见》	更突出体系化、项目化、基地化、成果化的系统性教学改革,更关注优质教学资源的建设与共享、更关注中青年教师的培养培训
2014 年 9 月	习近平总书记同北京师范大学师生代表座谈时的讲话	做"四有"好老师,要有理想信念、道德情操、扎实学识和仁爱之心
2015 年 11 月	国务院印发《统筹推进世界一流大学和一流学科建设总体方案》	在新的历史时期,为提升我国教育发展水平、增强国家核心竞争力,奠定长远发展基础作出的重大战略决策.强调建设一流师资队伍
2016 年 12 月	习近平总书记在全国高校思想政治工作会议上的讲话	只有培养出一流人才的高校,才能够成为世界一流大学。办好我国高校,办出世界一流大学,必须牢牢抓住全面提高人才培养能力这个核心点
2017 年 1 月	中共中央办公厅、国务院办公厅《关于深化职称制度改革的意见》	遵循人才成长规律,以科学评价为核心,以促进人才开发使用为目的,为客观科学公正评价专业技术人才提供制度保障

时间	政策	核心内容
2018 年 1 月	中共中央、国务院《关于全面深化新时代教师队伍建设改革的意见》	要全面提高高等学校教师教学质量,全面开展高等学校教师教学能力提升系列活动
2018 年 9 月	习近平总书记在全国教育大会上的讲话	全党全社会要弘扬尊师重教的社会风尚,努力提高教师政治地位、社会地位、职业地位,让广大教师享有应有的社会声望,在教书育人岗位上为党和人民事业做出新的更大的贡献
2018 年 9 月	教育部《关于加快建设高水平本科教育全面提高人才培养能力的意见》	大力推进高等教育信息化建设,精品视频公开课、在线精品课程等项目应运而生
2019 年 2 月	中共中央、国务院印发《中国教育现代化 2035》	将"建设高素质专业化创新型教师队伍"列为十大战略任务之一
2019 年 4 月	教育部办公厅《关于实施一流本科专业建设"双万计划"的通知》	一流本科专业和课程的"双万计划"启动并评选出第一批一流本科专业
2020 年 10 月	中共中央、国务院《深化新时代教育评价改革总体方案》	扭转不科学的教育评价导向,坚决"破五唯",提高教育治理能力和水平,加快推进教育现代化、建设教育强国、办好人民满意的教育
2020 年 12 月	教育部等六部门《关于加强新时代高校教师队伍建设改革的指导意见》	提出高校教师发展支持系列举措。其中,围绕建设高校教师发展平台,着力提升教师专业素质能力方面,提出健全高校教师发展制度、夯实高校教师发展支持服务体系等措施
2021 年 1 月	人力社保部、教育部《关于深化高等学校教师职称制度改革的指导意见》	明确进一步完善教师评价机制,激励广大高校教师教书育人,落实立德树人根本任务,推进高等教育内涵式发展,加快教育现代化
2021 年 7 月	教育部《关于开展虚拟教研室试点建设工作的通知》	探索"智能＋"时代新型基层教学组织的建设标准、建设路径、运行模式等,打造教师教学发展共同体和质量文化,全面提升教师教学能力

资料来源:根据相关政策文件整理。

根据以上政策分析所体现出的历史经纬线索,高校教师教学发展主要有三方面趋势:一是更强调高校教学的立德树人功能;二是更关注"线上线下混合"的教学新发展,以及由此演进的教育教学模式改革;三是"破五唯",推进更科学、全方位、差异化的教师教学发展的路径。

与此同时,我们也从政策研究中发现,教师教学发展组织建设的研究日益引起重视,虚拟教研室试点建设的推进就是最好的证明。在高校教师教学发展的组织建设方面,教师教学发展中心等相近机构是一个重要组织(宋洁绚,2018;陈明学等,2018)。1962年,密歇根大学率先设立教学研究中心,是组织层面推进教师教学发展最强有力且影响较为深远的举措之一。其后,尽管各高校由于观念、文化和时间上的差异而给予了这些机构不同的名字,但大都包含了"教学"二字,如教师教学发展中心、教学发展与研究中心、教学成就中心、教学设计与技术中心等,美国的斯坦福大学更是直接以"教学中心"命名。Sorcinelli等(2005)的研究显示,被调查的美国高校中,一半以上设置了专门组织机构。相关文献还表明,美国高校教师教学发展机构数量呈上升趋势。除了这些专门的教学发展机构,还有一个容易被忽视的重要机构,那就是各校的人力资源处。[①] 吴振利和饶从满(2010)研究认为,高校人力资源处从事着大量的教师教学发展工作,比较显而易见的是新教师入职教育和教师生涯发展,但更深层次的资源配置、聘用管理与考核激励等组织支持的研究,仍待深化。数字时代,一个教室(可能是实体的,也可能是线上虚拟的)成为一个信息终端,它的功能已远远不是实施教学活动的场地那么简单了,仅从这么一个微观的证明,足以折射出未来的发展趋势,教师教学发展组织维度相关的组织支持、组织管理、组织建设、组织创新发展等方面都将不断地得到强化。

(3)发展评估

数字时代在城市治理等领域日益强化的精密智控,也已成为推进高校治理体系和治理能力现代化过程中的重要内容。其思想理念一方面强调高校教学的制度化、规范化和可测量性,另一方面强调评估过程和结果的导引价值。沿着这一理论脉络,进入数字时代,如何科学地测量和评估高校教师教学发展态势,受到越来越广泛的关注。全国高校教师教学发展指数就是开展态势评估的一项研究成果,也是本书研究的重要基础支撑。

根据前述理论研究的综述分析,虽然高校教师教学发展的核心地位从理论研究、党的教育方针和国家的教育发展规划等方面都得到了确立,但研究发现,在大学综合排行、科研学科排名等社会评价引导下,人才培养与教学工作地位日渐式微。因此,学者呼吁,应加快建立健全研究与教学关联的评价制度,增加教学在大学评价中的权重(苏强等,2015;陆国栋等,2019a)。

传统的"管理"与现代的"治理"间存在显著的理论与实践上的差异,在兼具行政系统和学术系统的大学体现得尤为明显。眭依凡(2019)认为,大学高度依赖个人创造力,以智力劳动为特征,过度控制带来的所谓秩序只会导致活力的窒息。所以,大

①国外高校比较多用的直译概念,国内高校一般称人事处(有些民办高校因未定行政级别,称人事部)、组织人事部,现在有些职能也会与教师发展中心、教师工作部、人才办公室等重叠。

学治理现代化的价值取向应该是：行政系统不再是简单管控而是通过治理方式形成的能量场，实现组织与个人的高度协同，行政系统的价值所在是让教师的能量得以充分地释放而不是相反。完善制度体系和体制机制，以及推动教师参与治理等，都是高校教师教学发展推进策略的重要内容，是大学治理现代化理念的集中体现。

指数研究是推动高校治理体系和治理能力现代化建设的重要抓手，是为更好地服务高校教师教学发展-推动高校教学的制度化、规范化和可测量，体现评估过程和结果导引价值理念要求的直接回应，由中国高等教育学会组建专家组于2019年全面展开，通过大数据分析基础上的全景扫描，构建了的高校教师教学发展态势评估模型，反映了我国从1989年起至今30余年来高校教师教学发展的现状、生态和态势。时空综合维度的态势评估和分析研究中，对起始数据节点的思考有助于我们更进一步把握高校教师教学发展的研究脉络。

1985年5月27日中共中央颁布《关于教育体制改革的决定》，指出教育体制改革的根本目的是提高民族素质，多出人才、出好人才。要把发展基础教育的责任交给地方，有步骤地实行九年制义务教育；调整中等教育结构，大力发展职业技术教育；改革高等学校的招生计划和毕业生分配制度，扩大高等学校办学自主权；调动各方面积极因素，保证教育体制改革的顺利进行。2014年9月10日，《光明日报》刊发《国将兴，必贵师而重傅——中国教师队伍成长30年》一文，文中指出把师德建设摆在教师队伍建设首位，是教师队伍建设的战略举措，目前已逐步实现了师德建设长效机制和各级各类教育全覆盖，并专门统计了自1985年以来加大表彰优秀教师力度，全国各类教师荣誉的获奖情况。最早可查到的全国教育系统劳动模范、全国优秀教师都是从1986年开始，也就是教育体制改革之后开始。可见，正是从这一年开始，我国的高等教育改革进入了加速期。

1987年5月29日，中共中央作出《关于改进和加强高等学校思想政治工作的决定》（简称《决定》）。《决定》指出：在新形势下，高等学校必须把改进和加强思想政治工作作为自己的重要任务，为青年学生的健康成长创造一个良好的社会环境。《决定》还指出，建设具有中国特色的社会主义需要培养一代又一代有理想、有道德、有文化、有纪律的宏大的知识分子队伍。《决定》为高等教育改革赋予了新使命和新内涵，并在之后的1989年新中国成立40周年时，集中表彰了全国劳动模范1987名，先进工作者803名，全国教育系统劳动模范1475名，全国优秀教师、优秀教育工作者共19775名。研究认为，从1985年高等教育体制重大变革开始，经过四年左右的改革发展，进入了一个崭新的发展阶段，由此开始统计的各类数据，规范程度和获奖面都更稳定、科学、准确。

此外,要特别强调的是态势评估是以高校为单位,而不是针对教师个体,并不是说每一条数据代表一个个体的发展水平再进行叠加,而是通过高校相关工作的积累反映整体性的发展态势,所以要特别注意不能将教师个体发展和学校整体的教学发展态势分析混为一谈。

指数研发遵循的逻辑基础是:简单的教师职业培训不足以培养好老师,只有将各项相关工作中所包含的主体、理念、内容、方法、制度、环境、文化等方面的多因素引领统筹协调起来,才能形成教学发展的整体性带动,促进形成制度优化、资源保障、体制机制完善、文化创新等推进策略。根据相关理论研究、政策分析、管理经验和基层实践经验总结梳理情况,将高校教师教学发展设定为"6+1"个维度(见图2.2)。

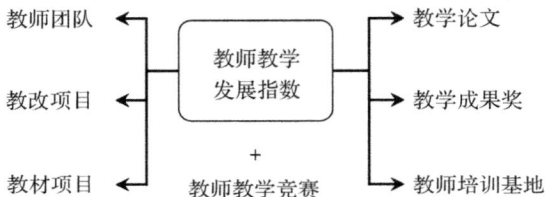

图 2.2　全国高校教师教学发展指数的内涵维度

资料来源:中国高等教育学会教师教学发展指数研究专家组公布的研究成果。[1]

指数依据的基础数据量近百万条,清洗后的有效数据量达到57万余条。[2] 基于大数据分析形成的指数,是了解、掌握高校教师教学发展状况的重要渠道,对于分析当前我国高校教师教学发展状况,为政府部门制定相关政策,以及为高校决策提供数据支撑,为规划未来高校教师教学发展道路、支持构建推进策略、提升高校教师教学发展水平和培育高水平的教师教学发展成果提供指导,均具有较大意义。

通过态势评估的分析,反映出这样一些高校教师教学发展的研究逻辑:

一是关注教学。教师教学发展指数的所有指标都指向教学或与教学高度相关。虽然对于高校教师而言,科研对教学具有重要的反哺作用,但由于两者联系的松散性,同时专业发展也单独作为一个教师发展维度与教学发展并列存在,因此在教师教学发展指数中不考虑科研指标。高校教师教学发展指数的设计是从另一个角度呈现高校发展的面貌,通过补充完善教育评价的标准,有助于更好地实现扎根

①2019年11月1日在南京举行的中国高等教育博览会上,中国高等教育学会专家组正式发布了我国首个普通本科院校教师教学发展指数,受到了全国高校的广泛关注,截至本书写作时已正式发布了三轮。
②原始数据全部可以通过高校学生竞赛与教师发展数据平台(https://rank.moocollege.com)进行查阅。

中国大地的高质量普及化高等教育。

二是关注教师。教师是教师教学发展指数各个数据点的主体,是真正从事教学的教师个体或团体发展的表现,而非其他。这对构建教师教学发展的行动网络,确保相关统计的完整性和饱和度具有显著意义。

三是关注积累。"十年树木,百年树人",教师的成长有其特定的规律性和阶段性,高校教师整体的发展既与每个教师的成长息息相关,也与高校教师发展政策成效以及辐射作用等息息相关,且这是一个积累的过程。当放大到历史观的视角,把高校作为分析单位来看,其教师教学发展整体状态与该校发展历史息息相关,尤其是关注到大学的文化引领在教师教学发展中的作用时,这一积累性的要求就更为明显。

四是关注评价成果。对高校教师教学发展态势做出价值判断的前提是把握清晰的评价内涵和明确的评价标准。需要化繁为简,从众多复杂的现象中抽取最能表征其本质的核心要素是科学评价活动的重要步骤。教师教学发展是在同性价值取向的基础上,进一步彰显个性和不断创新的过程(焦燕灵,2013)。对教师个体而言,这个过程是复杂的、边界是模糊的,但是对高校而言,却可以通过教师教学发展各个方面的成果加以表征。由于各类教师教学发展成果在取得的过程中就已经包含了各个高校教师教学水平的筛选,成果类指标可以看作是高校教师教学发展状态的关键评价指标。

该指数发布之后,已有研究人员以该指数模型为研究视角开始实施更加深入的路径研究(薛姣,2020;马楠,陆国栋,2020)。中国高等教育学会 2020 年设立重点委托课题"全国高校教师教学发展态势分析";教育部 2021 年确定全国首批新文科研究与改革实践项目并立项 2 项相关的全国性课题,分别为"文科类院校教师教学发展态势与推进机制研究——基于全国教师教学发展指数的挖掘""新文科背景下高校教师教学发展的机制研究与实践";教育部人文社科研究基金项目立项了"多源数据驱动的高职院校教师教学发展评估及推进策略研究";浙江省教育厅2020 年科研计划项目立项了"高校教师教学发展的路径及制度优化策略实证研究";浙江省教育科学规划项目 2020 年立项了"从疫情下'停课不停学'看高校教师教学发展的问题与对策";浙江省高教学会 2020 年立项重点课题"地方本科院校教师教学发展评价标准及学科具象"等一系列研究课题。文献检索也显示,在《高等教育研究》《中国高教研究》《高等工程教育研究》《中国大学教学》等高水平学术期刊上均有相关主题的论文公开发表。

2.4 文献述评

高校教师教学发展是高等教育发展的重要基础,这一观点已被国内外高等教育改革发展的理论与实践深刻说明。近年来,随着教育行政主管部门要求和鼓励高校教师教学发展的政策持续出台,各高校也纷纷开始推进相关工作。

现有理论研究基本厘清了高校教师教学发展的理论脉络:一方面,指出随着科技革命和技术创新裂变式的爆发,教师职业发展、成人学习和学习共同体等理论和新型教学组织形态都将基于数字赋能得以更快更好地发展,教学学术思想、教师发展理论将迎来新的进步。数字时代演进所带来的信息传播方式和作用方式的改变,知识经济对高校教学工作带来巨大的转变,要求高校教师教学发展必须与时代发展保持紧密同步,一种新型的大学教学文化将逐步形成。另一方面,初步描绘出了教师教学发展的学理形态,将高校教师教学发展系统以一个相对具象的社会系统形象展示出来。

通过对高校教师教学发展的概念辨析和相关文献的综述学习,结合时代背景、国家战略目标和恰当的思考视角进行梳理,得出以下两个方面的分析结论。

①高校教师教学发展在世界各国的高等教育改革实践中一直被鼓励,理论界亦进行了相关研究。教师发展研究成果比较丰富,为本书提供了一定的参考借鉴,教师教学发展研究虽然相对滞后,但已有了较大突破,为本书奠定了坚实的问题分析基础。

②数字时代所实现的革命性的信息交流,数字化带来更高水平的赋能,实现了基于大数据全景扫描式的高校教师教学发展宏观态势评估,为实现基于科学方法的高校教师教学发展关键机制建模实证提供了重要的指导。

已有理论和政策实践对高校教师教学发展的未来研究具有借鉴意义,但在文献综述中也发现,当前的研究较多地从认识论基础上说明了高校教师教学发展的积极意义,个案研究、具体应用和政策实践领域的经验研究相对丰富,但对高校教师教学发展关键机制的实证研究不足,还没有形成系统化、科学化的高校教师教学发展推进策略。

文献综述涉及的国内外理论研究和政策实践得到的几个方面的初步结论,对于指导高校教师教学发展研究工作也有几个方面的启示,具体包括如下。

①研究的视角可以更加丰富。在以教师为主体的教学视角之外,拓展研究关

注的维度，构建推进高校教师教学发展的有效策略方面，仍有非常值得研究关注的内容。如有不少学者提出了要强化组织支持和协同创新方面的建议，但还不够深入，研究视角的选择是可能的原因。其实人力资源管理、政治、公共管理等领域的相关理论视角都值得关注，如角色认知理论、耗散结构理论、调节焦点理论、职业发展理论、激励理论等都是值得深入下去的研究视角。

②研究的对象可以更加多元。高校教师教学发展既要关注个人发展的内生动机（发展的内在性），也要关注组织支持的治理驱动（发展的外部性）。因此，高校教师教学发展应更全面地包括自我成长和组织支持两个维度，组织支持下的高校教师教学发展必须系统性思考，以提升教师教学角色认知为关键点，以区分教师发展阶段的不同发展侧重、发展策略为落脚点，通过实现教师教学发展内生动因驱动和组织支持激励的有效融合，形成教师教学能力和专业能力的"双发展"格局，其内涵要比单纯的概念更为广泛，可以研究的主体对象也更加多元。

③研究的过程可以更加深入。高校的组织支持行为如何有效地促进高校教师教学发展，涉及两个特别重要的问题：教师教学应该是稳定安全状态下的自主发展，还是外援激励下的制度规范，或是在环境影响下的价值引领和组织支持？应如何在教师教学的道德规范、物质激励、制度约束和评价引导之间取得最佳平衡，从而使教师、教学组织和学校的整体教学发展达到较高水平？这将是深入研究的一个重要方向。

基于以上，立足于寻求一定程度上突破已有高校教师教学发展研究的局限，从强化立德树人理念、提升高校教师教学发展水平、提高人才培养能力的重大实践问题出发，重点解决如何把握发展方向和构建推进策略的实际应用问题，应进行更为翔实的多层次实证研究，扩大研究对象的覆盖范围，以更高的政治站位和更广的治理视角选择研究的理论适用、要素构成和切入方向，构建更加整合的研究模型，进而找准高校教师教学发展整合提升的关键机制和推进策略。

3 高校教师教学发展相关理论与实践

在我国由高等教育大国到高等教育强国的历史性跨越进程中,国务院于 2015 年发布了《统筹推进世界一流大学和一流学科建设总体方案》,以世界眼光和目标水平同时聚焦一流大学和一流学科建设,使"双一流"成为我国高等教育领域的国家战略,"加快一流大学建设,实现高等教育内涵式发展"被明确写入了党的十九大报告中。正是基于此种背景,教育部明确提出"加快建设高水平本科教育、全面提高人才培养能力"[①],对高校建设、知识生产和教学模式变革都提出了挑战,对高等教育发展的思考和认知要求也更加深入。

未来高校教师教学发展的研究,将在进一步探索教师教学与人才培养的紧密互动方面形成更丰富的应用成果。高校教师教学活动的特点和自身价值实现的需要,均指向高校教师教学发展的核心动力应源自精通教学技艺并具有高度角色意识的教师本身。由此,围绕推进高校教师教学发展所需要的职业发展、组织行为和人力资源管理等方面特性,提出更有针对性、相对清晰有效的方向指引,是本章研究的主要内容,以下介绍本书所采用的相关理论研究进展。

3.1 教师职业发展

3.1.1 教师职业发展理论

Fessler(1985)在其所撰写的《教师生涯发展循环论》一书中,认为教师发展是循环的发展系统,是教师个体在不同的发展阶段与组织和环境持续相互影响作用的结果,这是国外较早关于教师发展应与环境相匹配的论述。在国内较早的文献中,杨秀玉(1999)关注到教师发展理论的相关内容,除了介绍费斯勒的教

---

① 教育部 2018 年 6 月 21 日在新时代全国高等学校本科教育工作会议上提出的工作要求。

师生涯循环论以外,还着重介绍了富革力(Fuller)、卡茨(Katz)、伯登(Burden)和德菲(Steffy)等学者给出的教师发展阶段论和教师生涯发展模式论等内容,与国外情况相比,虽然相对滞后,但也带动了国内的研究进展。后来的教师发展研究转向关注教师的专业发展,叶澜(2001)认为高校教师发展是强调教师的专业成长或教师内在专业结构不断更新、演进和丰富的过程;夏飞和高燕(2015)认为高校教师发展研究的主要是教师专业化发展问题。

作为与教师发展密切框关的内容,教学与科研的关系一直备受关注。基于立德树人根本任务的高等教育理念,必须改变传统以"教"为中心的观念,而代之以"学"为中心,同时也必将集中体现在教师教学发展上。马克思和恩格斯都认为,逻辑起点是最简单的范畴,也是最有效的思考指引,已有研究明确指出教育学范畴的逻辑起点落在了"学习"这样一个适度抽象的范畴上(瞿葆奎,郑金洲,1998)。根据"学习"起点论的要求,教育的逻辑起点是促进学生学习,而教学是最直接关系学生学习的主要工作。

此外,教学学术理论也为明确教学与科研的关系,从另外一种视角给出了解读。教学学术理论的核心是说明:大学不仅包括发现的学术、综合的学术、应用的学术,教学也是学术。这一理论由美国卡内基教学促进基金会前主席、教育学家博耶在20世纪90年代提出,初衷是为了唤起各界对教学工作的重视,实际上给出了一种"学术"的思维视角,避免了教学与科研的逻辑割裂。教学学术思想在我国得到了广泛的认同(陈红,周萍,2015;姜竹青,姚利民,2014;郝永林,2014),并且随着研究的深入,也带来认识上的变化,即对教学工作的认知不仅意味着重视并实现"好的教学",也包含着教学发展需要的不断探索求真的学术研究活动(吕林海,2009;杨超,2018;王建华,2007;袁维新,2008)。

大学教学学术概念的提出,极大地影响了高校教师教学发展的理念和实践,带来了革命性的变化。教学学术的确立使得教学更加规范化、制度化、可测量、可评价,从学术的角度看待和理解教学,其内涵也变得非常丰富(朱炎军,2021;李志河,刘芷秀,聂建文,2020;赵炬明,高筱卉,2020;赵菊珊,2021)。教学学术既体现在"教"的层面,也包含了"学"的层面,Maxwell(2001)认为教师研究"教"的问题固然重要,但帮助学生提高学习能力并取得成功,以及培养学生可持续学习能力方面的积极作用更为重要。

教学学术概念自诞生之日起即专属于高等教育领域,回应了高校"重科研、轻教学"现实状况,扭转了社会上对"教书匠"根深蒂固的传统认识。我国学界也逐渐接受这一思想,王玉衡(2006)研究认识到,教学学术的思想使高校教师的教学工作得到更科学、准确的认识，抓准了高等教育改革的突破口。康翠萍和王磊（2016）认为，基于教学学术理论，应将高校教师教学发展定位为一个涉及多主体参与、共同推动的系统工程，对这一系统工程的结构化分析应紧密围绕大学教学工作的相关内容和行为要素，要避免重复性的研究教学和科研之间的平衡关系和相互作用。而且，这一工程要得以实施，既需要理念的指引，也需要政策的支持，更需要高校治理体系的配合，当然也离不开高校教师不断强化对教学角色的自觉实践，通过实行内部治理和协同，引导高校教师进行教学的改进与反思、创新与发展，从而真正提升教学能力和发展水平。

以教学学术的思维研究教学，更具自我反思性，有助于知识的获取和转化，有助于教师对自身行为、价值意识与发展成效的自我认识与反思（李志河，忻慧敏，王孙禹等，2020）。从这个方面来看，研究高校教师教学发展的实践性问题，以教学学术理论为指引，从角色认知的角度入手，着眼能力适应、价值感知等维度，将有可能找准问题、牵住牛鼻子。

根据上述分析，为了厘清教师发展理论的内涵，我国高等教育学科创始人潘懋元（2007）做出了专门论述，将高校教师发展内涵划分为"学术水平""教师职业知识、技能"和"师德"三个方面的内容；陈时见和刘方林（2018）研究认为，教师在教师发展中兼具主客体性，既可以使教师的自我内化发展，也可在外部机构的作用下进行发展，包含了个人发展、专业发展和社会性发展三个方面。这些研究使得我国的高校教师发展理论得以加速发展和不断完善。

成人学习的特点与教师发展阶段的研究密切相关，为费斯勒教师职业生涯循环理论的提出创造了良好的条件，使其成为广为传播的大学教师发展阶段模型。该阶段研究的主要结论是在不同的教师职业发展阶段，教师学习和发展的重点也各不相同，需要加以区分。Steinert（2008）认为，这一内在联系使得教师学习与教师发展理论密切关联，也使得建构主义、社会化学习、自我效能、情境学习等一系列相关理论在高校教师教学发展研究中得以应用，阅读学习、微格教学、同行对话、教学观察、学生反馈等多种形式的教师教学学习实践也得以展开。要适应新时代高等教育的发展要求，高校教师教学学习至关重要，相关研究主要在具体实践的基础上，依据成人学习理论和教师发展阶段来展开，讨论了成人学习的特点、条件和学习的过程、策略等相关内容。

哈佛大学博克教学中心提出"好教师不是天生的"，那么，未来"什么样的老师是好教师？"爱因斯坦在1921年获得诺贝尔物理学奖后首次到访美国时，拒绝回答记者关于声音的速度是多少的提问，他说："大学教育的价值不在于记住很多事实，而是训练大脑会思考。"张曦琳(2020)的研究指出,未来教师的角色在智能时代正在不断被重塑,未来教师应该包含"课程导引""学习评估""生活指导""生涯指导""创意和潜能开发"五个角色。高校人才培养的内涵已经发生了实质性的变化,教师单纯传授知识积累和固有知识体系的"知识本位"时代已经成为历史,今后,高等教育将进入启发学生具有独特创造观的"本我",在教师的积极鼓励下,引导和激励学生更好地适应社会、面向未来复合创新发展,并促进教育现代性在人才培养过程中得以充分发挥的教育现代化时代。

以高校教师为对象的成人学习,除了推进个体层面的自主学习和终身学习之外,学者还提出了"学习的共同体"的概念。戴伟芬和梁慧芳(2022)认为,作为一种学习方式,学习共同体可以提高教师解决真实问题的能力,增进学习者之间的信息交流和协作,使个体从互动中获益并且培养有效协作能力。以培养学生的批判性思维、创新、沟通交流和团队协作等21世纪技能为目标,更加关注培养学生应对和解决复杂的、不确定性的未来情境的综合性品质,是面向未来的、更注重核心素养的人才培养特征(刘学东,袁靖宇,2018;叶映华,尹艳梅,2019)。由此,从更有利于成人学习的角度,高校引导和支持教师教学发展的重要方向是推动发展带有社会性、实践性的教学,鼓励教师与学生等其他参与主体形成学习共同体,开展体验式的、合作式的、探究式的或建构式的学习(徐广东,2020)。

从目前研究情况看,高校以教师教学发展为目的推动的成人学习,有了一定的共识和进展,但仅仅是"术"的探索,更多的是一种教学实践。要使研究更加深入,应更进一步加强对教师学习动机、方法及激励机制等方面的有效研究,并向更深层次的理念、德行、价值成就与协同创新等"道"的研究内容演进。

3.1.2　高校教师教学职业发展系统的结构化分析

"系统"是由相互联系、相互作用的要素组成的有机整体,具备一定的结构和功能。系统科学将世界视为系统的集合,主要从系统与整体的角度探究不同领域复杂系统的结构与功能关系、演化和调控规律,旨在揭示各种系统之间的共性和演化过程所遵循的共同规律,以实现发展调控、优化系统的有效策略。钱学森先生指出,复杂性是开放的复杂巨系统的动力学特征。成思危教授认为,复杂系统最本质的特征是组分具有某种程度的智能,即具有了解其所处环境、预测其变化,并按预定目标采取行动的能力。正因高校教师教学发展的对象不是刻板的"物",而是具有高级知识型能动性的教师,这就决定了复杂性是当前高校在推进教师教学发展的组织、管理和决策中必须面对的重要问题。

　　已有的具有关键影响的基础研究为高校教师教学发展复杂系统的有序演化指明了方向,发展思维实现从分析重构向系统整合的转变,高校教师教学发展研究开始关注多元主体和发展的内在逻辑,逐步实现了"组织"维度与"知识"维度的相互融合渗透(侯浩翔,2018;王小博,张毅,2020;蔡永红,龚婧,2019)。闫涛等(2021)研究认为,梳理构建统筹整合"组织"维度与"知识"维度的复杂系统模型,能够进一步厘清一流大学的本质属性及其发展的生成机理表述,使其成为研究世界一流大学生成长演进逻辑的有效工具。陈良雨和汤志伟(2020)研究指出,高校教师教学发展不能"孤芳自赏",而必须处于特定的教学组织群落结构中,实现共生、协调发展。协调,既是发展手段又是发展目标,协调发展模式前后左右相互照应,是最有效的发展模式。从协调发展的整体视角,有助于指导研究高校教师教学发展生态系统种群(教师、教师团队、教学组织等)之间的作用影响与结构关系,关注特定群落结构、功能以及整个群落生态的协调状态,有助于高校教师教学发展复杂系统的整体规划(沈辉香等,2018;马思腾等,2018)。

　　然而,从现实到理想的协调发展目标仍有距离。从"经济人"的角度看,教师也是具有理性思考能力和趋利性的个体,在没有外力引导之下,由于只追求个人利益,对教学过程价值追寻的纳什均衡[①]显然不会是顾及团体利益的帕累托最优解决方案[②],也就是产生了背离高校和学生利益的行为和结果。因此,高校的领导者和管理者们的决策目的就是提供推动物质、精神、政治、社会、文化协调发展的利益导向,构建惠及最多、促进教育公平的中国式教育现代化新道路。而决策的内容除了规划组织发展的愿景外,解决组织发展的矛盾也是重要的部分。

　　在高校管理的过程中,往往基于对基础和现状的分析来预测趋势并作出计划和控制的决定和具体要求,寻求科学决策,追求实现组织目标。然而高校教师教学发展面临的是复杂问题,对基础与现状的分析并不能具有确定性的预测趋势,不同的主体、认知、制度和行为具有不同的性质和作用,参与个体与组织环境间存在着强调去中心化的交互影响,有一个发生、成长、适应、放大、稳定和逐步退化的过程,是个体内生动机、能力与外部环境之间的非线性相互作用的结果。而单纯依据趋

　　[①]纳什均衡是指当每个博弈者的均衡策略都是为了达到自己期望收益的最大值的一种策略组合情况。

　　[②]经济学中有一种"帕累托最优"观点,指资源分配中达到公平与效率的一种理想状态。

势和回归的线性因果分析法,面对不可控变量众多的高校教师教学发展复杂系统,各种因素交互影响的随机性太多,用纯线性的方法难以把握。为此,只有探索定性与定量相结合的、线性和非线性相结合的研究方法,才能解决高校教师教学发展系统的复杂性问题。

高校教师教学发展系统的共生和协调发展,环境的复杂性、组织系统的复杂性、发展目标的复杂性、行为主体的多元化、信息传递的非对称性等,各种因素和环境交互作用,系统分析是保证策略研究质量的第一步,也是关键的一步。复杂系统分析任务艰巨复杂,需要有相应的方法、模型、语言和工具来配合,"结构化分析"就是其中具有代表性的一种方法。该方法由美国 Yourdon 公司在 20 世纪 70 年代提出,它是一种简单实用、使用广泛的方法。该方法的基本思想是自顶向下逐层分解,由粗到细、由复杂到简单地求解,"分解"和"抽象"是结构化分析方法中解决复杂问题的两个基本手段。"分解"就是把大问题分解成若干个小问题,然后分别解决;"抽象"就是抓住主要问题忽略次要问题,集中精力先解决主要问题。

结构化系统分析思想与当前政府公共管理中所倡导的"大道至简"理念非常接近,按照结构化系统分析的思想,对高校教师教学发展复杂系统进行逐层分解,可以有效实现系统由复杂到简单地求解,并有助于指导开展有针对性的研究。

"自顶向下逐层分解"是结构化方法按上述思想解决问题的一种策略,其实现过程可以按图 3.1 所示方法进行。假设图 3.1 中 X 是一个复杂的管理系统,为了理解它,我们将它分解成 1、2、3、4 四个子系统。若 1、3 仍然很复杂,可继续将它们分成 1.1、1.2 和 3.1、3.2 等子系统,如此逐层分解直至子系统足够简单,能被清楚理解和准确表达为止。可见,按照自顶向下、逐层分解的方式,不论系统的复杂程度和规模有多大,分析工作都可以有条不紊地开展。对于大的系统只需多分解几层,分析的复杂程度并不会随之增大,这也是结构化分析的特点。

按照结构化系统分析方法的指引,可以有效地对高校教师教学发展复杂系统进行分解,并开展有针对性的研究。具体从分解子系统的角度出发,首先将高校教师教学发展分为个体发展系统(S1)和组织治理系统(S2),这两个系统都可以继续分解,如个体发展系统可以向上文耗散结构理论分析中提到的角色认同(S1.1)、职业能力适应(S1.2)和价值回报激励(S1.3)等方向分解,而组织治理系统则可以向组织支持(S2.1)、组织管理(S2.2)、组织建设(S2.3)、组织创新(S2.4)等维度分解

（在影响因素的分析中有相应研究过程说明）。这样的研究思路和方法，对寻求科学化的教师教学发展推进策略具有重要作用。

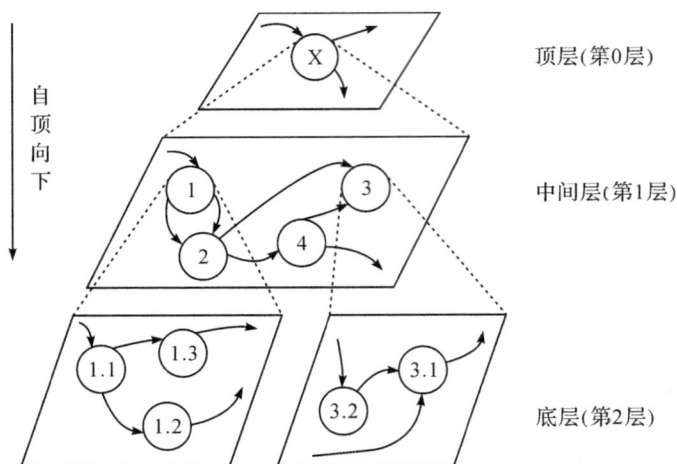

图 3.1　复杂系统按结构化方法自顶向下逐层分解过程图示

资料来源：借鉴一种系统工程原理作用下的大型软件开发思想。

3.2　通用职业发展理论

围绕教师角色来切入高校教师教学发展研究，一方面是基于现有的理论基础，另一方面是基于时代变革加速更迭所带来的机遇和挑战（万里鹏等，2004；兰国帅等，2020；张蔚磊等，2014；杨晓哲，任友群，2015）。

3.2.1　角色认知与职业发展

Parsons（1909）提出，职业发展的最基本原则是：了解自己、了解环境、合理匹配。可见，"角色"是职业发展的基础概念。角色分析的相关理论被应用在教学领域，始于 20 世纪 20 年代初。研究认为，职业发展研究可以从角色认知的角度切入，反映与职业有关的个人特质是否可以在工作角色和所处组织（内部环境）中得到体现，环境中的工作角色或组织成员身份是否能很好地自我定义。研究者用角色概念来研究和分析在职业环境中个体怎样充当自身的角色，如果角色可以在工作中得到验证和支持，则会产生满足自我认同心理需求的内生驱动力。而个人与其工作角色和社会(外部环境)之间的交换过程也是角色认同的重要内容,个人需要依托外部环境的信息输入来加强开发相关工作能力以更好履行工作角色义务,同时,个人也期望从外部环境中得到所需的社会认同度、职业满足感和职业价值回馈。

认知作为一种复杂的思维和心理活动,是很难被直接观察的,因此,20世纪50年代开始兴起了认知心理学的研究,并在70年代成为西方心理学的一个主要研究方向。认知作为人类行为基础的心理机制,其核心是输入和输出之间发生的内部心理过程,但人们不能直接观察内部心理过程,只能通过观察输入和输出的东西来加以推测。所以,认知研究主要是从可观察到的现象来推测观察不到的心理过程。[①]角色认知包含了个体对所从事职业工作的理念、目标、职责、工作要求和职业行为规范等方面的了解程度和认识水平,可以说就是关于角色发展思想和行为的总概念,是一个更加综合的信息输入、输出、反馈、迭代处理和建构升级的动态适应过程(余荔,2018;张遐,朱志勇,2018;郑琼鸽,余秀兰,2020;陈卫平,1994)。

关于认知的相关理论研究显示,认知可以从广义和狭义两个方面来理解。狭义的认知相当于"信息加工",在角色认知的过程中,仅指对职业行为规范的认识和了解,知道哪些行为是合适的,哪些行为是不合适的。广义的认知则是指一种个体的高级心理过程,既有信息输入的认识过程,如注意、知觉、表象、记忆等,也有信息加工后角色行为输出的实践过程,如创造性、问题解决、言语和思维等,还有在持续输入、输出、反馈的动态信息加工基础上的知识建构过程,如认同、价值、期待、信念等。

西方现代哲学思想的奠基人、法国哲学家笛卡尔曾提到"我想,所以我是",这也就是通常所说的"我思故我在"的另一种翻译。这是笛卡尔全部认识论哲学的起点命题,其说明的核心观念是个体的思想和行为的存在是不可分割的;与此类似,我国明朝思想家王守仁提出"知行合一",即认识事物的道理与实行其事,是密不可分的。[②]基于以上哲学思考,本书采用广义的认知概念开展角色认知的相关研究。

角色意识。指在社会生活中,个体都扮演着不同角色,而每种角色都被社会赋予了不同的权利、责任、行为规范及相应的行为模式。个体要准确地扮演这些角

---

① 引自百度百科:https://baike.baidu.com/item/认知心理学/4291? fr=aladdin,由"科普中国"科学百科词条编写与应用工作项目审核。

② https://baike.baidu.com/item/知行合一/1496? fr=aladdin。

色,首先就要认识这些角色,了解与角色相关的权利、责任、行为规范等。其次是要明确知道个体自身和他人对角色行为的期望,包括两个方面:一是自我形象,即个体对自身的行为期望;二是公众形象,指他人对个体所扮演角色的特殊期望。这两个方面是相互作用和相互影响的,从而共同形成了角色意识。教师的角色意识,就是指教师对自己所扮演的社会角色规范的认知和体验。教师的角色意识是教师自我意识的一项重要内容,只有形成明确的角色意识,教师群体才能形成一个符合社会要求的职业行为规范,教师个体也才能不断地调节、完善自己的职业行为,很好地完成教师的社会职责。

角色认同。每种角色都被社会赋予了不同的权利、责任、行为规范及相应的行为模式,形成角色意识,在角色意识的基础上再形成角色认同。角色认同是指个体接受角色意识所明确要求自己承担的社会职责,以及愿意去实现个体应达成的自身和社会对角色行为的期望,用以控制和衡量自己的行为,促使个体充当好角色,形成角色行为的自觉性和主动性认识。

角色信念。指个体逐步将角色期待转化为个体需要。对角色的认知是指导角色发展行为的基础和保障。根据动机理论,动机的强弱取决于期望的高低和效价的大小两个因素,所以无论是个体自身的期望,还是社会公众的期望,即使形成了角色认同,也依然都还只是产生角色发展行为动机的影响因素之一。而最终真正能形成角色发展内生动力的,是坚定目标、终身发展、超越自我的角色信念(吕素珍,2013;曾兰芳,黄荣怀,2014)。因此,角色意识是角色认同的起点,角色认同是形成角色信念的基础,角色认同和角色信念是分别满足个体需求层次的不同阶段。因此,角色认知包含的"意识→认同→信念"①的个体职业生涯发展链条,形成了职业动态适应和发展的内生逻辑,角色认同以角色意识为基础、以角色信念为目标,形成了角色发展的核心影响因素和关键环节(周波,2020;杨超,2018;高桂娟,邓媛媛,2008)。

在社会生活中,每一个个体都扮演着不同的角色,而每种角色都被社会赋予了不同的权利、责任、行为规范及相应的行为模式。个体要准确地扮演这些角色,首先就要认识这些角色,了解与角色相关的权利、责任、行为规范等,从而形成与角色相关的认知、认同和信念等意识,不但明白充当什么角色,而且更知道怎样充当好

---

① 每种角色都会形成角色意识;个体接受角色意识所明确要求自己承担的社会职责,以及愿意去实现个体应达成的自身和社会对角色行为的期望,用以控制和衡量自己的行为,促使个体要充当好角色,形成角色行为的自觉性和主动性认识;个体逐步将角色期待转化为个体需要的过程。

这个角色,强调个体对所要承担角色的自觉性、主动性的认识。

研究者曾用教师角色认知这一概念来研究和分析在教学领域中教师是怎样充当自身的角色,进而指出,教师角色意识是指教师对所承担角色行为规范的认识和了解,知道哪些行为是合适的,哪些行为是不合适的。教师角色认同是指教师接受角色所承担的社会职责,并用以控制和衡量自己的行为。教师角色信念是指教师将职业角色的社会要求转化为个体需要,坚信自己对教师职业的正确认识,并将其作为规范自己行为的指南,形成职业的自尊心和自豪感。

综合分析,教师角色主要指教师所具有的与其社会地位、社会身份相联系的被期望行为。它包括两个方面的内容:一是教师的实际行为,如有时是学科专家,有时是成绩评定者等;二是教师的角色期望,包括社会期望、学生期望和教师自身期望三个方面。教师角色的实践意义在于教师在课堂上给予的各项准备工作及教学成果,主要是教师个人行为,包括课堂上或者教学活动中与学生的互动以及各项任务的完成度,能够反映教师角色的清晰度与教师角色的超载程度。教师如何利用所学知识技能及各项外部支持调节自己的角色认知也值得关注。例如,角色超载现象可能引发两种反应,一种是教师的工作质量下降或者根本不去完成工作,另一种则是教师继续不断尽力去满足已经超出自己能力范围的角色要求,所以,我们研究的意义就在于如何解决这些教师角色认知中存在的普遍问题。

研究认为,教师教学理念的转变不仅影响到教师教学方式的变革,影响到学生在课程改革的过程中能否顺利地转变他们的学习方式,也直接体现了作为课程主体的教师对新课程文化的接受程度。教师教学理念在传统文化的氛围中形成,在新形势下需要突破,必然会遇到文化的阻滞。研究也提出了发展的建议,指出教师在新课改的背景下应该形成主体意识、生成意识、资源意识和评价意识,这是贯穿课程编制到实施、评价整个过程的。教师的理念变化直接影响着新课程实施的效果,是教师实现自身转变的重点。此外,高校教学与科研的关系直接影响教师角色定位。教学与科研关系的协调与否是决定高校教师工作的重要因素,对教师教学、人才培养和学校发展产生根本影响。因此,教育主管部门和研究者开始逐渐意识到其中的问题,正本清源地指出高校以人才培养为目标,教学应处于核心地位,这是教师角色定位的逻辑原点,是高校功能定位的必然要求,更是教育学学科起点的科学设置,对本书开展策略研究提供了重要的理论与实践的支撑。

教师是高校人才培养使命的承担者,责任担当应是教师角色的内生诉求,大学教师角色的重要性要求其在拥有权力的同时必须承担应有的责任，学生对大学教师的责任担当和角色作用还有更高的期待。

3.2.2 "个人—环境匹配"的 ICR 模型

"个人—环境匹配"表现为个体与工作角色以及组织间的互动的动态认知过程，主要实现个体的角色认知和人与环境的交互两个功能，上述对高校教师教学发展复杂系统的结构化分析结论，支持由英国杜伦大学教授 Guan 等（2021）提出的基于"个人—环境匹配"的通用职业发展理论是一种适用性很强的策略。

"个人—环境匹配"是职业生涯和组织管理研究共同关心的问题（刘亚，龙立荣，2009；曹茂甲，姜华，2021；王琼，2022；翁清雄，卞泽娟，2015；龙立荣等，2000），其所包含的内外两个维度分别对应角色认同的管理过程与社会交换过程。Guan 等（2021）认为，人（people）和环境（environment）都是在不断变化的，人和环境的不匹配（P－E misfit）可能会导致个人职业发展受阻等负面结果。其中，个体自我的职业身份认同和人与环境的社会交换过程是人和环境之间实现动态匹配的两个重要机制。角色认同理论指出，个体在职业发展过程中需要回答"我是谁？"这一重要问题。如果这一问题在工作中得到了有效解答，那么个体与自我认同相关的各类需求（如自尊）就可以得到满足，从而促使其积极开展各类工作和职业发展行动。社会交换理论指出，个体在不断开发和提升自身的知识、技术和能力以更好履行工作上的义务的同时，也期望从环境（如组织、团队领导或同事）中获取他们所需的物质或非物质类报酬。

基于上述分析，Guan 等（2021）提出了通用职业发展理论，指出角色意识会激发职业适应的需要，角色信念则更多地来源于价值回报，在此基础上分析，要实现角色认知持续深入、动态过程指导下的更佳匹配，个人应注意管理角色认同、职业适应、价值回报三个维度。将各维度整合起来进行概念化，构建了有关职业发展影响因素的通用 ICR 模型（见图3.2）。

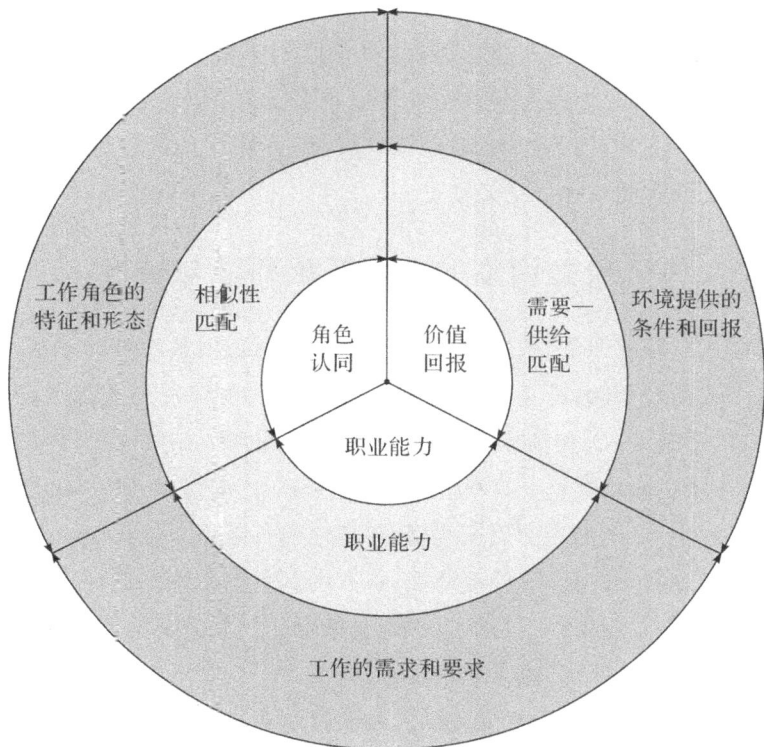

图 3.2　通用职业发展理论 ICR 模型

资料来源:根据 Guan 等(2021)的研究结论绘制。

从"个人—环境匹配"视角来看,角色意识会激发职业适应的需要,角色信念则更多地来源于价值回报,所以 ICR 模型就是一个以角色认知为基础的通用职业发展模型。

ICR 模型不仅有利于对"个人—环境匹配"进行概念化,其身份认同的理论基础也有助于我们理解在数字时代的快速变化中,个体如何实现个体与环境的匹配。例如,高校教师个体可以通过对教师身份的选择和认同来满足自己的独特发展需求,教师可以根据发展阶段的不同,把自己身份认同的重点加以调整,可以根据自己的价值观和兴趣建立不同的身份认同模式。同理,不同角色建立的职业能力和获得价值回报的方式也是不同的,ICR 模型是一个有效的解释框架。

在全球化竞争日益加剧的新发展阶段,在新技术、新业态层出不穷的新形势下,个体的职业生涯发展模式变得更加复杂(张学敏,张翔,2011;戚聿东等,2021;袁莉等,2014),这对传统的以个体直接测量为基础的理论提出了新挑战,逐渐转向间接的方式测量。直接测量主要基于个人的主观感知,如直接以量化评分的形式评价个人与环境特征之间的总体匹配度,对评价工作满意度、职业持久性,以及预测工作绩效和幸福感等方面有较好的效果。而间接测量则分别测量人和环境的特征,并通过复杂的统计分析(如计算差异分数、相关系数),可以更精准地预测"个人—环境匹配"的不同形式的结果变量。

3.2.3 ICR 模型面临的环境匹配问题与挑战

虽然"个人—环境匹配"的重要性被广泛认同,但也面临现实的问题。

第一,个人是复杂的,既是"经济人",也是"社会人"。每个人都是独立且不同的个体,性格、思维方式、价值观、能力禀赋等各不相同。正如美国哲学家梭罗在《瓦尔登湖》中所说的,"这世上,每个人都是一座孤岛,离得再近也难以连成一片陆地。一座孤岛与另一座孤岛的遥遥相望,才是它们长久矗立于海面的秘密"。

第二,环境是复杂的,既有外部环境,也有内部环境。内外部环境在各种机遇、政治、技术、资源等限制条件下持续发生着复杂变化。在庞杂的环境因素中找到需要关注的标准并实现"匹配"也是非常困难的。

第三,人和环境是不断发展变化的。在教师职业发展的不同阶段,自我认知会不断地成熟,同时个人的能力水平、兴趣点、价值观也都会发生变化,而高校内部环境和外部环境也都在持续地发生变化,这些都会导致教师角色认同度的变化,因此必须用动态发展的思路去研究"个人—环境匹配"。

除了复杂性和变化性之外,人还是具有自我调整能力的。面对"个人—环境匹配",即便是负面的,在组织层面还没有采取有效应对措施之前,人都可能自发找到新的职业定位,甚至可能自我突破。所以,对人的研究,尤其是对具有丰富知识和认知能力的高校教师的研究,不能过于肤浅和简单化,必须用动态发展的思路去研究"个人—环境匹配"。

目前相关的实证研究往往只涉及少数变量,导致并没有出现太大的突破,这需要在我们的研究中予以改进。例如,我们可以从"人—组织—社会"协同的角度,通过对组织行为的关注,针对组织社会责任和组织领导对个人的职业发展作用进行深入研究。如亢樱青和芮益芳(2016)总结了社会不同阶层人士对于社会责任的认识,指出要强调社会价值、社会责任是组织持续发展的动力所在;邓新明等(2016)认为组织有必要在履行自己的社会责任时注意对个体参与角色利他动机归因的激发,可以取得更好的决策效果;任湘郴等(2017)基于组织认同感的中介作用,研究社会责任对员工工作绩效的跨层次作用;田虹和所丹妮(2020)在研究概念之后,建立了环境组织公民—环境变革型领导二元关联影响理论模型,暴露了环境组织中公民个人行为受外部影响变化机制的"黑箱",将环境变革型领导、外部环境、组织支持度、他人关注等作为新变量加入,更是填补了当下该方向在理论研究中的空白。

上述这种"人—组织—社会"协同体现出从组织行为到组织文化对个体发展的影响,更多地体现为一种情感信任,即个体层面对组织情感方面的互动和利他性归因。目前有足够的研究表明,情感信任在影响上是更深层次的,更有利于形成对员工长期稳定的正面积极影响。以情感信任的视角讨论组织对其个体成员德性塑造和价值观影响的要求时,利益相关者更多集中在组织内部成员群体上,通过引导更深层次、更广范围的员工参与,形成牢固的情感信任,组织成员会把承担的各种道德责任内化到组织行为中,领导者的社会责任导向会强化组织成员的社会责任意识,使社会责任内化为员工的品质和能力,有助于增强组织凝聚力,提高个体成员对组织的认可。这一研究思路表明,情感信任在员工管理与组织凝聚力塑造之间起到了中介作用。

3.2.4 ICR 模型的拓展与耗散结构理论

ICR 模型是围绕个体层面的通用职业发展理论,而高校教师教学发展"系统"是由相互联系、相互作用的个体和组织层面的多种要素组成的有机整体,各参与主体和行为要素、影响因素之间,受环境、政策、文化、技术、信息和价值观念等各个方面的影响,形成了具有相当混沌性的复杂系统(时龙,2013;范国睿,2004),这就要求我们对 ICR 模型进行拓展。钱学森等(1990)和成思危(1999)等指出,复杂性是开放的复杂巨系统的动力学特征,所谓复杂性,除了问题本身的混沌特征之外,其实还蕴含着可以适应环境、预测变化、动态调节以及采取行动追求目标达成的能力。而如何为构建高校教师教学发展这一复杂系统模型,提出更有针对性、相对清晰有效的方向和策略指引,需要找到科学的方法。

当下,我们正处于蓬勃兴起的数字时代,其特点是人与人之间的信息交流更方便,信息传递方式和技术手段发生了根本性变化。在高校教学工作中,这一特征也体现无遗。高校教师教学不再是简单的传递信息,数字化和人工智能提供的信息量已经远远超过了一般教师课堂讲授传递的信息,这就要求教师要把大脑用在更高层面的思考和应用上,这就是数字时代的环境变化带来的对教师职业的新要求。以线上教学为例，教学活动本身并没有在教学质量上对课堂教学实现超越，但由于教学过程的数字化和智能化，实现了脱离物理教学环境、不受时空和教学主体限制的线上化，这就产生了变革性的新应用，从而对传统的教师教学体系形成了压力。教师的课程观念和教学理念就是产生于这种课程意识中，这种看似无意识的意识影响着教师的角色认知。高校在管理过程中，往往基于对基础和现状的分析来预测趋势，作出计划和控制的决定和具体要求，追求实现组织目标的科学决策。然而，高校教师教学发展面临的是具有一定混沌特质的复杂问题，数字时代的信息传递和技术更迭速度又较工业时代大幅加快，因此，组织对基础与现状的分析并不能具有确定性的预测趋势，多元主体的认知差异、个体与环境间的交互影响、个体内生动机和外生驱动之间的相互作用，都会影响发展的结果。而面对不可控变量众多的高校教师教学发展复杂系统，各种因素交互影响的随机性太多，用纯线性的方法难以把握，单纯依据趋势和回归的线性因果分析法，可能无法准确描述系统的发生、成长、适应、放大、稳定和逐步退化的动态过程（伊翠娟，2018；毛菊，2019）。

耗散结构理论是解决复杂系统问题的一种重要理论（罗家德，曾本，2019；邬建国，1991）。复杂的组织结构如何向前发展，与组织内部的熵流情况密切相关，在耗散结构状态下引入负熵流，能够实现组织系统更好地有序构建（吴彤，1998；任佩瑜等，2001）。正因如此，耗散结构理论适用于涉及个体与组织、环境与文化（政治）等多种非线性关系要素，追求从无序向有序发展的组织管理决策研究，也成为创新管理策略深入研究的一种可能的方向指引，解决了许多复杂系统的有序演化问题，这为高校教师教学发展复杂系统的有序演化指明了方向。在高校教师教学发展复杂系统中，组织和个人两大主体所关注的内容不尽相同，影响因素各异，既有共同利益，也存在一定程度的博弈。从"经济人"的角度看，教师也是具有潜在趋利性的个体，缺乏引导和监督的外部作用，对教学过程价值追寻的纳什均衡，可能会产生基于个人利益而不顾及团体利益的帕累托最优解决方案的情况，这就意味着教师角色意识的偏离，将可能产生背离组织发展目标和学生利益的行为和结果。组织层面希望实现维护基础职能、实现高效运转、促进价值提升，所以会衍生出组织支持、组织管理、组织建设、组织创新等不同的发展方向和目标；而个人层面则要求先要满足生存的需要，再追求发展的环境，最后寻求成长的价值激励，要经历一个从认知到认同、从行为到成就、从职业到信念的完整复杂的发展过程，会形成角色认同、职业适应和价值回报等不同的发展维度。因此，高校的领导者和管理者的决策目的就是提供推动物质和精神、利益和价值、保障和激励协调发展的策略导向。构建惠及最多、促进教育公平的中国式教育现代化新道路,除了规划组织发展的愿景,解决发展的矛盾也是重要的部分。两者融合的介质和桥梁,正是耗散结构形成的开放系统所构建的两元多维耦合发展协同创新的推进策略。

毛道维和任佩瑜(2005)的研究认为,未来的大学将更强调组织行为的社会定位和公益属性,这与过去强调封闭系统的线性管理是不同的,强化社会责任导向,可以大幅增加负熵流,对提升管理效率作用明显;刘叶和邹晓东(2014)则就外部环境而论,指出数字时代在知识经济主导下,高校经历着从科技到创新,再到与教育相结合的演进过程。面对外部环境提出的新要求,我国高校不得不跨越组织边界,由"象牙塔"式的单边组织,向"协同创新"式的混成组织转变。内外部环境的持续变化,决定了基于耗散结构理论构建的高校教师教学发展系统所能带来的是组织利益改善的可预见性和合理性,有助于实现个人与环境匹配状态下的教师内生发展,构建去行政化和中心化的自组织结构,支撑构建适应未来组织治理体系和治理能力现代化要求的高校教师教学发展保障体系,有效提升管理效率,促进和保障高校持续快速高质量发展,延长组织生命周期,成为解决高校教师教学发展复杂问题的有效手段。同时,耗散结构还有助于推动高校教师正确看待教学工作,进行合适的角色认知,并强化教学角色认同。数字时代,教师只有具有渊博的专业知识,才能熟练驾驭自己的课堂,提高教学质量;而现代技术支撑"教"与"学"的信息互动、师生之间的交流沟通,也是教学环境加速动态变化的重要特征。

3.2.5　ICR 模型的拓展与调节焦点理论

具有耗散结构的开放系统管理策略作为指导高校教师教学发展创新的重要方法论,对解决知识型能动性教师的教学发展复杂性问题具有重要意义(何霞,2018;胡敏等,2020)。耗散结构理论影响下的高校教师教学发展,不能简单地采用制度的刚性约束,而应强调组织支持下构建的内生驱动和外生激励相结合的手段。为了实现这一目标要求,Higgins(1997)提出的调节焦点理论,作为组织人力资源管理中形成的一个重要理论,对应对耗散结构形成的内部挑战和文化冲击、完善高校教师教学发展的组织、管理和决策具有重要意义。

教师是高校的第一人力资源,教师的理念变化直接影响着课程实施的效果,是教师实现自身转变的重点。沈翰(2009)指出,教师在课程改革中,应该形成主体意识、生成意识、资源意识和评价意识,这是贯穿从课程编制到实施评价整个过程的。

樊亚峤和靳玉乐(2011)认为,教师教学理念在传统文化的氛围中形成,在新形势下需要突破,必然会遇到文化的阻滞。事实上,在快速发展的环境背景下,每一位高校教师都在用独特的方式去应对教师职业发展不同阶段的变化和人生中的各种境遇。因此,只有基于动态匹配的观念来强化教师的教学角色认知,引导教师对自我角色认知的偏向性,并深入研究如何推动高校教师在具有清晰的自我角色认知的基础上,形成强烈的教学发展意识以及忠诚的立德树人责任感和使命感,秉持正确的职业发展价值取向,以实现提高教学质量的目的,才能为高校在数字时代解决"钱学森之问"提供可能的解决方案。

调节焦点理论通过区分构建激励和保障策略,围绕不同调节焦点的教师特质和教师发展的不同阶段,有针对性地调节教师的促进焦点和防御焦点,实现不同维度的耦合发展,将可能更好地协同组织和个人发展。因此,基于耗散结构视角下的调节焦点理论,探索高校教师教学发展的内生激励与组织支持驱动的耦合模式,是引导组织与个人耦合发展、克服自组织过程不利影响的有益之举。

调节焦点理论的核心是强化"个人—环境动态匹配",是对"个人—环境匹配"的 ICR 模型的重要拓展。从控制论的角度出发,可以对动态匹配的发展过程进行科学论述。具体而言,个人对环境匹配的知觉是自我调节的输入过程,这一知觉通过与终身学习要求和自我超越目标的对比产生差异感。通过调节焦点理论的视角,个体针对阶段性的现状与理想之间的差异感,会采取自我调节,针对差异感产生和发展的各个方面进行对比,并确定要优先解决的问题,进而确定短期目标从而开启调节的过程(可能是促进的或抑制的)。这个过程通常也会涉及对 ICR 模型目标的追求,以及采用多种策略。动态匹配过程中的调节策略,指导我们如何灵活采用各种策略来消除因为不匹配而带来的紧张和压力。这些策略可以是积极改变自己或环境,也可以是调整目标或者聚焦于调整情绪等。

根据马斯洛需求层次理论,角色认同发展的长期目标是价值的实现和自我的超越,以 ICR 模型为基础,根据控制论视角的动态匹配过程分析,围绕教师终身学习自我超越的角色信念,强调"个人—环境"的动态匹配(见图 3.3)。

动态匹配模型能够反映与个体发展阶段、需求层次和调节焦点特征等多维度结合的"个人—环境匹配"的动态变化,说明在教师的职业生涯中,个体需要根据自身不同发展阶段的特点、需求层次差异和环境变化来对环境匹配做动态调整。同时,组织需要采用积极的资源投入和管理制度等手段形成导向性的组织支持策略,以引导教师形成促进型的工作焦点,并进一步形成创新性的工作思维。

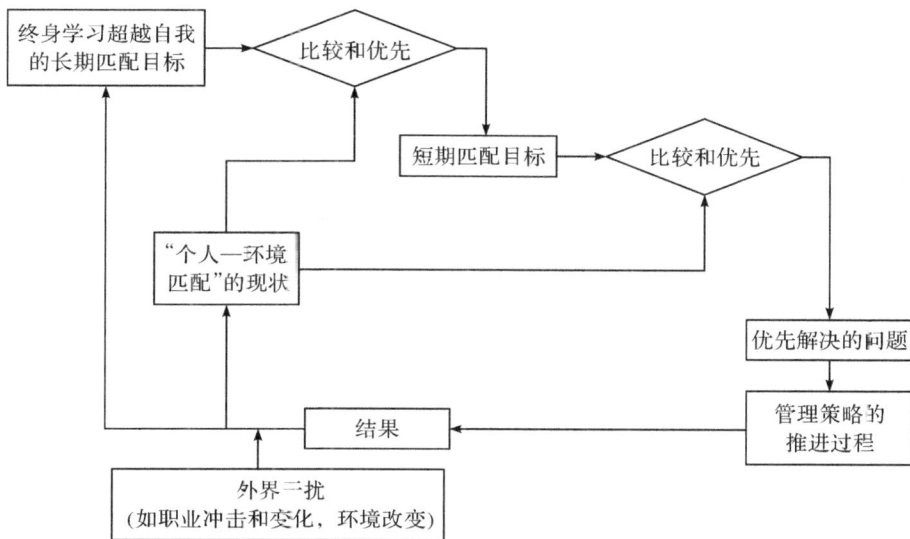

图 3.3 "个人—环境"动态匹配发展模型

3.2.6　本节述评

我国历来非常重视教育,《礼记·学记》中记载:"建国君民,教学为先。"可见教育作为"立国之本"的要求古已有之。随着历史的演进和社会环境的不断变化发展,尤其是数字时代背景下的飞速发展特征,要求高校教师要更加关注角色认同对教学乃至高校发展的影响。已有理论研究指出,以高校教师的角色认知为切入点思考解决具有复杂性、动态性的高校教师教学发展问题,对高校教师教学发展的推进策略研究将有可能继续深入。通过深化基于 ICR 模型的"个人—环境"动态匹配研究,有助于推动实现学校与师生共同进步,更好地实现高校教师职业发展,为强化教师价值回报、拓展组织支持提供依据。

推进高校教师教学发展的过程是一个典型的耗散结构发生组织作用的过程。但耗散结构在推动系统开放、集聚创新要素、提高组织运行效率的同时,也将因对组织内部的个人与文化产生冲击而面临阻滞,从现实到理想的发展目标仍有距离。因此,高校教师教学发展不能简单地采用制度的刚性约束。通过复杂系统研究的视角进一步厘清概念、明晰路径,通过结构化的复杂系统分析方法和耗散结构理论指导下的组织系统治理解析,探索以角色认知为出发点,聚焦于"个人—环境匹配"的理论指引和切入视角,以教师自我角色认知测量为基础,了解高校教师的角色认知表现对教学质量的影响,挖掘其在促进角色认同、形成角色信念方面的内在动力机制,强调在组织支持下构建的内生驱动和外生激励相结合的手段。

教师是高校的第一人力资源,调节焦点理论作为组织人力资源管理中形成的一个重要理论,对促进形成耗散结构、完善高校教师教学发展的组织、管理和决策具有重要意义。因而,未来研究可以增加教师发展阶段、调节焦点等动机激励感知和调节方面的差异分析内容,引入多元主体,在"个人—环境匹配"理论指导下,通过基于角色认同、职业适应和价值回报三个维度构建科学的动态匹配发展理论模型和实证研究方法,明确数字时代的高校教师角色认知对教学质量的影响,进而通过深化动态匹配的 ICR 模型,确定促进教师个体学习和组织支持发展的影响因素、激励手段和耦合机制,更好地实现高校教师职业发展,为强化教师价值回报、拓展组织支持提供依据,指导推进策略研究。

3.3　高校教师教学发展的环境匹配分析

3.3.1　协同创新:高校教师教学发展系统的外部环境

关于协同创新(Collaborative Innovation),国外学者认为"协同创新是通过思想、知识、专门技术和机会的共享创造跨越组织边界的创新,是保持个体组织(企业)的持续创新,增补其创新力量的一种手段,能够使企业弥合已有创新水平和所需创新水平之间的差距"。关于"合作"(Cooperation)与"协同"(Collaboration)的本质区别,迈尔斯(Miles)和冯·克罗(Von Krogh)等国外学者认为:"合作双方是以自身利益为基础开展活动,而协同要尽可能顾及对方的利益,就像对自己利益的考虑一样。"显然,与合作相比,协同更加强调基于实现共同目标而风险共担、利益共享。

当前协同创新研究主要以协同科学理论、学术资本主义、三重螺旋、国家创新系统理论为支撑。弗里曼(Freeman)和伦德瓦尔(Lundvall)等以国家创新系统理论为支撑,提出区域创新系统、产业创新系统、部门创新系统、技术系统、创新网络、集群创新的组织模式,引发了大量产学研协同创新的结构、目标、合作各方的组织特征等研究。埃茨科维兹(Henry Etzkowitz)等以学术资本主义、三螺旋理论为支撑,提出大学—产业—政府的三重螺旋创新模式,并在此框架中提出创业型大学的概念,以区别传统研究型大学的角色定位、组织目标与使命。

在我国,当协同创新放大到宏观层面,主要运作形式即是产学研协同创新。关于协同创新的内涵本质,国习研究主要在产学研用相结合的视角中予以理解,如"协同创新是通过企业、政府、知识生产机构(大学、研究机构)、中介机构和用户等,为了实现重大科技创新而开展的大跨度整合的创新组织模式"。作为连接科学创新和技术商业化的跨组织合作模式,高校对协同创新的关注与重视在 20 多年里成为主流。然而,我国高校目前的产学研合作还主要停留在技术转让、合作开发和委托开发等较低层次的水平上,共建研发机构和技术联盟等高层次的深度合作还比较少。有关调查显示,我国企业与大学、科研机构的合作创新有 37% 是常规技术咨询,33% 是合同委托开发。可见,缺乏发挥实质性作用的协同创新平台是高校研究成果与企业需求脱节的根本原因之一,而在这种情况下开展的创业教育也必将与社会实际脱节。而发达国家产学研合作经历了一个由技术转让→委托研究→联合开发→共建实体的过程,如美国硅谷的成功关键在于形成了以企业、大学、研究机构、行业协会为核心的协司式区域创新网络。

借鉴成功的经验,高校创业教育要真正发挥协同创新的作用,应彻底改变传统的大学与企业的点对点合作模式,突破以往从研究到产业化的线性模式,实现基于协同的并行模式,甚至网络化模式,构建由企业、研究机构、大学、风险投资机构、中介服务组织等构成,通过产业链、价值链和知识链形成的战略联盟或各种合作。

关于高校协同创新平台的组织模式,外国学者赖特(Wright)指出有一种基于知识交易的知识中介(科技中介),其产生源于新知识、技术的产品研发或服务的风险,它在大学和企业之间有效地搭建了桥梁。知识中介总体上可以分为两类,即高校内部的知识中介,如技术转移办公室、孵化器、大学科技园、大学—工业研发中心、协同创新中心等,和高校外部的,如研发代理机构等。按照存在形式,又可分为实体平台与虚拟平台。虚拟平台是致力于信息发布的公共信息服务网络平台,旨在与技术供给方和需求方进行在线项目洽谈和对接。实体平台包括定期举行的洽谈会、博览会、对接会等,高交外部的各种实体机构、政府主导的生产力促进中心也都包含在其中。

在知识经济主导下,高校围绕着知识生产与转移,经历着从科技到创新,再到科技与教育相结合的流变过程。面对政策的驱动及知识经济对大学组织提出的新的要求,我国高校不得不跨越组织边界,由单边组织向混成组织转变,建立如协同创新中心等混成组织,致力于协同创新。

协同创新能力的测度研究,首先,从混成组织的本质特征和运作机制出发来探索其是否具有协同特征。研究显示,协同是混成组织运作的内在逻辑与根本要求。因为,基于混成组织的构成要素而言,其本质特征在于综合了来自三个不同类型组织的要素和运行逻辑。与传统组织相比,协同发展是其核心要求与要素之一,混成组织的持续发展与有序运作有赖于共同的利益、可持续的成果产出。科恩(Cohen)认为,基于合作与协同的本质区别,产学合作指跨组织的合作,通常是通过合作人员点对点的互动(Person to Person Interaction)来建立大学与其他组织的连接(关系)。学术创业等混成组织则是将发明专利转化为产品并推向市场,涉及多重利益相关者的协同。其次,现有研究从协同的活动本质及创新绩效来探测表征协同能力的关键指标。研究已经证实,协同能力是可测的。对于协同能力的测度,已有研究主要采用结果导向的方法,即创新绩效来测度协同能力。而对于表征创新绩效指标的设计,格雷罗(Maribel Guerrero)等学者认为应主要从不同创新主体的合作能力来切入研究,如考察不同创新主体合著的论文和出版物、知识产权制度的建立(知识产权案例的占比)、国际开放程度(外资进入情况)、大学—产业合作质量(人均国际学术期刊论文发表数或大学与企业合作发表论文数和交叉引用率等来测度大学与企业等创新主体的合作强度以及大学的创业倾向)。

耗散结构理论的核心是向系统引入外部资源和信息,外部资源更多的是实现对教师收入的保障和价值的激励,有助于促进教师的教师角色认同,也符合大学作为贵族式组织的特质。而信息的引入则更多的是实现教师教学发展系统的开放,不再是封闭在"象牙塔"的内循环,对教师的教学角色认知、职业适应能力和价值成就等维度产生影响,而协同创新正是帮助教师适应和应对这些影响的重要手段,是应用型人才培养模式创新的基础,这决定了数字时代高校开展创业教育和高素质应用型人才培养必须基于协同创新,以促进教育、科技与经济的有效结合,提升自主创新能力,共同推动创新驱动经济发展。为此,高校要有效构建面向人才培养的协同创新混成组织模式,基于协同创新开展具有更高价值回报激励的多维度高校教师教学发展提升工作,强化有利于混成组织创新主体共同利益的合作模式和体制机制,强调诸如大学评价体系、课程设计体系的变革,实现有效协同,全面推动高校创业教育和高素质应用型人才培养工作。

3.3.2 新发展阶段:高校教师教学角色与环境动态匹配的现实需求

党的十九届五中全会提出我国发展进入新阶段,这既是我国社会主义发展进程中的一个重要阶段,也是我们的社会跨越到以人工智能为代表的数字时代的重要阶段,又是我国教育现代化和高等教育普及化的重要阶段。在知识经济主导下,我国连续提出科教兴国、创建创新型国家、推动产学研合作、创新驱动、人才强国等发展战略。这体现出对利用数字技术增进人类共同福祉的关切。

可见,进入新发展阶段,历史、政治、经济、文化、科技等多重因素叠加影响,对未来高等教育的人才培养和改革发展提出了新的挑战和要求,如何充分发挥大学的创新资源优势,解决产业技术"空心化",并进而实现产学研协同创新,以及有效解决科技、教育、经济"三张皮"问题的趋向占有重要地位。

(1)新发展阶段的高等教育

随着科学技术的快速发展,时代更迭也在不断加速,工业时代已成为历史,以人工智能为代表的数字时代拉开了序幕。进入新发展阶段,我国比历史上任何时期都更加接近实现中华民族伟大复兴的宏伟目标,也比历史上任何时期都更加渴求人才。全部科技史也都证明,谁拥有了一流创新人才、拥有了一流科学家,谁就能在科技创新中占据优势(别敦荣,易梦春,2021)。

站在数字经济的背景下看待当下的人才问题,更具有时代意义。与此同时,我国高等教育也正经历着第三次教育现代化浪潮所创造的辉煌,可见,高等教育现代化与数字时代新发展阶段的叠加影响形成了高等教育变革的大背景。

数字时代的崭新发展阶段,电子技术、大数据、信息技术等迅速兴起,既带来了技术变革,也带来了治理、融合、创新、共享等方面的理念变革,形成了鼓励创新的新发展维度和内涵,形成了"数字→信息→智能"的核心动力逻辑。换言之,人类社会通过信息交流的持续进步,带来知识的快速创新和迭代,人类智慧的开发利用程度将跃升到前所未有的高度。数字化将成为未来社会高新技术应用的滥觞,给人类社会发展以更高水平的赋能,数字时代所实现的革命性的信息交流将使人对世界的认识加速跃迁,人对知识的应用进入更高层面的思考,科技革命和技术创新也将迎来新的裂变式的爆发。这是我们客观看待数字时代高等教育发展应当把握的"势"和"时"。数字时代发展带来了诸多要素高效集聚的发展契机,只有把握时机、乘势而上,加快发展产业、创新和人才培养深度融合的高等教育,才能培养出符合经济社会发展需要的创新人才。

(2)新发展阶段的新兴产业发展

进入数字时代的新发展阶段,我国以新发展理念为引领,以技术创新为驱动,以信息网络为基础,面向高质量发展需要,提供数字转型、智能升级、融合创新等服务,着力加快推进5G、物联网、人工智能、工业互联网等新型基础设施建设。中央如此重视和强调加快推进新型基础设施建设,既是应对新冠疫情全球扩散及经济下行压力的战略举措,同时也是未来持续推动经济社会发展的重要手段,短期有助于扩大需求、稳增长、促就业,长期有助于形成发展新动能,释放中国经济增长潜力。推动从"数字"到"数智"再到"数创"的快速发展,将有助于全面赋能打造新消费、新制造、新电商、新健康、新治理等新兴产业,加快推进传统产业转型升级,将是当前和今后一个时期推动我国经济社会持续高质量发展的重要动力引擎和创新活力源泉。

为此,北京、上海、深圳、杭州等先行城市均已制定实施方案或发展规划。例如,深圳《关于加快推进新型基础设施建设的实施意见》提出到 2025 年,新型基础设施建设规模和创新水平位居全球前列,数字化、网络化、智能化与经济社会发展深度融合,智能泛在、融合高效、科产协同的城市发展格局基本形成;又如,杭州《新型基础设施建设"十四五"规划》显示的政府投资预计达 3600 亿元,带动实现的 GDP 可能达到 2 万亿元。可见,从"新基建"上发力是新一轮科技革命、产业革命的重要发展方向,从数字经济、文化旅游、生命健康,到新能源与新材料,以"新基建"为牵引的传统产业转型升级和新兴产业加快布局将是我国经济体系中最有活力、最具增长潜力的组成部分,其从概念到内涵、再到具体路径,都将逐渐清晰,必将成为我国未来经济社会发展的切入点和突破口。

新兴产业不是横空出世的,而是中国改革开放 40 余年厚积薄发的必然结果,是中国特色社会主义市场经济建设经验从总结到提升的发展进程,也是下一步努力的发展方向。然而,随着我国经济社会发展进入加速期,要素配置的区域不平衡不充分现象仍较为突出,高标准打好碳达峰碳中和攻坚战,强化自主创新能力,加快全面绿色低碳转型等引领性、关键性工作推进面临诸多挑战,新型基础设施建设急需的核心技术、人才等关键资源也非常短缺。尤其是经过新冠疫情大考,我国虽然取得了"双线作战"的初步胜利,经济运行基本盘进一步企稳,但发展新兴产业仍然是今后一个时期经济社会发展的重中之重,是需要各方通力配合、合力推动的大事要事,事关未来发展,高等教育在其中承担着重要的创新人才培养的使命任务。

(3)新发展阶段的应用型创新人才培养

进入高等教育普及化阶段,我国高等教育结构和人才培养模式总体上还是难以适应经济转型、产业升级和创新驱动的需要,高等教育结构性矛盾依然存在,同质化、同结构化发展倾向严重,成为制约我国高等教育现代化发展的突出因素。当前存在的问题,比如理工科学生人文素养有所欠缺,人文社会科学的学生知识可能过于褊狭,都无法很好地适应新兴产业发展需要。问题产生的原因与高校的所谓"专业"有很大的关系,过度褊狭的"专业"概念反而限制了教师教学发展。事实上知识本身具有一体性,弱化专业划分,强化知识的应用,培养高素质创新人才是解决服务新兴产业人才培养需求问题的一大关键所在。

　　新兴产业发展需要大量具备核心素养的应用型、复合型、创新型人才,高校作为人才培养的主阵地,有义务、有责任承担起适应新兴产业发展需要的人才培养使命担当。大学开展应用型创新人才培养,将是中国高等教育人才培养的主要方向之一,是适应经济发展新常态、实现创新驱动发展的必然要求,是服务新兴产业发展和促进传统产业升级的重要举措,是实现教育为学习者创造更大价值的重大改革。高等教育立足产业发展和科技创新的重大战略需求培养应用型创新人才是一项系统工程,涉及众多的相关要素,如图 3.4 所示。

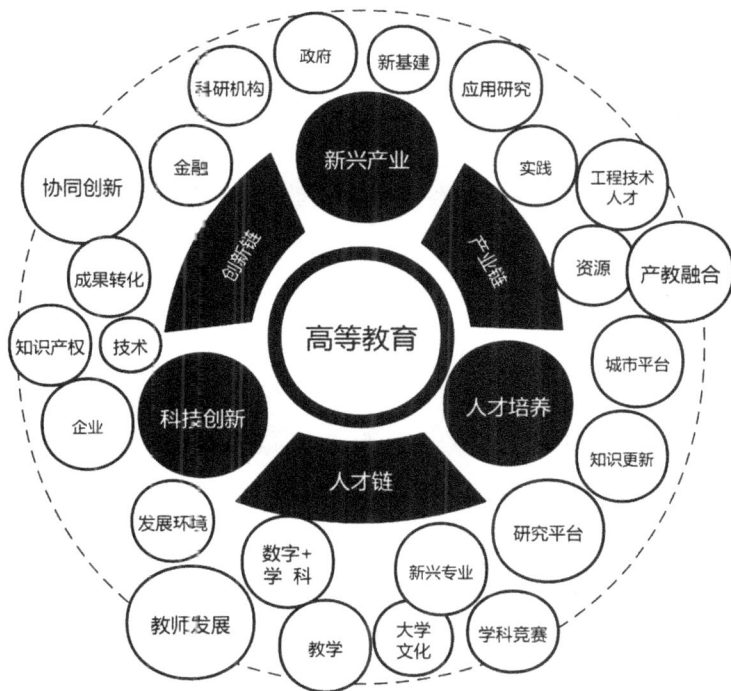

图 3.4　高等教育应用型创新人才培养要素示意
资料来源:根据相关理论研究绘制。

　　为了确保相关人才培养目标能够贯彻落实,教育部在 2015 年工作要点中就已明确指出,要在全国范围内印发《开展引导部分本科高校向应用技术型高校转型发展改革试点的指导意见》。以部分地方普通本科高校为重点,引导部分有条件、有意愿的本科高校向应用技术类高校转型发展。这一高等教育改革的思路,是基于数字时代新发展阶段国家政策重点鼓励的科技创新方向和模式提出来的。国家层面出台针对高校开展应用型建设试点的政策,意味着国家开始重视应用型人才培养模式的创新,即能够实现科技与经济相协同的高等教育模式创新。随着这一战略的提出,各级教育主管部门和各高校都开始积极开展适合自身实际情况的应用型人才培养模式创新研究工作。

以浙江省为例,根据教育部的改革思路,出台了《关于积极促进更多本科高校加强应用型建设的指导意见》(浙教高教〔2015〕47 号),确定争取用 5 年时间,推动更多本科院校加强应用型建设,使应用型专业占所在院校专业数的 70% 以上,在应用型专业中就读的学生占所在院校在校生的 80% 以上,前 8 位应用型专业就读学生占所在学校在校生的 30% 以上,学校应用型专业特色鲜明并为社会认同。在此基础上于 2015 年 7 月正式发文公布了首批 41 所加强应用型建设试点本科院校名单,占全省 58 所本科院校总数的 70.7%,此后又先后于 2016 年和 2019 年分两批遴选了 20 所应用型建设试点示范学校,重视程度可见一斑。浙江省还要求试点高校要以社会经济需求为导向,以学习者发展为主线,对专业设置、课程体系、教学内容、培养方式和师资结构实行需求传导式的改革。支持用人单位直接参与课程设计、评价和国际先进课程的引进,全面推行基于实际应用的案例教学、项目教学和虚拟现实技术应用。

(4)高校教师教学角色的环境匹配

教师作为高校里最基本、最重要的行为单元,既要相对独立自主地开展教学工作,又必须接受学校和社会提出的要求;教师的角色发展需要组织支持,也要与时代发展和产业需求的内部文化和外部环境相契合。以创业教育为例,随着"大众创业""万众创新"成为国家战略,全国高校开始大力推动创业教育。但事实上,我国大学的创业教育起步较晚,20 世纪末才有一些高校自发地开始创业教育的探索。相比较而言,西方发达国家的大学很早就意识到创业教育的必要性和重要性,美国大学实施创业教育已有 50 多年的历史,到 1999 年,全美已有 1100 所高校开设创业教育课程,创业已成为校园文化的一个重要元素,闻名于世的微软、雅虎、谷歌等最初都是由在校大学生创办的。据统计,硅谷 60%—70% 的企业是斯坦福大学的师生创办的,有64% 的美国青年已将创业作为就业的第一选择(胡礼祥等,2009)。

他山之石,可以攻玉,在我国发展战略大背景下,教育部出台《关于大力推进高等学校创新创业教育和大学生自主创业工作的意见》,并专门成立"教育部高等学校创业教育指导委员会",要求各高校根据本校实际,全面开展创业教育工作,时任教育部副部长陈希更是强调指出,创业教育要"面向全体学生、融入专业教育,纳入人才培养全过程"①。在国家层面的大力推动下,我国高校的创业教育在最近一段时期得到了长足的发展。而与此同时,随着应用型本科高校建设战略的提出,各级教育主管部门和各高校都开始积极开展适合自身实际情况的应用型人才培养模式创新研究工作,并把开展创业教育作为应用型人才培养模式创新的重要手段和主要任务。

因此,围绕发展新兴产业,培养适应数字时代产业发展需要的创新人才,高校教师教学发展动态适应体系也需要相应的构建。采取有效的教师教学发展策略,强化角色认同和职业适应,激发价值责任和价值回报,提升教师相应的人才培养内生动力水平和动态适应能力,将有利于培养更多的优秀创新人才,引领产业发展和技术创新,成为高校承载服务经济社会发展职能的重要手段。由此,借鉴相关经验,夯实教师教学发展的质量基础,从数字时代的需求角度把握提高创新人才培养能力的关键点,对推动高等教育发展具有关键作用。

3.4 高校教师教学发展的政策实践

随着高等教育改革逐渐进入深水区,推动系统性的综合改革面临着越来越多的困难,具有相对的不确定性且相对更难以落地见效。为此,从新发展阶段高等教育普及化的现实出发,围绕高校教师教学发展,推动小切口的政策改革先行引领,更有可能不等不靠,把握住发展机遇。正因如此,为妥善应对21世纪以来高等教育规模持续扩张带来的本科教学问题,我国出台了一系列政策来推动高校教师教学发展。

3.4.1 与教师教学工作相关的政策实践

与美国等高等教育强国的情况一样,中国继续发展高等教育,第一项重点要做的工作就是坚持依靠教师,课程和教学都靠教师来做。对本科教育和人才培养质量引起足够的重视,深化内涵式发展,最重要的就是教师。高水平师资队伍是人才培养的基本保障,高校教师教学发展与本科教学质量的关系最为密切和直接,教师教学的深化发展成为确保大学质量和支持大学改革的主要策略性杠杆,对于教师个人与大学的成功同等重要。

①引自《光明日报》2010年7月8日第10版,网址:https://epaper.gmw.cn/gmrb/html/2010—07/08/nw.D110000gmrb_20100708_7_10.htm。

　　面对一系列改善本科教学的深入要求,除了历届中央人才工作会议、教师工作会议所传达的党和国家的指示精神,以及蕴含于各发展阶段质量工程中的教师队伍发展战略之外,党和国家及各级教育主管部门都出台了相关政策推动高校教师教学发展。2001年,教育部发布《关于加强高等学校本科教学工作提高教学质量的若干意见》,就加强教学工作提出了12条要求;2004年12月,召开了第二次全国普通高校本科教学工作会议;2005年1月,印发了《关于进一步加强高等学校本科教学工作的若干意见》,确立质量是高等学校的生命线,把提高质量放在更加突出的位置,鼓励教师开展教学理论研究、教学实践探索和优质教学资源开发。应该说,从这里开始我国就着手抓高等教育教学改革,开展教学名师、国家精品课程、实验教学示范中心等项目。2007年1月,教育部、财政部联合下发《关于实施高等学校本科教学质量与教学改革工程的意见》(简称"质量工程")。同年,教育部下发《教育部关于进一步深化本科教学改革全面提高教学质量的若干意见》,进一步推动本科教学工作,切实提高本科教育质量。"质量工程"建设内容包括专业结构调整与专业认证、课程教材建设与资源共享、实践教学与人才培养模式改革创新、教学团队与高水平教师队伍建设、教学评估与教学状态基本数据公布、对口支援西部地区高等学校等六大方面。

　　随着致力于推动本科教学工作的政策实践日益深入,各类发展的项目、机构、基金等应运而生,将本科教学工作从应用的领域逐步纳入了学术的范畴。这一方面树立了一种科学的教师教学发展观,另一方面将教学设计、教学成果和教学改革项目等纳入学术的范畴,作为教师学术评价体系的一部分,构建以教学学术质量化为核心的制度化、规范化、组织化和可评价的教学工作评价体系。2011年,教育部、财政部下发的《关于"十二五"期间实施"高等学校本科教学质量与教学改革工程"的意见》就是这一政策实践思路的集中体现。为进一步深化教学改革、提高人才培养质量而出台的这一《意见》,更突出体系化、项目化、基地化、成果化的系统性教学改革,更关注大学生的实践创新能力培养、更为关注优质教学资源的建设与共享、更为关注中青年教师的培养培训。"十三五"以来,在大力推进高等教育信息化建设的背景下,精品视频公开课、在线精品课程等项目应运而生。2018年9月,教育部印发《关于加快建设高水平本科教育全面提高人才培养能力的意见》;2019年,一流本科专业和课程的"双万计划"启动,并评选出第一批一流本科专业。

　　近两年教师队伍建设与教师教学发展更是作为专题以国务院文件的形式加以推进,使得教师教学发展得到了前所未有的重视。2018年1月,中共中央、国务院颁布《中共中央国务院关于全面深化新时代教师队伍建设改革的意见》,这是新中国成立以来党中央出台的第一个专门面向教师队伍建设的里程碑式政策文件,描绘了新时代教师队伍建设的宏伟蓝图,吹响了推进教师队伍建设改革的集结号。该《意见》指出,"中国梦的实现,关键在人才,基础在教育,根本在教师""要全面提高高等学校教师质量""全面开展高等学校教师教学能力提升系列活动";2019 年中共中央、国务院印发的《中国教育现代化 2035》将"建设高素质专业化创新型教师队伍"列为十大战略任务之一。我国教师教学发展正处在前所未有的重要发展时期。

除了管理实践以外,作为承担教师教学发展重要组织职能的基层教学组织建设也在不断地深化改革。2021 年 7 月 20 日,教育部高等教育司发布《关于开展虚拟教研室试点建设工作的通知》,探索"智能+"时代新型基层教学组织的建设标准、建设路径、运行模式等,通过 3—5 年的努力,建成全国高等教育虚拟教研室信息平台,建设一批理念先进、覆盖全面、功能完备的虚拟教研室,锻造一批高水平教学团队,培育一批教学研究与实践成果,打造教师教学发展共同体和质量文化,全面提升教师教学能力,首批拟推荐 400 个左右虚拟教研室进行试点建设。虚拟教研室建设试点的建设目标是以立德树人为根本任务,以提高人才培养能力为核心,以现代信息技术为依托,探索建设新型基层教学组织,打造教师教学发展共同体和质量文化,引导教师回归教学、热爱教学、研究教学,提升教育教学能力,为高等教育高质量发展提供有力支撑。在建设范围方面,虚拟教研室分为校内性、区域性、全国性教研室。鼓励试点建设全国性、区域性虚拟教研室。在建设内容方面,虚拟教研室分为课程(群)教学类、专业建设类、教学研究改革专题类教研室等类型。2022 年 2 月,教育部办公厅发布了《关于公布首批虚拟教研室建设试点名单的通知》(教高厅函〔2022〕2 号),正式确定首批 439 个虚拟教研室启动试点建设。

3.4.2 与教师岗位聘任相关的政策实践

聘任教师是一件很严肃的事情,聘任过程中涉及的评价指标体系、评聘的组织过程、学科岗位分布等方面都与教师教学发展的政策导向乃至大学的发展水平息息相关,短期可能影响学校的发展速度和人才培养质量,长期可能影响大学组织的文化和未来,可以说是学校最重要的一项管理工作。推进高校教师聘任制改革是教师教学发展的重要政策实践内容。

我国不断加强高校人事管理,推进聘用制的贯彻落实,国家层面有要求,高校发展有需求,人事部主导实施的事业单位聘用制改革是中国发展史上一段重要的历程,用近 20 年的时间完成了从全员聘用制开始到养老保险改革为止,包含岗位设置、岗位聘任、绩效工资改革、专业技术职务自主评聘、多元化用人机制等众多内容的一系列管理制度改革,已经成为当前国家层面指导开展人力资源管理的重要手段和资源调控配置的最重要依据,对于高等学校的建设发展起到至关重要的作用。未来,高校将从追求行政权力决定的管理效率转变为以强调高质量和创新性的社会贡献度为目标的治理系统构建,将是一段"管理"与"治理"的融合过程,形成以完备的现代化的教师聘用管理制度为基础构成的高校治理现代化体系。

聘用制改革对于推进管理体制创新,充分调动教师的积极性和创造性,促进高校组织的持续健康发展具有重要的作用。自 2000 年中组部、人事部联合出台《关于加快推进事业单位人事制度改革的意见》启动高校聘用制改革至今,已形成了非常完备的聘用管理制度体系。《关于加快推进事业单位人事制度改革的意见》明确提出建立以聘用制为基础的用人制度,打破"终身制""铁饭碗",引入竞争机制,全面推行聘用制度,实现全员聘用制,其内容也涵盖了高校人事管理的方方面面,包括聘用合同制度、公开招聘制度、考核制度、劳动关系管理制度等方面,内容非常丰富,同时通过十余年的改革实践,逐渐扩展到绩效工资制度、岗位设置与聘任制度等高校人事管理的纵深领域。

2006 年,人事部制定颁布《岗位设置管理试行办法》,正式启动实施高校教师的岗位设置与聘任工作,要求根据聘用合同规定的岗位职责任务,全面考核工作人员的表现,重点考核工作绩效。同年,人事部、教育部、财政部联合发文实施绩效工资制,充分体现了人才导向、优绩优酬、托底限高、兼顾公平等原则,高度关注工作绩效的大学绩效工资体系得以正式构建。

工作绩效考核是聘用制的核心内涵,而构建绩效考核评价和激励机制是高校提升教师工作绩效的主要举措,是引导教师发展行为、把握发展方向、确保发展目标实现的重要手段。从制度实践看,高校聘用制已得到稳定发展并日臻完善,高校教师教学发展的相关设计要实现对教师的有效激励,把握住高校聘用制这个落实教师激励、促进教师发展、提升教育质量的落脚点,将理论指导下的实践,连同立德树人的大学使命一并融入教师教学发展的全过程,将有效地优化提升高校教师教学发展的水平,能够对高校教师教学发展起到非常重要的基础保障作用,具体可以从以下几方面来分析。

(1)规范化实施全员聘用构造聘用制度改革的基础

在高校推行教师聘用制改革,重在打破"终身制""铁饭碗"的全员聘用制。根据国家试行聘用制度的政策要求,依据现代化岗位设置原则,对人力资源进行合理配置,按需设岗、明确职责、目标管理,实现从"身份管理"向"岗位管理"的转变,推动形成长效竞争机制,对提高师资队伍水平、深化聘用制度改革作用显著。根据要求,高校所有的教师都要与学校签订聘用合同,约定聘期、岗位内容、薪酬待遇等事项。

所有的聘用合同都是法治原则下开展组织治理的最重要依据。以浙江某高校教师因私出境的处置为例,该教师于2021年暑假赴国外某地为其子女办理入学读书相关事宜,因在暑假期间未办理任何审批手续。后因新冠疫情原因,其无法在开学时按时回校授课,遂私自委托其他教师代课,未办理调停课手续。无论何种原因,教师私自调课必然是对教学工作和学生培养不负责任的一种表现,但这样的行为在以往处理时却经常是高高举起轻轻放下,主要还是传统固有的"铁饭碗"思想在起作用。其实,高校教师签订的聘用合同中有明确规定,教师未经学校审批同意,擅自出国或出国逾期不归的,学校可以解除聘用合同。正是基于该条款的规定,本案中的教师最终选择了主动申请辞职。

(2)科学化开展岗位聘任推进聘用制度改革的实施

实行岗位聘任是高校教师聘用制度发展到特定历史阶段的必然选择,有了全员聘用制的基础,高校开始探索淡化身份、强化聘任的岗位聘任制度。岗位聘任制度始于岗位设置。2006年,人事部制定颁布《岗位设置管理试行办法》,在事业单位范围内正式启动实施岗位设置与聘任工作,划分岗位类别,并分别制定岗位等级和聘任办法。岗位聘任制度强调多劳多得、优劳优酬的业绩考核评价,涉及广大教师的切身利益,事关高校的健康发展,影响重大,推行不易。但推行岗位聘任制,就是要提高对教师的要求,激发其积极性和主动性,进一步提高教师队伍的整体素质,引入激励约束机制,提高用人效益,提升教师的价值回报和激励强度,这也是高校领导者的共识。目前,岗位设置和聘任管理是高校开展教师教学工作绩效考核评价和激励的最主要制度。

(3)市场化接轨人才评价强化聘用制度改革的导向

健全人才市场化评价制度内涵丰富,包括建立多元分类的人才评价标准体系,优化新产业、新业态、新领域、新群体市场化人才评价等。以此为背景,高校逐步推行高层次人才的自主认定,成为高校师资队伍建设的重要政策。同时,高校享有市场化选人用人和薪酬分配自主权,进而建立起了有进有出、能上能下的动态用人机制;专业技术职务评审权限下放,也使得高校进一步完善了教师专业技术职务评审机制等。通过健全人才市场化评价机制,高校的办学自主权和人才要素的市场化配置机制得到了充分体现,管理积极性显著提高,自主确定标准彰显了特色化发展的导向,实现了差异化经营和特色化发展,避免了高校间的同质性和过度竞争,也创造了有利条件、极大地推动了广大教师教学发展的积极性和主动性,在高等教育改革发展过程中起到了至关重要的作用。

(4)绩效化构建工资体系激发聘用制度改革的动力

绩效工资改革事关高校教师的切身利益,对高校薪酬体系构建和薪酬制度完善的影响深远。自 2006 年国家提出要实施绩效工资制开始,在相关上级主管部门持续推动绩效工资改革的大背景下,浙江高校绩效工资改革历经 5 年时间的政策调整完善至 2011 年才正式实施。其后,基本上维持每 1—2 年调整一次的政策频率开展工资结构和执行标准等细节调整,足见影响之大。高校全面推行绩效工资制度充分体现了人才导向、优绩优酬、托底限高、兼顾公平等原则,也使得关注教师全面工作业绩的绩效工资体系得以正式构建,以此为基础的养老保险改革和职业年金制度也得以逐步推行。

(5)多元化复合用人模式突破聘用制度改革的瓶颈

事业单位聘用制度是构建多元化用人体系的制度基础,构建多元化用人体系是推进管理体制创新的重要内容,两者相辅相成,对于推进管理体制创新,充分调动教师的积极性和创造性,促进高校发展具有重要的作用。大学依据现代组织管理经验构建多元化用人体系,科学配置人力资源,推行全员聘用制,坚持按需设岗、明确职责、择优聘任,以传统的编内编外(专职和兼职)聘任为基础,逐步明确包括聘用合同制度、公开招聘制度、考核制度、劳动关系管理制度等方面的制度内容,并不断改革创新、深化发展,进而构建了国内和国外、全岗和兼聘、常规聘任和项目聘任、预聘、长期聘任等多层次、多形式的复合用人模式,逐步构建形成了多元化的灵活用人体系。

(6)国际化开放发展目标塑造聘用制度改革的格局

改革开放以来,我国取得举世瞩目的发展成就,其核心归功于"国家—全球协同作用",教育发展的政策与全球科学体系的结合至关重要(徐小洲,阚阅,2021)。然而,面对百年未有之大变局,全球教育格局的变化在所难免。例如,在教育国际化竞争方面,在线教育及其基础设施建设可能是首要的领域,也是未来高等教育普及化深入推进的重要部分。尽管新冠疫情期间在线教育得到空前的发展并取得了一定的效果,"停课不停学"在全国范围内广泛展开,积累了很多经验,但是一些学者仍对远程授课的教育质量和学生满意度表示怀疑。后疫情时代"危""机"并存,在急剧变化的国际形势下,高校教师继续在原有的知识水平和认知格局下开展教学工作,必然难以达成创新型人才培养的发展目标。而普及化阶段的高等教育价值更多地体现在学生培养上,学生的需求、获得和成长是衡量人才培养质量的核心标准。国际化是高等教育现代化的集中反映,鼓励开放合作释放教师发展潜力,借助国际交流合作实现教师内涵发展的创新突破,通过教师适应社会深刻变革的能力提升,更好地培养学生适应经济和社会发展所需的能力,推动将创新型高等工程人才培养所需要的知识、科技、政治、经济、文化、社会和环境等多方要素融为一体。这种围绕教师能力的开放发展是培养高素质创新型人才的坚强基石。

可见,高校教师的聘用管理在大学内部形成了多主体、多维度、多层次、多价值取向的复杂系统问题,带来了管理熵的不断增加。基于耗散结构理论改进教师的聘用管理所能带来的是组织利益改善的可预见性和合理性,形成现代化的高校教师聘用制度,支撑构建适应未来组织治理体系和治理能力现代化要求的高校教师教学发展制度保障体系,有效提升管理效率,促进和保障高校持续快速高质量发展,延长组织生命周期。

3.4.3　与教师专业技术职务评聘相关的政策实践

1985 年 5 月 27 日,中共中央颁布了《关于教育体制改革的决定》,由此开启了中国教育体制改革的大幕。在此背景下,1986 年 2 月国务院颁布了《关于实行专业技术职务聘任制度的规定》,足见教师专业技术职务评聘工作的重要性和关键性。关于教师专业技术职务聘任制度的基本内容,文件明确指出专业技术职务是根据实际工作需要设置的有明确职责、任职条件和任期,并需要具备专门的业务知识和技术水平才能担负的工作岗位。并且还明确了专业技术职务聘任制度的几点原则:一是按需设岗,明确职责和任职条件;二是定编定岗,依据编制确定各级专业技术职务的合理结构比例;三是规范评聘,由学校在经过相应机构评定、符合条件的专业技术人员中聘任;四是设置聘期,专业技术职务有一定的任期,在任职期间领取相应工资。这些基础的原则和要求的确立,在之后中国高等教育改革发展的30 余年历程中影响巨大。

教师专业技术职务评聘制度改革发展的前 20 年相对是比较平静的,但随着2006 年岗位设置管理办法的出台,教师岗位开始强化分类设置的概念,教学为主岗、科研为主岗、教学科研并重岗等成为大学里比较通行的普遍的岗位分类设置划分方法,有些头部学校更进一步划分了成果转化岗和社会服务岗等创新性和服务性的教师岗位。岗位设置的深化改革,也倒逼着专业技术职务评聘制度的改革。在山东、江苏等省份先行先试的成功经验的基础上,浙江省于 2014 年全面实施的高校教师专业技术职务自主评聘比较有代表性,既体现了高校的办学自主权,实现了高校管理的简政放权,也对接适配了岗位设置改革的政策要求,有效协同了两者的政策体系,成为高校聘用制度改革创新的重要推动力。

根据浙江省教育厅、人事厅《关于深化高校教师专业技术职务评聘制度改革的意见》《关于高校教师专业技术职务评聘制度改革有关问题的通知》等文件精神,自 2014 年起,全省各高校均实施专业技术职务自主评聘,改革工作主要围绕"分类、放权、自主"三个关键词来开展,改革的关键是解决评价与使用的关系。通过深入学习,准确把握自主评价的改革精神,需要从五个方面入手。

一是准确把握两个"不再"、三个"自主"的核心内容,即省里不再统一组织评审工作,不再颁发统一的资格证书,各高校自定标准、自主评聘、自主发证,进而全面落实"自主评聘",淡化"资格"、强化"聘任",切实做到"评聘结合";

二是严格执行师德师风一票否决,构建学术道德承诺与审查机制;

三是优化岗位设置,强调按岗聘任、分类管理,政策架构更加清晰;

四是构建专业技术职务聘期考核制度,建立健全竞争择优、能上能下、鼓励优秀人才脱颖而出的评聘机制;

五是科学制定、严格执行三年评聘规划和年度计划。

改革要求各校优化岗位管理,建立健全竞争择优、能上能下、鼓励优秀人才脱颖而出的评聘机制,切实做到"评聘结合"。本次改革在浙江各高校中产生了显著的成效,以浙江师范大学为例,在这次改革中,既有教师因为业绩特别优秀实现了越级竞聘,也有教授低聘为副教授,副教授低聘为讲师,打破了岗位聘任终身制。

从高校教师专业技术职务评聘制度的发展趋势看,2017 年 1 月中共中央办公厅、国务院办公厅联合印发《关于深化职称制度改革的意见》,明确了一系列深化改革的总体要求。2021 年 1 月人力资源和社会保障部、教育部联合印发《关于深化高等学校教师职称制度改革的指导意见》,贯彻落实国家改革的有关要求,深化高校教师职称制度改革,明确进一步完善教师评价机制,激励广大高校教师教书育人,落实立德树人根本任务,推进高等教育内涵式发展,加快教育现代化。

3.5　本章小结

国内外高等教育改革发展的理论与实践,说明教师教学发展是高等教育发展的重要基础。近年来，随着政府要求和鼓励高校教师教学发展的政策出台，各高校也纷纷开始推进相关工作。综述现有理论成果，基本厘清了教师教学发展的理论脉络，描绘出了教师教学发展的学理形态，初步将高校教师教学发展系统以一个相对具象的复杂社会系统形象展示出来。对相关研究成果进行综合比较分析，个案研究和具体应用领域的实证研究相对丰富，而基于大数据全景扫描式的教师教学发展态势评估和基于科学方法的路径分析仍十分匮乏，难以指导形成系统性、科学化的教师教学发展推进策略。

通过复杂系统研究的视角进一步厘清概念、明晰路径，通过结构化的复杂系统分析方法和耗散结构理论指导下的组织系统治理解析，探索以角色认知为出发点，聚焦于"个人—环境匹配"模型的路径分析和策略研究指引，是本书研究的题中之义。同时，研究中也可以增加教师发展阶段、调节焦点等动机激励感知和调节方面的差异分析的相关内容，引入多元主体，在"个人—环境匹配"理论指导下，基于角色认同、职业适应和价值回报三个维度构建科学的动态匹配发展理论模型和实证研究方法，明确数字时代的高校教师角色认知对教学质量的影响，确定促进教师个体学习和组织发展的影响因素、激励手段和耦合机制，指导推进教学策略研究。

已有研究中的思考对高校教师教学发展的未来具有重要的借鉴意义，对高校教师教学发展的态势评估及推进策略研究将有可能继续深入，并直接关系到政策导向和成效。从理论分析的情况看，对角色的"认知→认同→信念"形成了覆盖个体职业生涯全链条的职业动态匹配和发展的内生逻辑，角色认知是角色发展的逻辑起点，角色认同以角色认知为基础、以角色信念为目标，形成了角色发展的核心影响因素和关键环节。因此，推动教师教学发展，可以从强化教师的角色认知角度入手。

克莱博（Kreber）和克兰顿（Cranton）等研究人员认为，为教师增设奖励项目，创造竞争的氛围，建立公平的教学激励机制，有利于增强教师教学的积极性。从高校关于师资队伍建设的政策实践看，教师教学发展应更全面地包括自我成长和组织治理两个维度，未来高校教师教学发展重点要实现从被动到主动、从片面到全面、从要求到支持的本质转变，主要围绕教学理念变革、教师内生激励、教师群体合作、教师教学评价等制度构建、教师教学发展组织支持等方面展开，其中尤以学校发展的理念变革和教师发展的内生激励为重，具体应包括组织支持层面的科教融合和协同创新、个体发展层面的卓越教学和教学学术、教学互动层面的立德树人和关注学生等理念的提升发展，教师角色认同相关的职业生涯规划、师德与品格、主动反思、自主学习、终身学习等内生动机因素的持续激发。因此,优秀的推进策略所能带来的就是利益导向的可预见性和合理性,而透过管理理性融合了治理理念的决策,则能够变"利益导向"的制度驱动为"价值承诺"的内生激励,形成管理与治理博弈融合后的高质量的教师教学发展,支撑未来高校治理体系和治理能力现代化,并取得应用价值更高的有益研究成果,这是我们开展高校教师教学发展研究的关键所在。

4 基于时空综合维度的高校 教师教学发展态势评估

数字时代在城市治理等领域日益强化的精密智控,也已成为推进高校治理体系和治理能力现代化过程中的重要内容。其思想理念一方面强调高校教学的制度化、规范化和可测量性,另一方面强调评估过程和结果的导引价值。沿着这一理论脉络,进入数字时代如何科学地对高校教师教学发展态势进行测量和评估在最近的研究中得以兴起,高校教师教学发展指数就是开展态势评估的一项研究成果,也是本书研究的重要基础支撑。

4.1 高校教师教学发展态势评估的目标

"苟利于民,不必法古;苟周于事,不必循旧。"当今世界,变革创新的潮流滚滚向前,只有对研究对象有正确的认识,才能更好地把握研究的方向。根据前述理论研究的综述分析,虽然高校教师教学发展的核心地位从理论研究、党的教育方针和国家的教育发展规划等方面都得到了确立,但目前教师教学发展却面临组织属性的边界刚性制约、教师学术职业与教学专业修习路径补偿、教学与科研张力失调等问题,特别在大学综合排行、科研学科排名等社会评价引导下,人才培养与教学工作地位日渐式微(陆国栋,王小梅,张聪等,2019)。因此,有学者呼吁加快建立健全研究与教学关联的评价制度,改变以科研为首的大学评价制度,增加教学在大学评价中的权重(苏强等,2015)。

"教育评价事关教育发展方向,有什么样的评价指挥棒,就有什么样的办学导向。教育评价要坚持立德树人、坚持问题导向、坚持科学有效、坚持统筹兼顾、坚持中国特色。"[①]正是基于当前国家对教育评价的有关要求,实施态势量化评估所提出

[①]2020年9月,中共中央、国务院印发的《深化新时代教育评价改革总体方案》中指出。

和希望的,是更多的高等教育管理者、广大教师和其他相关的社会各界人士都能够转换思路,以数字时代的治理思维来看待高校教师教学发展的当下状况和未来趋势,为应对高等教育普及化的持续深化和高等教育现代化的加速发展找到更优化的推进策略。

高校教师教学发展主要有三个趋势:一是更强调高校教学的立德树人功能;二是更关注"线上线下混合"的教学新发展,以及由此演进的教育教学模式改革;三是"破五唯",推进更科学、全方位、差异化的教师教学发展的路径。"壹引其纲,万目皆张。"正是基于以上发展趋势,我们才有必要更加科学地开展高校教师教学发展量化评价,以此为纲,来引领高校教师教学发展,达到纲举目张的目的。由此,态势评估的目标可概括为:廓清边界、引导高效、完善体系。

——"廓清边界"是指态势的量化评估,旨在厘清我国高校教师教学发展的内涵、边界,并且以可观测、可量化的指标加以表征。这一过程与高校教师教学发展的概念建构密切关联,形成理论与应用互补、形上和形下贯通的严谨思路。

——"引导高校"是指以高校为分析对象,以态势的量化评估方式确定结果,推动高校调节政策导向,引导高校更好地投入教师教学发展培养,提高教师教学发展水平,从而达到提高教学质量的目的。高校教师教学发展路径研究通过剖析指数评价结果背后折射出的问题,引导高校采取有针对性的教师教学发展工作,具有明显的实践指导意义。

——"完善体系"是指通过态势的量化评估助力高校完善相关体制机制,持续改进教学质量,加快提升人才培养水平,完善高等教育治理体系,提高高等教育治理能力。传统的"管理"到现代的"治理"间存在显著的理论与实践上的差异,在兼具行政系统和学术系统的大学体现得尤为明显。大学是高度依赖个人创造力的教育和学术机构,以智力劳动为特征,过度控制带来的所谓秩序只会导致对学术生态的伤害和学术活力的窒息。所以,大学治理现代化的价值取向应该是:行政系统不再是对学术系统的简单管控,而是通过共同治理方式让两个系统形成的能量场实现高度耦合,行政系统的价值所在是让学术系统的能量得以充分地释放而不是相反(眭依凡,2019)。完善制度体系和体制机制是高校教师教学发展推进策略的重要内容,是大学治理现代化理念的集中体现。

本书引入高校教师教学发展态势评估研究作为理论基础,意在以高校教师在教学方面的自我角色认知测量为基础,通过对教师的认知测量,以及"立德树人三誉"①名单数据的应用,运用问卷调查与态势对比分析的方法,了解高校教师的角色认知表现对教学质量的影响.并通过对教师的深入访谈,挖掘其在促进角色认同、形成角色信念方面的内在动力机制及提升教学质量的对策建议。

4.2　高校教师教学发展态势评估的实证研究

教师是立教之本,兴教之源,是实施教育现代化战略和高等教育强国战略的重要力量。教师教学发展能力,是教师队伍建设中最为基础、最为关键的能力。深入开展高校教师教学发展态势的评估分析,对指导高校改革发展、促进教师教学能力发展、打造高素质教师队伍具有重要意义。

4.2.1　高校教师教学发展指数

党的十八大以来,以习近平同志为核心的党中央高度重视教师队伍建设工作,坚持师德师风第一标准,遵循教育规律和教师成长规律,以强有力的举措支持和保障教师队伍建设,实现了高校教师育人能力和创新水平大幅提升。中国高等教育学会深入学习贯彻习近平总书记关于教育的重要论述,把教师教学发展作为培养"大国良师"、打造教师"梦之队"的重要抓手。在系统研究我国高校教师发展历史和现状的基础上,教师教学发展指数由此科学构建并持续发布,受到了高等学校、教育主管部门和社会各界的广泛关注,为进一步巩固人才培养中心地位、推动教师教学创新发展、深化教师评价改革做出了积极贡献。

开发高校教师教学发展指数是强调推动高校教学的制度化、规范化和可测量,体现评估过程和结果导引价值理念要求的直接回应(陆国栋,赵春鱼,严晖等,2019)。指数研究是为更好地服务高等教育发展,推进高校的现代化治理,由中国高等教育学会组建专家组,浙江大学本科生院原常务副院长陆国栋教授领衔于2019年全面展开,在系统研究我国高校教师教学发展历史和现状的基础上,通过

---

①"立德树人三誉"是中国高等教育学会发布的全国本科院校教师教学发展指数的重要评价指标,其中立德树人是一级指标,个人荣誉、集体荣誉和社会声誉是对应的二级指标。根据工作实践经验和前期组织学生开展的相关实证研究结论,从"立德树人三誉"角度得奖的教师和其他教师在教学角色认知上有显著差异。获奖与课堂教学质量呈正相关,获奖教师能够更加清晰地认知教学角色,更能衡量出自己在角色任务当中的清晰度,并且能够顺利解决各种原因造成的角色超载问题。

大数据分析进行的全景扫描,构建了"6+1"高校教师教学发展模型,反映了我国高校从 1989 年起至今 30 余年来教师教学发展的现状、生态和态势。

2019 年 5 月 27 日,在福州举行的中国高等教育博览会上,中国高等教育学会预发布了我国首个普通本科院校教师教学发展指数,并于 2019 年 11 月 1 日在全国高校教师教学发展与创新人才培养论坛上正式发布,受到了全国高校的广泛关注,引起了较大的社会反响。首次正式发布的普通本科院校教师教学发展指数中上榜学校共 1212 所,占当年统计在册的全国本科院校总数的 97.27%[①],总体涵盖面广,排名前三的分别为清华大学、北京大学和浙江大学。2020 年 11 月 9 日,在长沙举行的第 55 届中国高等教育博览会上正式发布了该指数的 2020 版。受新冠疫情影响,2021 年 12 月 22 日,中国高等教育学会在线发布 2021 版全国普通本科院校教师教学发展指数,基础数据量近百万条,清洗后的有效数据量达到 57 万余条[②];上榜学校达到 1223 所,占全国本科院校总数的 98.79%,比 2020 年增长 0.71 个百分点,排名前三的依旧为清华大学、北京大学和浙江大学,共包含 11 个指数清单。

随着普通本科院校教师教学发展指数的社会影响力持续提升,本书作者全面深度参与的 2022 版全国普通本科院校教师教学发展指数于 2022 年 12 月 23 日正式发布,这是自 2019 年以来,中国高等教育学会高校教师教学发展研究专家工作组连续 4 年发布该指数。此次发布的 2022 版指数,数据采集起始于 1989 年,包括全国本科院校教师教学发展指数和全国高职院校教师教学发展指数兄弟榜。其中,本科院校教师教学发展指数包含 13 个指数清单(见表 4.1),全国高职院校教师教学发展指数包含 10 个指数清单,同时发布各省份普通高校教师教学发展指数(见表 4.2)。此次指数的一个重要特点是,在发布涵盖 30 多年的总指数基础上,又往前分段新增了 21 世纪以来近两个十年的高校教师教学发展"十年指数",即分别从 2013—2022 年、2003—2012 年两个阶段描绘普通高校教学发展特点,以期更加动态、全面地呈现各高校和不同省份的教学发展形态。

---

①根据教育部 2017 年公布的全国高等学校名单及 2018 年教育部发函高校名单计算得到。
②原始数据全部可以通过高校学生竞赛与教师发展数据平台(https://rank.moocollege.com)进行查阅。

表 4.1　2022 年发布的全国本科院校教师教学发展指数清单名称一览

序号	名称	发布数量
1—0	全国普通本科院校教师教学发展指数（2022 版）	前 300
1—1	全国普通本科院校教师教学发展十年指数（2013—2022）	前 300
1—2	全国普通本科院校教师教学发展十年指数（2003—2012）	前 300
1—3	全国普通本科院校教师教学发展十年指数（1993—2002）	前 300
2	"双一流"建设高校教师教学发展指数（2022 版）	全部
3	地方本科院校教师教学发展指数（2022 版）	前 100
4—1	综合类本科院校教师教学发展指数（2022 版）	前 20
4—2	理工类本科院校教师教学发展指数（2022 版）	前 20
4—3	人文社科类本科院校教师教学发展指数（2022 版）	前 20
4—4	农林类本科院校教师教学发展指数（2022 版）	前 20
4—5	医药类本科院校教师教学发展指数（2022 版）	前 20
4—6	师范类本科院校教师教学发展指数（2022 版）	前 20
5	民办及独立学院教师教学发展指数（2022 版）	前 20
6	新建本科院校教师教学发展指数（2022 版）	前 100

资料来源：中国高等教育学会官方网站。

2022 版指数仍然从"6—1"维度刻画我国高校教师教学发展生态，但对指标的具体内容作了优化调整，调整后的本科院校指数，一级指标包括"教师团队""教改项目""教材项目""教学论文""教学成效""教学组织"6 个维度和"教学竞赛"特别维度，新增 3 个二级指标、6 个三级指标，新增数据量 6 万余条，总数据量达 63 万余条。

表 4.2　2022 版各省份普通高校教师教学发展指数清单名称一览

序号	名称	发布数量
1—0	各省份普通高校教师教学发展指数（2022 版）	前 25
1—1	各省份普通高校教师教学发展十年指数（2013—2022）	前 15
1—2	各省份普通高校教师教学发展十年指数（2003—2012）	前 15
2—0	各省份普通本科院校教师教学发展指数（2022 版）	前 15
2—1	各省份普通本科院校教师教学发展十年指数（2013—2022）	前 15
2—2	各省份普通本科院校教师教学发展十年指数（2003—2012）	前 15

资料来源：中国高等教育学会官方网站。

指数的编制遵循现代统计科学原理，运用综合评价理论与方法，在构建科学的指标体系基础上，通过上百万条数据计算而成。指数是了解、掌握各高校教师教学发展状况的重要渠道,对于分析当前我国高校教师教学发展状况,为政府部门制定相关政策及各高校决策提供数据支撑,为规划未来教师教学发展道路、支持与提升高校教师教学发展水平、培育教师教学发展成果提供指导均具有重要意义。自 2019 年 11 月中国高等教育学会首次发布教师教学发展指数以来,相关工作受到全国各地教育行政部门和高等院校广泛关注,有力推动了教师教学工作的发展,教师教学发展指数模型也在实践探索中不断丰富和完善。

4.2.2 高校教师教学发展指数的内涵维度

根据高校教师教学发展评价的影响因素分析构建教师教学发展指数,并通过这一载体开展态势的量化评估分析工作,是实证研究的基本出发点。同时,根据相关理论研究和管理经验总结梳理情况,研发教师教学发展指数还应遵循的逻辑基础是:简单的教师职业培训不足以培养好老师,只有将各项相关工作中所包含的主体、内容、制度、环境、文化等方面的多因素引领统筹协调起来,才能形成教学发展的整体性带动,促进形成制度、体制机制、创新文化等推进策略。

综合起来,高校教师教学发展指数的研发过程遵循了关注教学、关注教师、关注积累和关注成果的基本原则。在以上原则的指导下,高校教师教学发展指数模型建构开展了深入的文献分析(赵春鱼等,2019),形成国内外高校教师教学发展内涵指标理论分析,如表 4.3 所示。

表 4.3 国内外高校教师教学发展内涵指标理论分析情况

内容梳理	指标描述	引证文献
强调教师个体或团队对学生的指导、职业道德等个人属性	学生学习的指导与咨询	Stanley,2001
	认识学生及其学习风格	NEA,1991
	职业道德	苏强等,2015;苏秋萍,2009
	角色认同与发展	苏秋萍,2009
	关注学生学习	裴跃进,2008
强调教师教学方面的观念、知识和教学学术研究	学科知识与专业学习	Mcalpine & Amundsen,2005;潘懋元,2018;张人杰,2005;邵宝祥,2008
	教学知识	Akerlind,2005
	教学认识	Akerlind,2005;韭依凡,2000
	专业境界	苏强等,2015
	学术性工作	苏强等,2015
	角色转化	傅树京,2003;程妍涛,2017

内容梳理	指标描述	引证文献
强调教学全过程的改革实践	课程设计与评价	Stanley,2001;曾玲晖,2016
	更新教学模式和课程计划	NEA,1991
	教学过程实践	Mcalpine & Amundsen,2005
	改善教师教学环境及条件	NEA,1991;张连红等,2014;陆国栋等,2014
	高科技辅助教学	曾玲晖等,2016;张人杰,2005
强调教师个体的教学方法和技术	教与学的方法与技术	Mcalpine & Stanley,2001
	教学技能	Mcalpine & Amundsen,2005
	教学方法与方式	Amundsen,2005;陆国栋等,2014
	教学技能	Akerlind,2005
	临床教学能力	Akerlind,2005
	教学哲学和改造教学的能力	Akerlind,2005
	准备学习材料	NEA,1991
	教学诊断	NEA,1991
	评价反馈学生学习效果	NEA,1991
强调教师的个人学习和组织培训	个人的学习能力	Akerlind,2005
	教学能力提升制度（培训）	张连红等,2014;陆国栋等,2014
	教研参与等终身学习	张人杰,2005;程群涛,2017;张艳,2001
	教学规范化建设	赵春鱼,2016
	职后教师培训	钟祖荣,张莉娜,2012;钟启泉,2012
	教学组织的发展与建设	Mcalpine & Amundsen,2005;潘懋元,2018

在此基础上进行调研讨论和专家咨询意见征求,根据教师教学发展管理实践经验,总结形成高校教师教学发展指数评价内涵维度确立的思维导图,如图4.1所示。

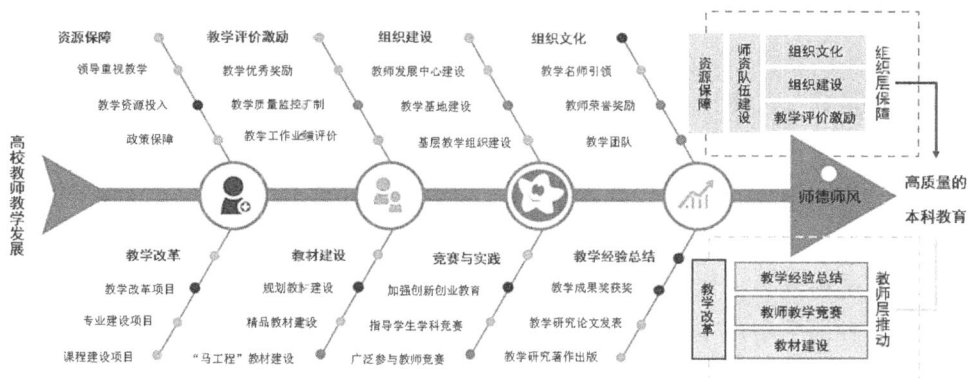

图4.1　高校教师教学发展指数评价从内涵维度确立思维导图

结合理论分析与管理实践,做出如下指数维度设计。强调教师个体或团队对学生的指导、职业道德等个人属性,通过教师身份所获得各种"证明"来表征,指数中称为"教师团队";强调教师教学方面的观念、知识和教学学术研究,侧重教师的教育教学经验总结或学理探寻,根据我国高校教师教改研究实践,高校教师这方面的积累主要体现为"教材"和"论文",指数中分别设立"教材项目"和"教学论文";强调教学全过程的资源平台以及改革实践,在我国当前的高等教育管理实践中都集中体现在为推进教育教学改革而设立的各类项目,指数称为"教改项目";强调教师个体的教学方法和技术的内容主要体现在教学互动的情景之中,从操作性来看,教师教学竞赛关注教师在模拟的教学情境中所表现的教学技能,可以用"教师教学竞赛"作为指数中该维度的关键性指标;强调教师的个人学习和组织培训是对高校教师教学发展规律性的客观遵循,而对教师教学进行培训是重要的组织支持形式,学校投入越大、举措越实,推动教师教学发展的能力越强、水平越高。因此,指数将"教师培训基地"列为一个维度。虽然指标描述中没有明确提及教学成果奖,但我们认为教学成果奖是反映最终的发展成效的关键指标,所以指数中采纳了"成果奖"类相关的指标,称为"教学成果奖"。

根据上述内涵指标分析形成高校教师教学发展指数的内涵维度,将高校教师教学发展设定为"6＋1"个维度刻画我国高校教师教学发展生态:6个方面和1个特殊维度,包括"教师团队""教改项目""教材项目""教学论文""教学成果奖""教师培训基地"和"教师教学竞赛"。在确定上述一级指标维度之后,根据30余年来我国高校教师教学发展实际细化二级指标和三级指标,最终形成6个维度43个二级指标、97个三级指标和一个特别维度45项教师教学竞赛,共同组成全国普通本科院校教师教学发展指标体系(详见附录2)。

针对高校教师教学发展指数"6＋1"内涵维度的认同度,本书在研究过程中专门针对教育学专家、统计学专家、高校领导与管理者、教务管理人员、一线教师、教师发展相关研究人员、教育硕士/博士等相关专家学者进行了深入的当面访谈和问卷调查(访谈提纲和访谈问卷详见附录5和附录6),所做访谈调研的认同度情况,统计结果如图4.2所示。

调研过程覆盖了包括浙江大学、中国美术学院、浙江工业大学、浙大城市学院等浙江省内十余所不同类型和办学层次的高校,访谈对象包括二级学院院长、教学副院长、系主任等骨干教师代表,以及教务处、人事处、人才办、学工部等相关职能部门负责人。由图4.2可见,相关领域专家和相关人员对指数各内涵维度表示"完全同意"和"比较同意"的分布在70.6%—88.2%之间,认同度高。其中对"教学成果奖"的认同度最高,这与高校教学管理的实际情况基本相符,也侧面印证了相关统计结果的效度将得到有效的保证。上述调研的克隆巴赫信度系数(Cronbach α 系数值)为 0.972,表示测量样本回答结果非常可靠,该测验的信度较好。

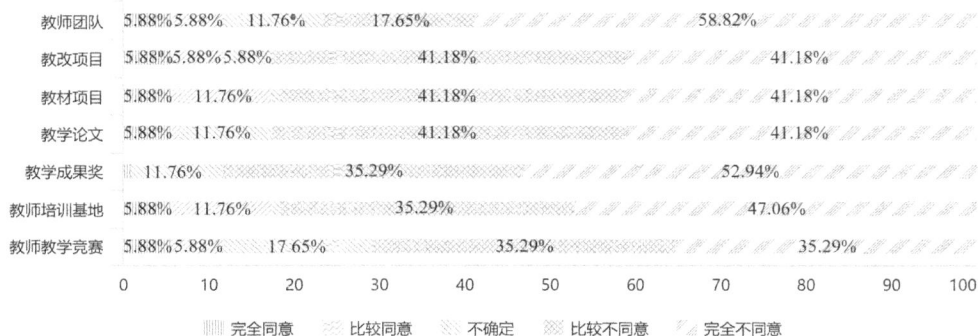

教师团队	5.88%	5.88%	11.76%	17.65%	58.82%
教改项目	5.88%	5.88%	5.88%	41.18%	41.18%
教材项目	5.88%	11.76%		41.18%	41.18%
教学论文	5.88%	11.76%		41.18%	41.18%
教学成果奖	11.76%	35.29%			52.94%
教师培训基地	5.88%	11.76%	35.29%		47.06%
教师教学竞赛	5.88%	5.88%	17.65%	35.29%	35.29%

0　　10　　20　　30　　40　　50　　60　　70　　80　　90　　100

完全同意　　比较同意　　不确定　　比较不同意　　完全不同意

图 4.2　高校教师教学发展指数"6+1"内涵维度专家访谈认同度情况统计

4.2.3　高校教师教学发展指数的动力逻辑

随着科学技术的高速发展,时代更迭的进程也在不断加速,农业时代长达 2000 多年,工业时代则只有 300 年左右。科学管理盛行的"工业时代"已经成为过去,我们的社会已经跨越到以人工智能为代表的"数字时代",虽然还刚刚拉开序幕,不知道会经历多少年,也不知道下一个时代何时来临,但以目前数字、信息和计算机、网络的高速发展态势看,预计 21 世纪就会走到数字化时代的末期。至于数字化之后,下一个时代以什么为标志,以什么样的姿态展现在我们面前,现在是不知道的,但一定是在数字时代基础之上的迭代升级。教育是文化与人之间的桥梁,立足当下的时代背景,承担着服务经济社会发展的重要职能,只有把握住数字时代之"时"、乘"势"而上,才能培养出经济和社会发展需要的人才。所以,基于数字时代特征发展新高等教育是当前的必然之选。

在时代加速演进发展的过程中,我国的高等教育也同时经历着第三次教育现代化的浪潮。高等教育现代化与数字时代的叠加影响,对未来教师提出了新的挑战和要求。曾有研究基于教育发展的历史视角分析了世界教育面临的挑战与主要倾向,指出未来教师的任务是"为培养一个人的个性并为他进入现实世界而开辟道路"[①]。教师的概念和角色内涵正在适应着时代变迁和终身教育的方向而发生着深

①引自联合国教科文组织国际教育发展委员会 1972 年编撰的《学会生存——教育世界的今天和明天》。

刻的转变,教师的职责现在已经越来越少地传递知识,而越来越多地激励思考。正如哈瑞·刘易斯所呼吁的,大学作为知识的创造者和储存地,不能忘记比它们更重要的是教育学生的任务。正因如此,进一步推动面向未来的高校教师教学发展,正是指数研究的核心意义所在。

效度是研究结论能被解释的程度。教师教学发展指数的内涵维度如果能经受效度检验,就能够使其内在逻辑被高校领导与管理者及社会各界更为广泛地理解和接受,就能够产生更强的高等教育改革推动力。本书拟采用效标关联效度,即研究指标与效益指标的相关性分析来考察模型的效度。考虑到教学是高校的最主要任务,教师教学发展水平将直接反映在高校的发展水平上,同时考虑教学建设与改革有一定的建设周期,工作成效有一定的滞后性,且内涵维度对应的指标在不同年份开展情况差异较大。综合考虑,选取教师教学发展指标中相对集中稳定的1998—2010年作为分析对象,选用武书连教授发布的中国大学综合实力排名数据[1]作为指标,选取排名前50名的高校,抽取国家精品课程和全国性教师荣誉两项教师教学发展指标,采用 SPSS 软件对交叉表功能进行质和量的相关性分析,结果如图 4.3 所示。从结果上看,高校教师教学发展的全国性教师荣誉和国家精品课程两项指标与中国大学综合实力排名之间具有明显的相关性。

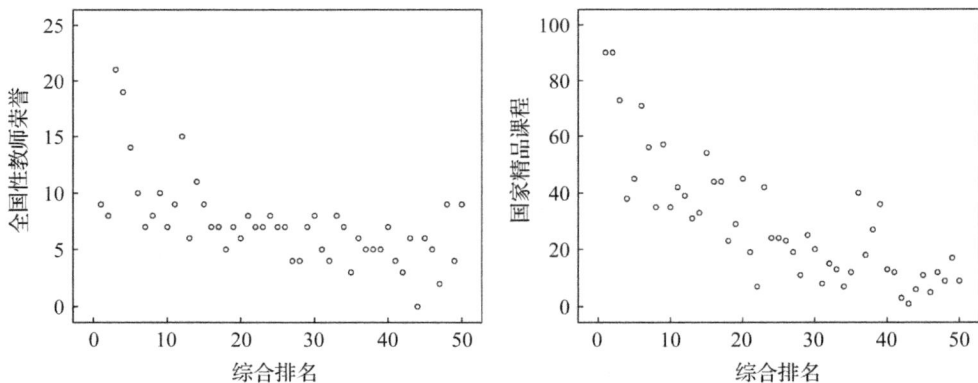

图 4.3 全国性教师荣誉、国家精品课程数与高校综合排名关系

进一步量化分析得出,选取的国家精品课程和全国性教师荣誉两项教师教学发展指标与高校的综合排名的 η 值分别为 0.973 和 0.693,显示结果高度关联,在0.01 的显著性水平上拒绝零假设,结果显著性相关,支持高校教师教学发展的内

---

[1] 选自由中国管理科学研究院《中国大学评价》课题组组长武书连主持编写的《2021 中国大学评价》。

涵维度研究具有较好的效度。

正是由于组织了有效的高校教师教学发展指数分析工作，在中国高等教育学会指导下，浙江大学陆国栋教授又牵头主持中国高等教育学会2020年度重点课题"全国高校教师教学发展态势及推进机制研究"，组建团队继续开展全国高校教师教学发展评价的专题研究工作。

4.3　全国普通本科高校教师教学发展态势评估分析

4.3.1　全国普通本科高校教师教学发展态势概况

2020版全国本科院校教师教学发展指数学校上榜率为98.08%[①]，总体涵盖面广。2021版指数中，上榜本科院校达到1223所，占全国本科院校总数的98.79%，比2020年增长0.71个百分点。从区域[②]上榜率来看，东部地区上榜499所，占东部地区本科院校总数的98.62%；中部地区上榜293所，占中部地区本科院校总数的99.32%；西部地区上榜294所，占西部地区本科院校总数的98.33%；东北地区上榜137所，占东北地区本科院校总数的99.28%。相比2020年，各区域的高校指数覆盖率均有增加，特别是东北和西部地区上榜比例增加明显。

首先，依照排名绘制总分分布图（见图4.4），排名前三的分别为清华大学、北京大学和浙江大学，将排名第一的清华大学得分归一为100分，则最低分为3.42分，可见整体分数差异较大，各学校教师教学发展水平参差不齐。其次，高分段学校占比较少，50—100分段的学校共162所，仅占所有上榜学校数的13.09%，大部分学校处于低分段。最后，在数量不多的中高分段学校中，呈现出一种压倒性优势，如排名前100的本科院校，在数量上仅占上榜数量的8.08%，而总分占比则为17.17%，项目数占比更是高达38.46%，排名靠前的一小部分学校几乎占据近一

---

①本科学校的数据来源于教育部《全国教育事业发展统计公报》和教育部公布的全国高校名单；2020版和2021版指数上榜率统计数据均来源于中国高等教育学会官网。

②根据我国经济带进行区域划分，东部地区包括北京市、天津市、上海市、河北省、山东省、浙江省、江苏省、福建省、广东省和海南省共10个省（市）；中部地区包括河南省、安徽省、江西省、山西省、湖南省和湖北省共6个省；西部地区包括重庆市、四川省、云南省、贵州省、青海省、甘肃省、陕西省、广西壮族自治区、内蒙古自治区、新疆维吾尔自治区、西藏自治区和宁夏回族自治区共12个省（区）；东北地区包括黑龙江省、吉林省和辽宁省3个省。

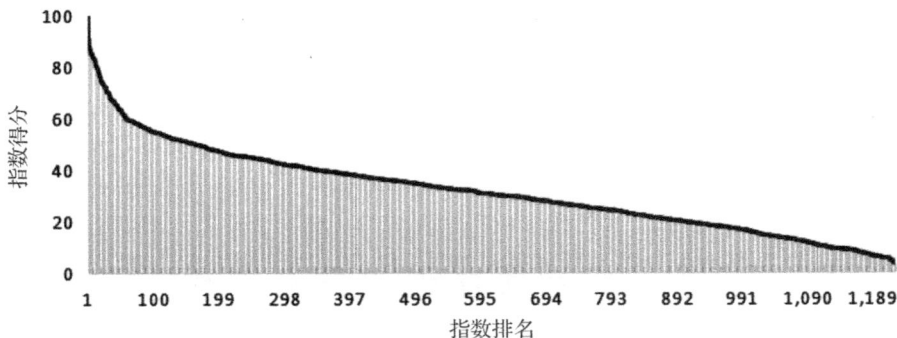

图 4.4　全国本科高校总分排名分布

半的指数项目,呈现一种不均衡形态。

　　此外,图 4.4 中呈现的曲线形态由陡变缓,曲线斜率在前 100 名学校区段由大变小,变化显著,而 100 名后斜率值基本保持不变,由此说明在数量不多的高分段学校之间教师教学发展水平还存在较大差异,如排名第一、第二的清华大学与北京大学得分分别为 100 与 99.43,而排名第三的浙江大学得分仅为 90.63,从排名第四的南京大学开始得分就低于 90 分且下降很快,说明高分段学校存在断崖式变化,从发展态势上看,我国各高校总体的教师教学发展还不够充分,结构还欠合理,有待进一步治理与提升。

4.3.2　高校教师教学发展态势区域层面的差异分析

　　按照东部、中部、西部和东北四个区域划分,分析各区域本科院校教师教学发展状况,形成表 4.4。

表 4.4　全国各区域本科高校教师教学发展状况分析

地域	学校数/所	学校数占比/%	总分占比/%	项目数占比/%	校均得分
东部	499	40.80	43.53	48.24	33.78
中部	293	23.96	21.58	20.01	28.52
西部	294	24.04	23.35	20.67	30.76
东北	137	11.20	11.55	11.07	32.65
总计	1223	100	100	100	31.67

数据来源:2021 版全国高校教师教学发展指数。

　　可见,从总分来看,总分占比由高到低分别为东部、西部、中部和东北地区,占比依次为 43.53%、21.58%、23.35%、11.55%,各地区总分差异显著,东部地区总分占绝对优势。从项目数来看,占比由高到低,同样为东部、西部、中部和东北地区,东部项目数占比达 48.24%,同样占绝对优势,中部和西部情况相对接近。对比发现,东部地区总分及项目数占比均大于其学校数占比,说明东部地区本科院校总体得分较高,教师教学发展水平领先于中西部,地区间存在发展的不均衡,这与当前我国"东强西弱"的高等教育布局相对应。

分析各区域本科院校得分分数段的分布情况(见图 4.5)可知,东部、西部、中部、东北四个区域总体上都呈高分明显偏低、低分占比高且集聚的负偏态分布,60 分段以上高校占比断崖式下降,与全国的排名总分分布情况一致。占比最高的分数段东部、东北出现在 30 分段,中部、西部出现在 20 分段。从指数看,我国高校教师教学发展状况总体态势欠佳,东部地区得分高于其他地区,负偏态的情况也要好一些,说明其发展水平较其他区域要好,西部地区相比要更弱一些,无论从平均水平上还是高水平学校数量及占比上,都体现出"东强西弱",区域间发展不平衡。从各区域高校指数分布情况看,低分段集聚现象明显,说明本科院校教师教学发展层次梯度不合理。

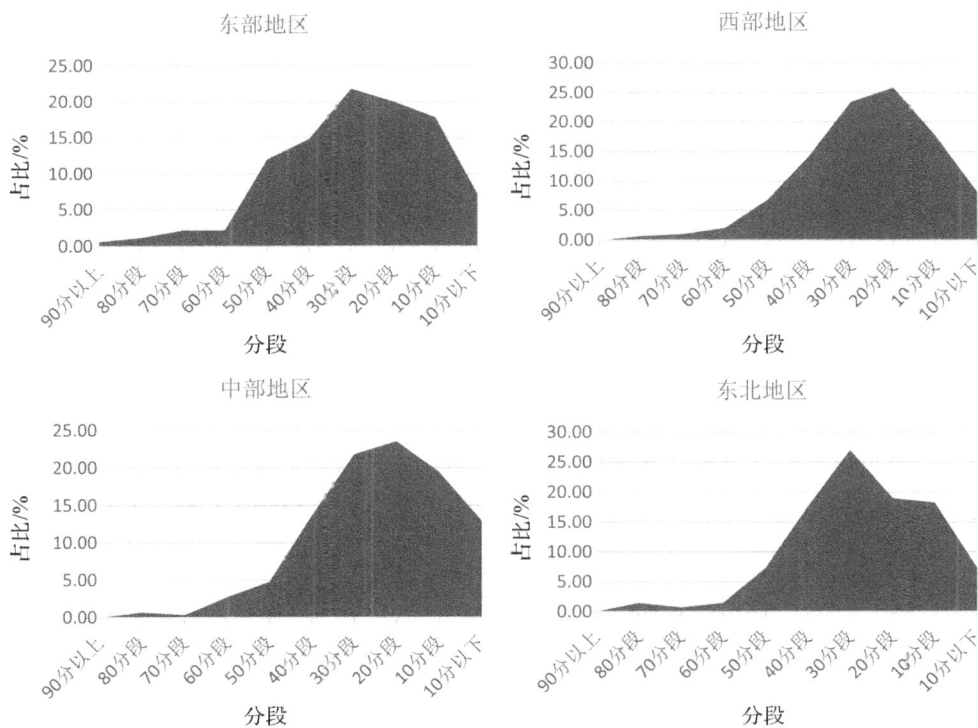

图 4.5 全国本科高校按区域分布的校均指数得分情况

按照学科分布,指数中将高校划分为理工类、农林类、医药类、人文社科类、师范类和综合类,上榜高校中理工类高校 371 所,农林类高校 55 所,医药类高校 105

所,人文社科类高校 238 所,师范类高校 168 所,综合类高校 286 所,各校的校均得分如图 4.6 所示。

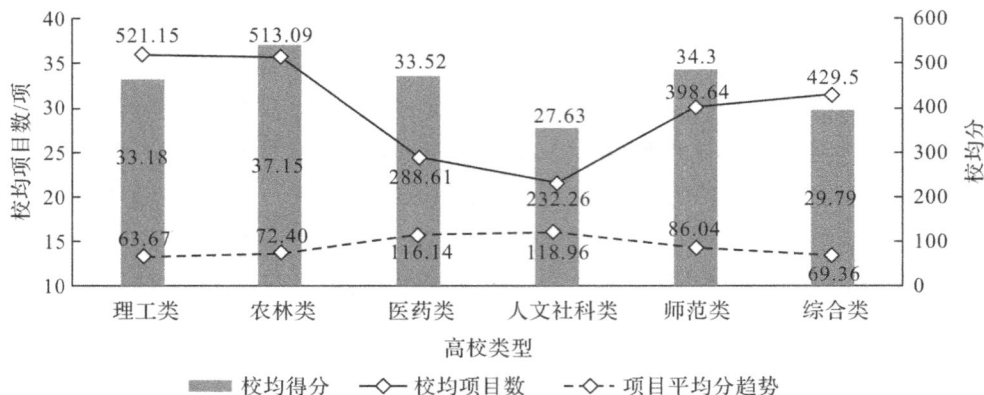

图 4.6　全国本科高校按学科分布的校均指数得分情况

从校均得分角度看,农林类、师范类高校的校均得分相对较高,教师教学发展态势总体相对好一些;人文社科类和综合类高校的校均得分相对偏低,在教学管理工作中可以给予更多的关注。从校均项目数的角度看,人文社科类和医药类高校明显偏低,但从项目平均分的角度看,这两类学校又明显较高,这一方面反映相关高校参加教师教学发展指标项目的积极性有待提高,另一方面也说明在参与的指标上,就水平而言都有较好的表现。与之相对应的是理工类和综合类高校,参与的项目很多、积极性很高,但在水平层面的表现仍有待提高。

4.3.3　高校教师教学发展态势省域层面的差异分析

全国 31 个省(区、市)高校的学校数、校均得分数、校均项目数、办学体制类型数等指标的详细情况如表 4.5 所示。

表 4.5　全国各区域本科高校教师教学发展状况分析

省份 (区、市)	学校数/ 所	其中民办学校、独立 学院、合作办学学校数	占比/%	校均得分	标准差	校均项目 数/项
北京市	67	6	8.96	44.81	18.87	842.72
上海市	38	7	18.42	42.38	19.11	732.05
天津市	30	11	36.67	33.94	18.83	388.73

续表

省份 （区、市）	学校数/ 所	其中民办学校、独立 学院、合作办学学校数	占比/%	校均得分	标准差	校均项目 数/项
河北省	56	19	33.93	26.75	13.42	165.21
山东省	67	23	34.33	31.10	15.32	494.87
浙江省	57	24	42.11	30.70	15.75	394.07
江苏省	76	29	38.16	34.44	18.78	517.54
福建省	38	15	39.47	28.46	15.11	350.55
广东省	63	25	39.68	31.07	15.21	385.43
海南省	7	2	28.57	34.19	9.69	283.57
河南省	56	18	32.14	29.03	13.42	253.98
安徽省	45	14	31.11	29.8	15.05	649.76
江西省	42	18	42.86	26.82	14.31	212.36
山西省	31	8	25.81	27.8	12.92	135.06
湖南省	51	20	39.22	28.12	17.16	317.98
湖北省	68	32	47.06	28.93	18.37	392.24
重庆市	25	8	32.00	34.03	17.02	336.16
四川省	52	17	32.69	32.4	15.68	519.02
云南省	32	9	28.13	27.72	13.56	174.47
贵州省	28	8	28.57	24.96	13.40	167.68
青海省	3	0	0.00	44.32	3.57	138.67
甘肃省	20	3	15.00	31.32	15.31	343.8
陕西省	53	19	35.85	31.82	17.99	516.91
广西壮族自治区	36	11	30.56	28.54	12.96	338.31
内蒙古自治区	16	1	6.25	32.50	11.99	156.5
新疆维吾尔自治区	17	2	11.76	30.78	14.44	271.35
西藏自治区	4	0	0.00	38.66	6.17	321.5
宁夏回族自治区	8	4	50.00	31.42	12.01	223.88
黑龙江省	39	12	30.77	32.44	17.06	379.59
吉林省	37	12	32.43	33.57	13.75	470.43
辽宁省	61	20	32.79	32.22	15.25	374.15
合计	1223	397	32.46	31.67	16.53	406.34

数据来源：2021版全国高校教师教学发展指数。

分析表 4.5 中数据，可得如图 4.7 所示结果。

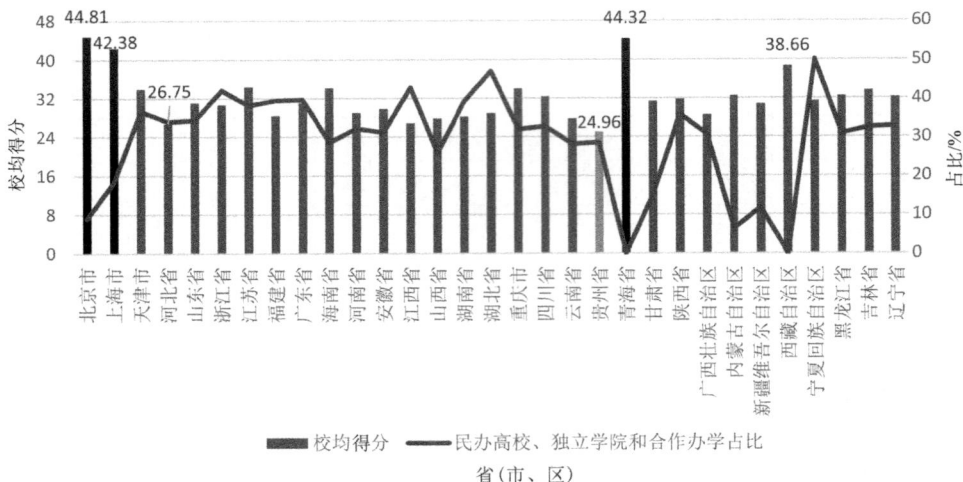

图 4.7 全国各省(区、市)本科高校校均得分情况

数据分析发现，校均得分基本在 30 左右波动，仅北京、上海和青海 3 省市的校均得分较突出，超过了 40 分，北京最高，为 44.81 分；贵州、河北、江西、云南和山西校均得分偏低，贵州校均得分为 24.96。同时，还可以发现，民办高校和独立学院占比低的省份，指数的表现都相对较好，以青海和西藏为代表，反映出这类高校总体的教师教学发展水平相对偏低，这也从侧面印证了教育部推动独立学院转设"应转尽转"的发展思路是科学且必要的。

进一步绘制各省域的校均得分与标准差的关系图，如图 4.8 所示。

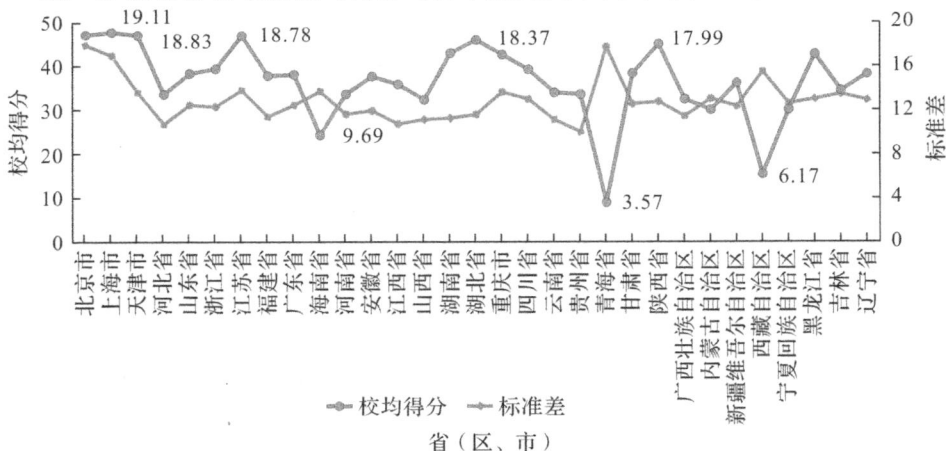

图 4.8 全国各省(区、市)本科高校校均得分与标准差对比关系

如果按照校均得分和标准差两个维度的平均值划分坐标系,可以分为四个象限,如图 4.9 所示。

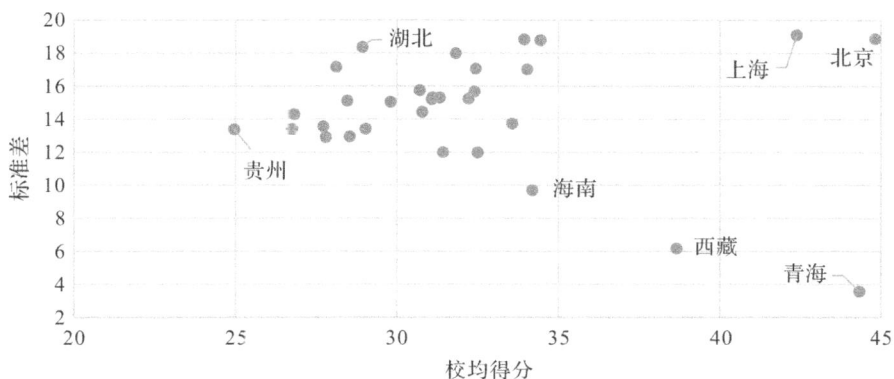

图 4.9 全国各省(区、市)本科高校校均得分与标准差关系

校均得分和标准差都高于平均值的是北京、上海、江苏、重庆、天津、黑龙江、四川和辽宁等 8 个省(市)。校均得分和标准差均较高,说明教师平均教学水平较高,但内部的差异性也较大,北京、上海呈现明显的偏离。这部分都是传统教育认可度相对较高的地区,在教师教学发展水平上具有明显优势;校均得分和标准差都低于平均值的是宁夏、新疆、河南、广西、山西、云南、江西、河北和贵州等 9 个省(区),无论是校均得分还是标准差均偏低,说明这些地域的整体教师教学水平不理想,且缺乏发展梯度;校均得分高于平均值但标准差低于平均值的是青海、西藏、海南、吉林和内蒙古等 5 个省(区),校均得分较高、内部差异性不大,整体发展态势良好,这些地域的学校数量不多,地理位置多处于边界,以青海和西藏为代表,目前展现出来的发展态势应与国家的帮扶政策有关,代表这些高校虽然获得了相关教学发展项目和成果,但层次水平不高。

各省域的校均得分与校均项目数之间的关系总体呈线性分布(见图 4.10),局部偏离。仍以两个维度的平均值为分界线,同样可分为四个象限。其中北京、上海、江苏、天津、四川、吉林、黑龙江、辽宁 8 省(市)同处一个象限,其中北京、上海呈现显著偏离,说明这两个地区不仅获得的项目数多且整体每项表现得也较好,与其他省区拉开差距;第二象限包括安徽、山东、广东、浙江、湖北 5 省,该象限的省份在项目数量上占有一定优势,但在各项目的表现上还有待提升;第三象限包括宁夏、新疆、河南、甘肃、福建、广西、湖南、山西、云南、江西、河北、贵州 12 省(区),这一象限省份数量最多,校均项目数和校均得分都相对偏低,尤其是贵州、河北、云南、江西、山西这 5 省与其他地区在图 4.9 中呈现明显的偏离；第四象限包括青海、西藏、内蒙古、海南、重庆 5 省（区），该象限各省区虽然项目数不多，但每项表现情况较好，因此校均得分较高，特别是青海、西藏在图中呈现显著偏离。

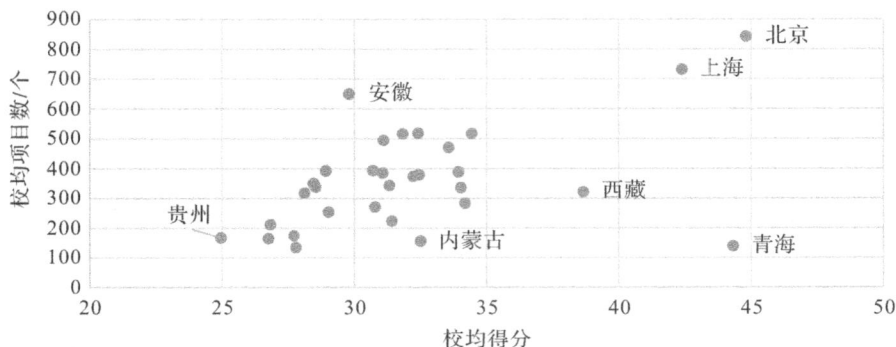

图 4.10　全国各省（区、市）本科高校校均得分与校均项目数关系

比较各地进入指数前 100 名和前 300 名的学校数量和学校数量占比[①]来分析各省域的教师教学发展水平，如图 4.11 和图 4.12 所示。

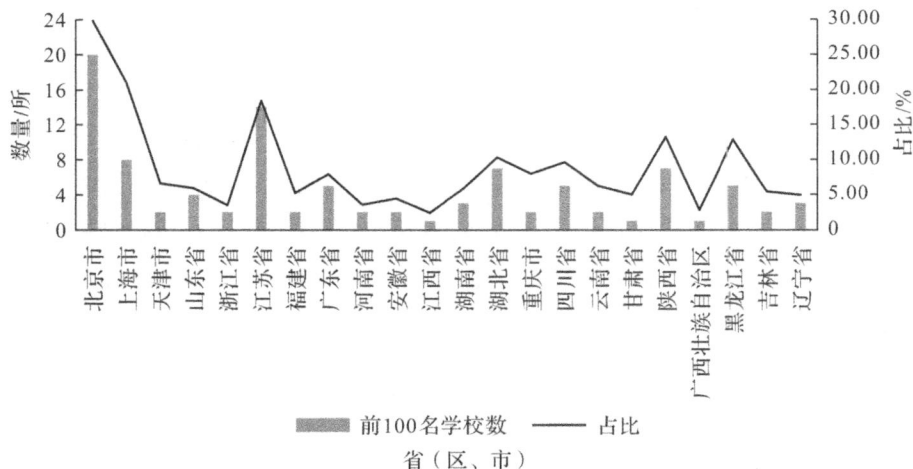

前100名学校数　——占比

省（区、市）

图 4.11　全国各省（区、市）进入指数前 100 名的本科高校数量与占比

进入前 100 名的高校覆盖 22 个省域，前几位的是北京（20 所）、江苏（14 所）、上海（8 所）、湖北（7 所）和陕西（7 所），而学校数量占比，较高的也为北京

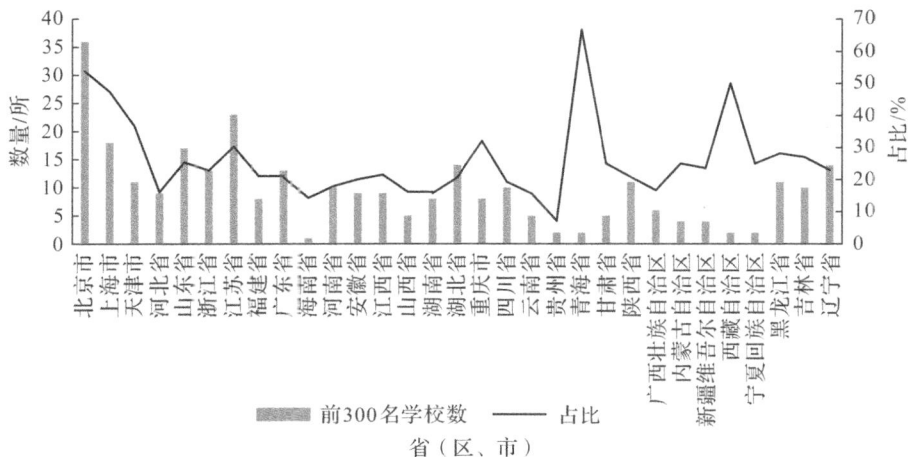

图 4.12　全国各省(区、市)指数进入前 300 名的本科高校数量与占比

(29.85%)、上海(21.05%)和江苏(18.42%),观察可见学校数量和学校数量占比曲线变化形态基本一致,说明学校数量多对于提高省域内整体办学质量还是有比较现实的作用。

　　进入前 300 名的高校覆盖了所有的 31 个省区市,进入高校数量较多的省市分别为北京(36 所)、江苏(23 所)、上海(18 所)和山东(17 所),而学校数量占比较高的为青海(66.67%)、北京(53.73%)、西藏(50%)、上海(47.37%)和天津(36.67%)。观察学校数量和学校数量占比曲线可见,东、中部地区趋势基本一致,西部地区有比较大的偏离。青海、西藏等地虽然没有在全国处于头部的高校,但在前 300 名入围学校中都有较好表现(当然,基数小也有一定影响),说明西部地区虽然整体发展水平处于劣势,但在集中治理发展高水平学校的工作上还是有成效的。

　　从各省域的指数分布看,最高分(北京,44.81 分)与最低分(贵州,24.96 分)的差距非常明显,校均项目数(分别为 842.72 项和 167.68 项)更是差 5 倍以上(2020年统计差距达 7 倍以上,已做了指标优化)。从高分学校分布看,虽然各省域均有高校进入前 300 名,但东部明显好于其他地区,北京、江苏明显高于其他各省域,也充分说明了,省域间教师教学发展仍有较大差异。东部地区省域发展水平较高得益于学校数较多,地区资源禀赋好,因为资源优势导致的要素集聚使得整体发展不错。同时也发现如青海、西藏等地,虽然高分学校少,项目数少,但校均得分很高,原因在于这些地区地理位置不占优势,高校数量很少,但学校平均发展水平却不低。当然其中包含了一定的国家政策帮扶的因素,但也不能否认这些地方集中资源办大学的主观努力,因此也带来一个可能的思考,在中西部这些教育资源相对紧缺的地方,是不是还可以加大投入,再办几所高质量的大学,既可以带动地方的高等教育,也可以带动经济社会发展,既体现了教育公平,也响应了国家高质量实现共同富裕的战略要求。

4.3.4 高校教师教学发展态势校级层面的差异分析

(1)重点高校与非重点高校差距明显

分别对"211工程"高校、"985工程"高校和"双一流"建设高校进行教师教学发展指数分析,形成表4.6。

表4.6 重点与非重点本科高校指数指标差异性分析统计

院校类型	高校数/所	校均项目数/项	校均得分
"211工程"高校	112	1772.54	63.92
非"211工程"高校	1111	268.61	28.42
"985工程"高校	38	2846.63	76.70
非"985工程"高校	1185	328.09	30.22
"双一流"建设高校	137	1557.75	60.80
非"双一流"建设高校	986	261.09	27.99
总计	1223	406.34	31.67

数据来源:2021版全国高校教师教学发展指数。

可见,无论从校均得分上还是校均项目数上,重点本科院校都具有绝对优势,如"211工程"高校校均得分为63.92,而非"双一流"建设高校校均得分仅为27.99,前者为后者的2.28倍;校均项目数上,"211工程"高校为1772.54项,而非"211工程"高校仅为268.61项,前者为后者的6.6倍,差距可谓非常明显。

在进入前100名的高校中,重点大学表现依旧突出(见图4.13),包括"211工程"高校85所,占所有"211工程"学校数的75.%,包括"985工程"高校37所,占所有"985工程"高校数的97.37%,包括"双一流"建设高校(含一流大学建设高校和一流学科建设高校)88所,占所有"双一流"建设高校数的64.23%。而在前300名的高校中,所有重点大学几乎全部入围,包括"211工程"高校111所,"985工程"高校38所,"双一流"建设高校131所。

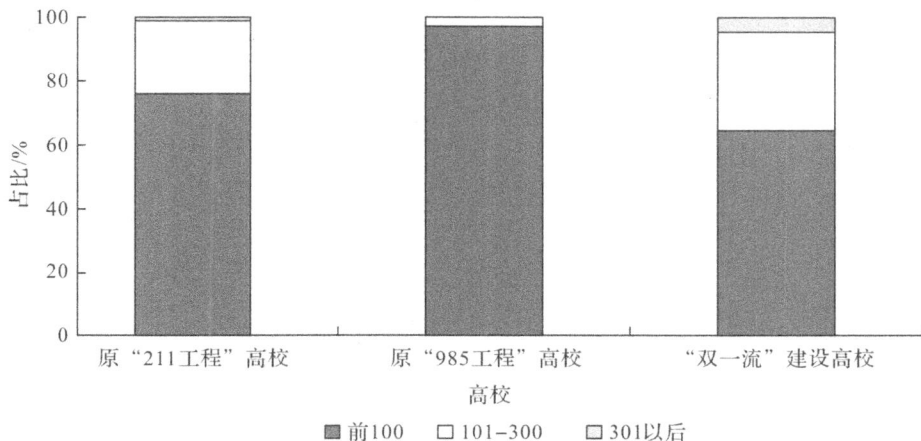

图 4.13　重点本科高校指数位序分布情况

由此可见,在高校教师教学发展水平上,重点大学依旧保持优势,与非重点大学拉开距离。大学是需要靠消耗大量资源以支撑的贵族型学术组织,对巨大资源的依赖是一流大学建设不可或缺的资源基础(眭依凡,2019),重点大学在教师教学发展态势上的表现也充分印证了这一观点。

(2)不同专业类型高校发展水平存在差异

根据前述学科分布的划分,统计各类高校的学校数、校均项目数、校均得分得到表 4.7 所示数据。

表 4.7　不同类型高校教师教学发展状况统计

学科类型	学校数/所	校均项目数/项	校均得分	标准差
理工类	371	521.15	33.18	18.41
农林类	55	513.09	37.15	16.71
医药类	105	288.61	33.52	14.33
人文社科类	238	232.26	27.63	13.00
师范类	168	398.64	34.3	13.11
综合类	286	429.5	29.79	18.10
总计	1223	406.34	31.67	16.53

数据来源:2021 版全国高校教师教学发展指数。

由表 4.7 可见,校均得分最高的是农林类高校,医药类、师范类和理工类接近,位列第二梯队。而综合类和人文社科类高校校均得分则相对较低,除了总体上的教学发展相对偏弱之外,综合类高校相较人文社科类高校标准差较大,说明综合类学校之间的差异性比人文社科类大。

分析进入前 100 名及前 300 名本科院校数占比[①],得到如图 4.14 和图 4.15 所示结果。

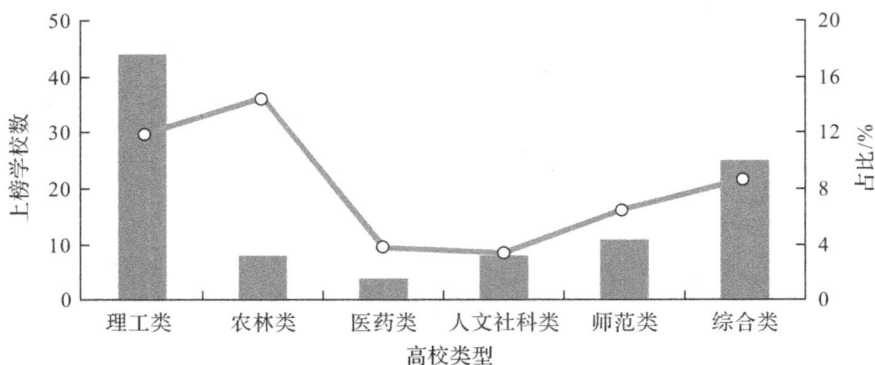

图 4.14　高校指数位序进入前 100 名的不同类型本科高校分布情况

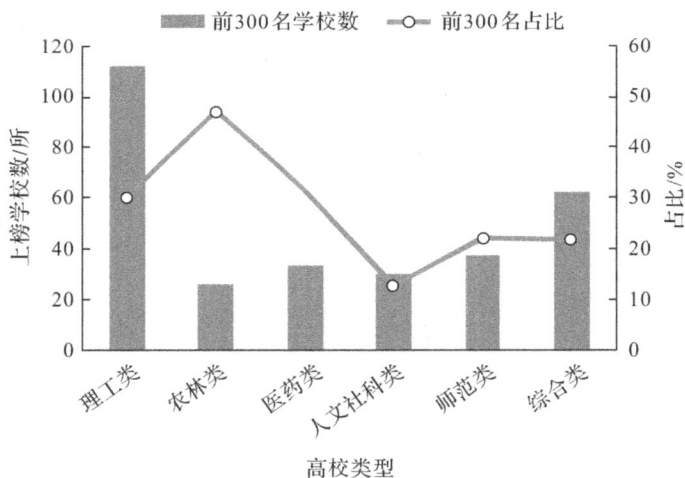

图 4.15　高校指数位序进入前 300 名的不同类型本科高校分布情况

可见在数量上理工类和综合类高校因基数较大而占优势,农林类和理工类高

①进入前 100 名或前 300 名各类型本科院校数除以相应类型本科院校上榜学校总数。

校占比高于其他类型高校,医药类高校进入前300名的占比也较高。从教师教学发展水平层面来看,农林类和医药类高校无论是平均发展水平还是高水平高校比率,相较都好于其他类型学校,理工类高校虽然平均发展水平处于中等,但高水平高校比率较大,综合类高校高水平学校数量占优,但整体水平还略显不足,内部差异也较大,而人文社科类学校各方面发展水平都显著低于其他几类。

（3）"公强民弱"现象显著

进入指数的本科院校中,民办高校及独立学院共390所,占31.89%,具体各种办学体制类型学校指数分布情况如图4.16和图4.17所示。

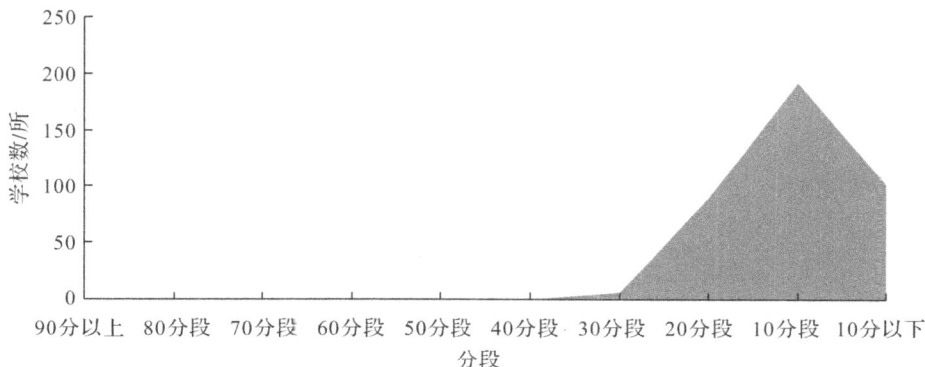

图 4.16 民办高校和独立学院指数得分分布情况

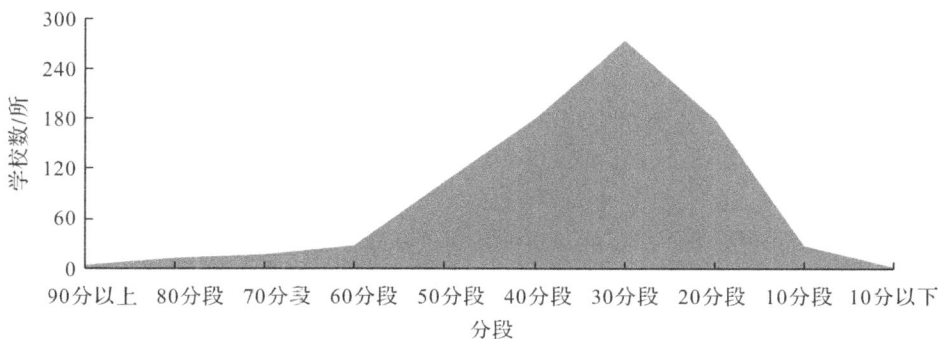

图 4.17 其他公办高校指数得分分布情况

上榜民办高校及独立学院校均得分为15.2分,校均项目数为73.23项,其他公办高校①的校均得分为39.62分,校均项目数为556.94项,公办高校的校均得分

----

① 其他公办高校指除了民办高校、独立学院及中外合作办学高校以外的公办高校。

是民办高校的 2.61 倍,校均项目数差距更是达到 7 倍以上。从具体排名看,前 300 名的高校均为公办高校,民办高校及独立学院排列最高的大连东软信息学院仅位列第 409 名。这些数据均说明在教师教学水平层面上我国高等教育依然存在"公强民弱"的现象,与我国高等教育整体态势相一致。

高等教育也要倡导教育公平,从这个意义上说,高校的发展,可以在类型和人才培养目标上鼓励多样化,但不应该设定质量发展上的多样化,更不应该划分层次水平。但目前数据分析显示,高校之间的教师教学发展水平差异巨大,重点院校因为大量的国家资源投入和政策支持而对其他高校形成压倒性的竞争优势,几乎是划定了不可逾越的鸿沟,这种态势很不利于我国高校教师教学发展水平的提升,影响未来提供高质量普及化的高等教育。民办教育的表现与公办高校相比中间又有一个巨大的分水岭,民办显著弱于公办,事实上民办高等教育是我国高等教育的重要组成部分(陈涛,邬大光,2017),同样承担着人才培养的使命和责任,应当给予更多的关注和资源投入。

4.4 浙江省地方本科高校教师教学发展态势评估分析

本部分研究,以全国高校教师教学发展指数相关数据为基础,聚焦浙江省域实际,具体分析浙江地方本科高校的发展态势和相关问题,为后续基于浙江省地方本科高校的路径分析和实证研究提供基础支撑。

4.4.1 浙江省地方本科高校概况

截至 2021 年 9 月 30 日,浙江省共有本科高校 60 所[①],其中包括 1 所部属高校(浙江大学),2 所职业大学(浙江广厦建设职业技术大学、浙江药科职业大学),其他地方本科院校 57 所(详见附录 4)。从办学体制情况看:公办本科高校 35 所,民办本科高校 5 所,独立学院 15 所,中外合作办学 2 所;从管理归属看:省属高校 34 所,省教育厅管理的高校 23 所;从办学所在地分布看,杭州 27 所,湖州 2 所,嘉兴 4 所,金华 3 所,丽水 1 所,宁波 7 所,衢州 1 所,绍兴 4 所,台州 1 所,温州 6 所,舟山 1 所,各地学校占比如图 4.18 所示。

---

①数据来源于教育部官网公布的《2021 年度全国高等学校名单》。

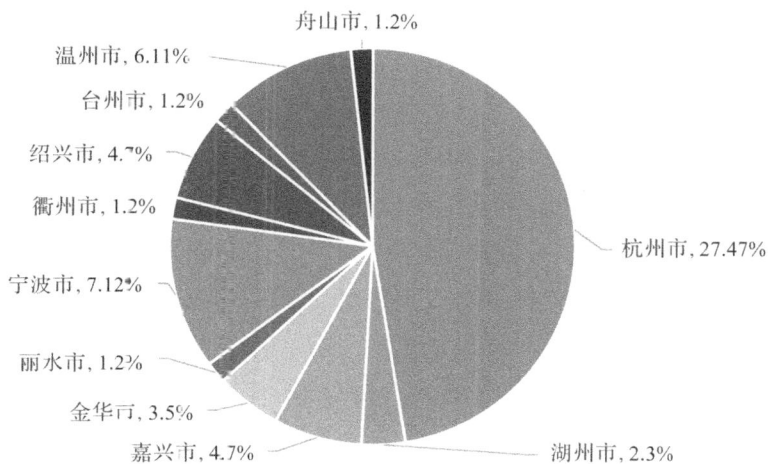

图 4.18 浙江省地方本科高校办学所在地分布

从地域分布可以看出,浙江省 57 所地方本科高校大部分布局在杭州,其次是宁波和温州,可见浙江的高等教育资源明显向经济发达地区集聚,这也充分说明了高等教育对资源投入的依赖。

图 4.19 显示浙江不同类型高校结构情况,浙江地方本科高校以综合类为主,此类高校占浙江地方本科高校总数的 31.58%,超过全国平均水平(23.4%),师范类高校偏少,仅占 5.26%,低于全国平均水平(13.7%)。

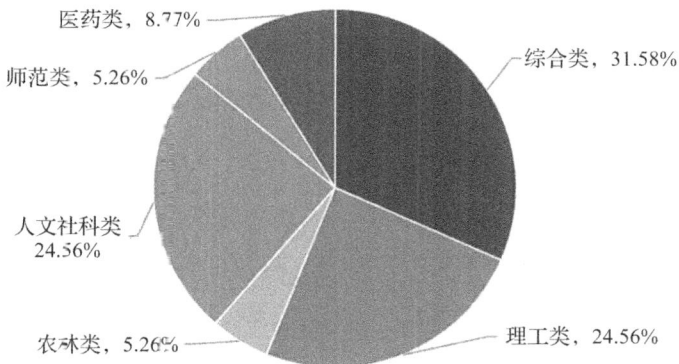

图 4.19 浙江省地方本科高校按学科划分分布

"我国高等教育资源长期以来分布不均,这在经济发达的浙江省竟然十分鲜明。"①浙江的高等教育水平与其位列全国第 4 位的 GDP 总量和全国前三的人均 GDP② 之间显得极不相称，与经济社会发展、产业结构调整需求和人民群众期盼相对照，浙江高等教育发展水平与浙江在全国的经济文化地位，与人才强省、创新强省首位战略要求，与浙江人民对优质高等教育的需求还不匹配。

图 4.20 显示，浙江高等教育的结构和生态也不尽理想，57 所地方高校中仅有 2 所"双一流"高校，且均为"一流学科"学校，"985 工程"和"211 工程"建设高校更是一所都没有。独立学院偏多，高峰时多达 20 余所，占比超 1/3；即便是从 2020 年 1 月开始，以浙大城市学院和浙大宁波理工学院等为代表的独立学院完成转设，目前仍有多达 15 所独立学院。也就是说，长期以来，民办高校和独立学院占据了浙江地方本科高校的"半壁江山"。

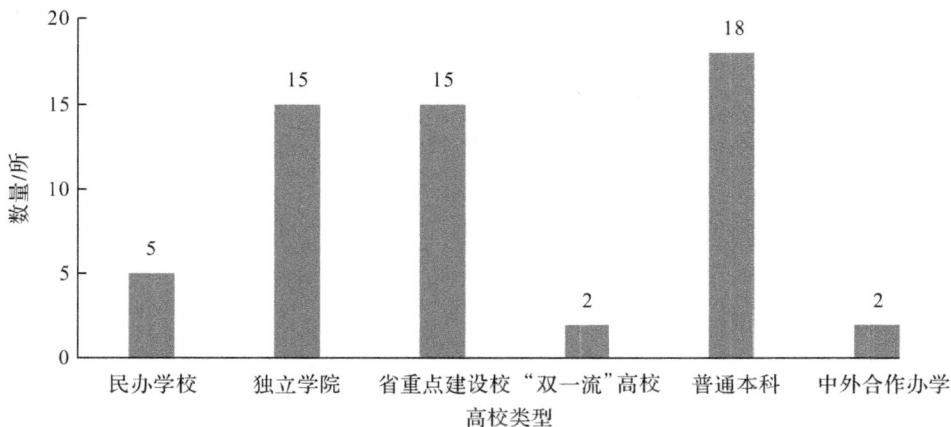

图 4.20　浙江省地方本科高校按办学体制分布示意

浙江省地方本科教育现状的由来，与浙江大学(部属高校)四校合并关系密切。1998 年原浙江大学、浙江医科大学、杭州大学、浙江农业大学四所高校合并组建新的浙江大学，稳居全国高校综合实力前茅，并向世界一流大学的目标大跨步迈进。对国家高等教育发展来说，四校合并是非常成功的，浙大的发展非常快，整体实力已经进入世界高校百强行列。但对浙江的高等教育生态和结构的影响也非常大，浙江大学形成的虹吸效应，使得其他地方本科高校的发展动能受到了抑制，结构性问题也很明显。

"十三五"期间，浙江共有 3 所高校 20 个学科进入国家"双一流"建设，75 个学科领域进入 ESI 前 1%；高校高层次人才数量比"十二五"期末翻了一番；高校主持

①全国政协委员、浙大城市学院校长罗卫东接受 21 世纪经济报道专访时所说。
②数据来源于国家统计局国民经济核算地区生产总值 2020 年度数据。

获得国家自然科学奖、科技进步奖、技术发明奖三大奖 32 项,占全省总数的 78%。[①] 而从数据分布来看,上述高水平学科的 90%、高层次人才的 50% 以上集中在浙江大学,也就是说浙江大学 1 所学校比其他 57 所学校的总和还要多;全国"三大奖"中浙江大学仅 2016—2019 年就获得 24 项[②],占全浙江高校主持获得奖项的绝对多数,是浙江省当之无愧的科技创新的领头羊和主力军。因此,无论是从自身实际分析,还是与相近区域或发展程度的省份和城市相比,浙江缺大学,更缺好大学,已成为浙江教育的最大短板。

区域经济高质量发展离不开高质量的高等教育,《浙江省高等教育"十四五"发展规划(2021—2025 年)》指出,"浙江高水平大学和学科建设任务仍然十分艰巨,学科专业布局需要进一步优化,高层次人才培养能力需要进一步加强,产教融合需要进一步深化,人才培养质量有待进一步提升;原始创新需要更加重视,标志性成果需要进一步培育;高校办学活力需要进一步激发和释放,实现发展的动能转换需要进一步强化,服务支撑经济社会发展能力有待提高"。

"十四五"是浙江实施教育现代化战略和高等教育强省战略的攻坚期,高质量发展建设共同富裕示范区[③],推进共同富裕和可持续均衡发展也离不开教育资源投入和要素配置的均等化。面向未来,浙江高等教育任重道远,虽然目前在全省范围内做到高等教育的全面高质量发展还存在诸多困难,但通过努力推进改革,扩充优质高等教育教学资源,提高人才培养质量,增强高校创新服务能力,激发高校办学活力,在推进高等教育资源的优化配置和高等教育结构的优化布局、打造高质量高等教育体系的征程上仍将大有作为。

4.4.2　浙江地方本科高校教师教学发展态势评估

缺少优质的高等教育资源已经成为浙江教育的短板,要补齐这块短板,更大的投入力度、更宽松的政策环境、更好的文化生态、更科学的发展规划都是不可或缺的。为了促进浙江省高等教育治理体系不断完善,通过声誉机制调节引导浙江省高校更好投入教师教学发展,推动浙江高等教育改变发展落后的局面,积极响应《浙江省人民政府关于全面实施高等教育强省战略的意见》和《浙江省教育厅关于加快建设高水

[①]数据来源于《浙江省高等教育"十四五"发展规划(2021—2025 年)》。
[②]数据来源于上海软科《2016—2019 内地高校国家三大奖折合数统计》。
[③]《人民日报》2021 年 4 月 2 日头版刊登《浙江——高质量发展建设共同富裕示范区》一文中提到,浙江省委主要负责同志指出:"大力实施新时代文化浙江工程,坚持文化强省、提升浙江软实力,加快打造社会主义先进文化高地。"

平本科教育的实施意见》,作为全国高校教师教学发展指数的省级拓展和补充,为更好兼顾地域差异,发挥指数在地方院校中的引领作用,中国高等教育学会专家组还专门编制了"浙江省普通本科院校教师教学发展指数"(简称浙江教发指数)。

浙江教发指数目前已正式发布了两版,其中 2020 版在长沙高博会上首次发布,2021 版在"浙江省高校教师教学发展论坛"上正式发布。[①] 2021 版相比 2020 版从数据采集范围、指标内涵挖掘、数据交叉分析等多个方面进行了更为科学的调整和完善,以期为浙江高校教师发展评价机制提供更为精细化的可观测、可量化的数据参考,引导更多高校关注教师教学发展工作,推动形成资源优先投入、政策优先保障、能力优先提升、生态优先营造的教师教学发展良好格局,为浙江省建设高素质教师队伍提供有力保障。

浙江教发指数体现了政治性、沿承性、地域性和时代性四个方面的特点。

①"政治性"突出立德树人。本书课题组在数据采集过程中发现省域层面一些项目虽然没有对应的国家指标,但独具特色且紧扣立德树人根本任务的政治要求。经充分调研分析,本书课题组结合特色重构省域维度的指数三级指标体系。比如,包含"浙江高校优秀思政课老师""浙江省课程思政示范研究中心""浙江省课程思政示范课程""浙江省高校课程思政微课教学大赛""浙江省课程思政示范基层教学组织""浙江省课程思政示范校"等一系列关于"课程思政"的评价指标,突出对高校立德树人的引导和思想政治教育教学工作的推动,等等。

②"沿承性"指的是浙江教发指数沿承了全国指数的编制标准,以国家指标为基础,增加省级指标,两者各占比重,国家指标的比重大于省级指标,在分数计算上,按照"二八原则"将浙江省普通高校省级指标得分与全国指数相应指标得分进行合并,归一后形成最终的指数得分。

③"地域性"主要是充分展现浙江省在贯彻落实国家教育改革系列政策时,结合本省教育资源特色,对项目推行进行的优化和创新的地域指标,如相较全国指标增加浙江省教坛新秀、功勋教师、杰出教师、重点专业、优势专业、新形态教材、教师教育基地、高等教育教学改革项目等省级指标项目,在 2021 版高校教师教学发展指数中又新增"浙江省高等院校现代产业学院建设优秀案例"等,全方位展示了浙江地方高校的教师教学发展生态。

基于浙江实际因地制宜增加的指标项目如表 4.8 所示。

---

① 2021 年 12 月 4 日,浙江大学陆国栋教授代表全国普通高校教师教学研究专家工作组联合浙江大学教育学院正式发布 2021 版《浙江省普通高校教师教学发展指数》。

表 4.8　基于实际设置的浙江省本科高校教师教学发展指标情况

一级指标	二级指标	三级指标
01 教师团队	0102 教学名师	增加 010202 省级教坛新秀
	0104 教学指导委员会	增加 010402 基础课程改革专业指导委员会
		增加 010403 教育信息化专家委员会
02 教改项目	0201 综合类	增加 020101 高等教育教学改革项目
	0202 专业类	增加 020201 重点专业
		增加 020202 优势专业
	0204 教学基地	增加 020401 教师教育基地
03 教材项目		增加 0301 重点教材
		增加 0302 新形态教材
		增加 0303 优秀教材

④时代性彰显新时代特征,关注课程思政、产教融合、应用型高校建设、课堂革命、"互联网+"教学等时代热点,增加如"课程思政示范校""应用型建设高校""课堂教学创新校""'互联网+'示范课堂"等。以"应用型建设高校"为例,浙江省明确出台了《关于积极促进更多本科高校加强应用型建设的指导意见》(浙教高教〔2015〕47 号),确定争取用 5 年时间,推动更多本科院校加强应用型建设,使应用型专业占所在院校专业数的 70%以上,在应用型专业中就读的学生占所在院校在校生的 80%以上,前 8 位应用型专业就读学生占所在学校在校生的 30%以上,学校应用型特色鲜明并为社会认同[①],在此基础上于 2015 年 7 月正式发文公布了首批 41 所加强应用型建设试点本科院校名单[②],占全省 57 所本科院校总数的 70.7%,此后又公布了浙江省应用型建设试点示范校 20 所,将相关工作向纵深推进。

根据浙江实际,为彰显新时代特征,增加的特色指标项目如表 4.9 所示。

表 4.9　基于时代特征设置的浙江省本科高校教师教学发展指标情况

一级指标	二级指标	三级指标
01 教师团队	0103 教学团队	增加 010302 课程思政示范基层教学组织
02 教改项目	0201 综合类	增加 020103 产教融合
		增加 020104 应用型高校建设
		增加 020105 课堂教学创新校
		增加 020106 信息化教学改革项目
		增加 020107 课堂思政示范校
	0203 课程类	增加 060201 课程思政教学研究示范中心

---

①引自浙江省教育厅、省发改委、省财政厅《关于积极促进更多本科高校加强应用型建设的指导意见》。
②引自浙江省教育厅办公室《关于公布加强应用型建设试点本科院校名单的通知》。

续表

一级指标	二级指标	三级指标
01 教师团队	0103 教学团队	增加 010302 课程思政示范基层教学组织
020304 课堂思政示范课	06 教师培训基地	0602 教学研究示范中心
07 教师教学竞赛		增加 0705 浙江省"互联网＋"优秀课程案例
		增加 0706 浙江省"互联网＋"示范课堂
		增加 0707 浙江省高校思政微课教学比赛
		增加 0708 浙江省教师教学创新大赛

除了以上调整,还根据实际情况在统计教学论文指标过程中,增加了北大核心期刊,使得教学论文指标内容更加丰满。根据上述分析,形成浙江省本科院校教师教学发展指数指标体系,共包括"6＋1"一级指标、二级指标共 72 个,三级指标共 100 个(详见附录 3)。经过德尔菲法、熵值法和层次分析法的迭代拟合,最终确定上述指标的权重如图 4.21 所示。

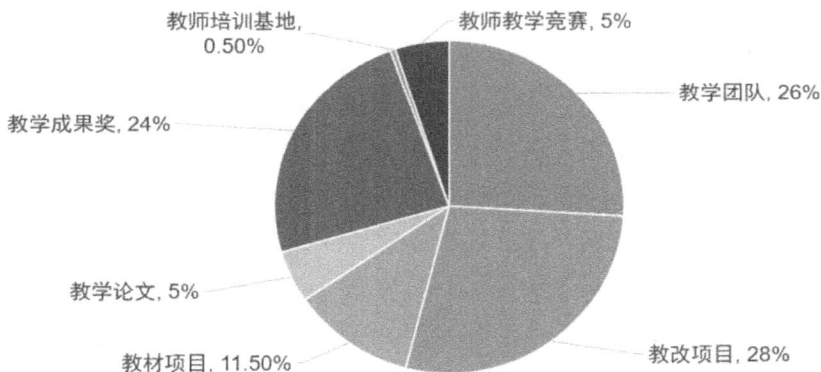

图 4.21　浙江省本科高校教师教学发展指数指标权重分布

根据上述分析,可以发现浙江教发指数呈现以下特点:

第一,高校全覆盖。将浙江省全部地方本科高校都纳入指数覆盖范围。

第二,时间跨度长。数据时间跨度 30 多年,最早可追溯至 1989 年,充分关注高校教师教学发展积淀。

第三,信息采集全。多种采集方式,例如,申请教育部信息公开(部分教育部信息公开批复文件见附录 1)、档案馆查询、官网查询和长期积累等渠道。2021 版浙江教发指数共采集原始数据 58781 条。

第四,方法科学。针对原始数据结构复杂、不均衡及多极值点的特点,在迭代拟合的思想下,通过熵值法、层次分析法和德尔菲法的综合运用,确定指数权重。

第五,模型公开。公开所有模型的计算方法和原始数据,高校可以通过工作组提供的免费账号,查询本校 30 年所有教师教学发展相关状态数据。

4.4.3　浙江地方本科高校教师教学发展态势分析

从全国对比情况看,在 2021 年最新公布的全国高校教师教学发展指数中,除 2018 年新批准设立暂未招收本科生的西湖大学外,浙江地方本科院校全部上榜,排名分布如图 4.22 所示。其中,1 所学校进入全国前 100 名,在排名 100—200 名中分布有 7 所学校,200—300 名中有 4 所学校,排名在全国后 50% 的高校达 28 所,占比已达浙江高校的半数。

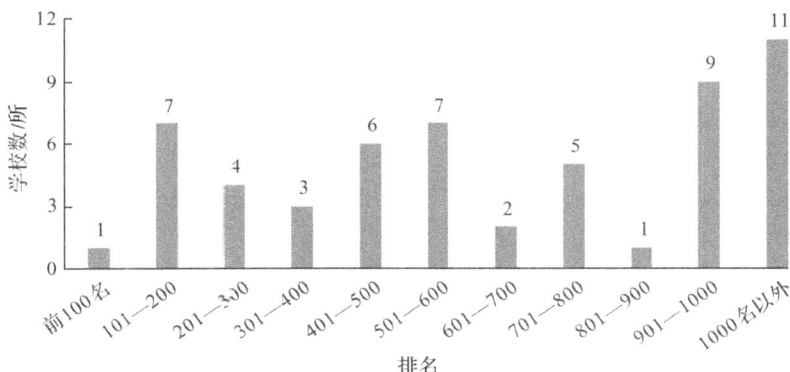

图 4.22　浙江省地方本科高校在全国教师教学发展指数中的排名分布

浙江与东部地区各省份本科高校对比分析,如表 4.10 所示。

表 4.10　浙江与东部地区各省份本科高校教师教学发展状况分析

地区	学校数/所	学校数占比/%	总分占比/%	项目数占比/%	校均得分
北京市	67	13.43	17.81	23.55	44.81
上海市	38	7.62	9.55	11.60	42.38
天津市	30	6.01	6.04	4.86	33.94
江苏省	76	15.23	15.53	16.41	34.44
山东省	67	13.43	12.36	13.83	31.10
广东省	63	12.63	11.61	10.13	31.07
浙江省	57	11.42	10.38	9.37	30.70
福建省	38	7.62	6.42	5.56	28.46
河北省	56	11.22	8.89	3.86	26.75
海南省	7	1.40	1.42	0.83	34.19
总计	499	100	100.00	100.00	33.78

数据来源:2021 版全国高校教师教学发展指数。

从学校数看,在7个东部省份中(不考虑北京、上海、天津三个直辖市),浙江省高校数低于江苏省(76所)、山东省(67所)、广东省(63所),与河北省(56所)基本持平,仅高于福建省(38所)和海南省(7所)。

东部地区10个省(区、市)本科院校获得的项目数占比由高到低分别为北京、江苏、山东、上海、广东、浙江、福建、天津、河北和海南,浙江仅位列第六。从校均得分角度分析,浙江更是低于平均分,仅位列第八。从毗邻地域看,虽然校均得分基本一样,但浙江省校均项目数仅394项,而交界的安徽省校均项目数达到650项,显见浙江高校的教师教学发展活力远不如经济水平相较落后的邻省安徽。可见,浙江省的高等教育,目前无论是从数量上还是质量上,发展中存在的不足都体现得非常明显。

在全国指数(2021版)中,从排名分布和具体的排名情况分析,如图4.23所示,排名靠前的基本为省属公办本科院校,且排名前300的均为省重点建设院校;排名在1000名以外的均为独立学院,或由独立学院转设而来(其中,嘉兴南湖学院、湖州学院、温州商学院为此种情况),独立学院排名最靠前的浙江工业大学之江学院仅排在第899名。

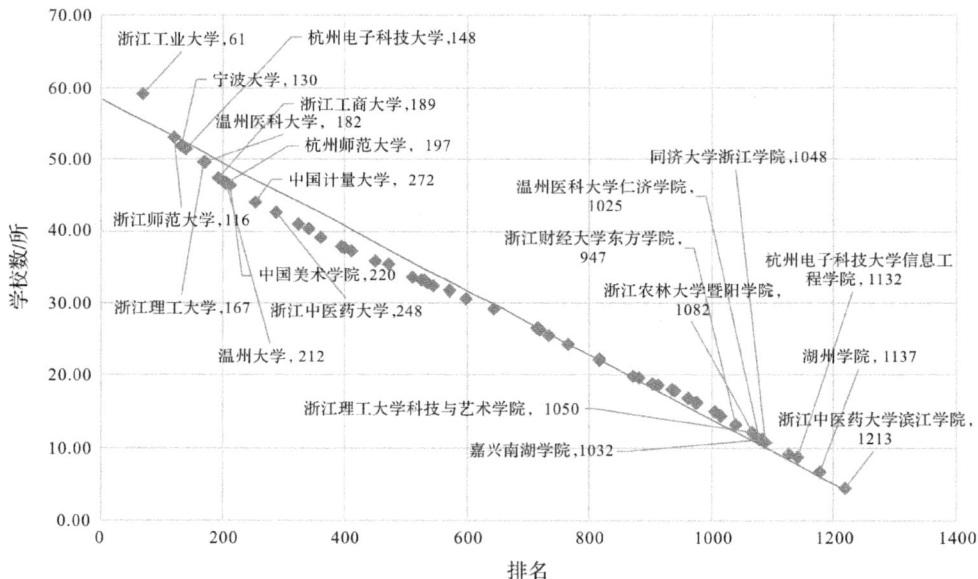

图4.23 浙江省本科高校在全国教师教学发展指数中的排名情况

从浙江教发指数(2021版)来看,共上榜本科高校57所,其中浙江大学为部属高校,地方高校56所。本科院校前十中,从城市分布看,杭州市上榜6所,温州市上榜2所,金华市、宁波市各上榜1所。从院校层次看,"双一流"建设高校(含一流大学建设高校和一流学科建设高校)2所;全部为省重点建设高校(8所)和省市共建校(2所)。从排名情况看,排名前三的地方本科高校分别为浙江工业大学、浙江师范大学和宁波大学。

浙江教发指数前20名的高校情况[①],如表4.11所示。

表4.11　浙江省本科高校教师教学发展指数(2021版)前20名统计汇总

排名	学校名称	项目数	总分	城市	学科分类	部属或地方院校
1	浙江大学	8730	100	杭州市	综合类	部属院校
2	浙江工业大学	3308	68.29	杭州市	理工类	地方院校
3	浙江师范大学	3609	63.57	金华市	师范类	地方院校
4	宁波大学	2676	60.23	宁波市	综合类	地方院校
5	杭州电子科技大学	2283	58.99	杭州市	理工类	地方院校
6	浙江理工大学	2464	58.45	杭州市	理工类	地方院校
7	杭州师范大学	2489	56.74	杭州市	师范类	地方院校
8	浙江工商大学	2265	56.68	杭州市	人文社科类	地方院校
9	温州医科大学	2089	56.06	温州市	医药类	地方院校
10	温州大学	2300	54.42	温州市	综合类	地方院校
11	中国美术学院	2358	53.24	杭州市	人文社科类	地方院校
12	浙江中医药大学	2635	52.73	杭州市	医药类	地方院校
13	中国计量大学	2803	52.21	杭州市	理工类	地方院校
14	浙江财经大学	1766	50.48	杭州市	人文社科类	地方院校
15	浙江农林大学	1708	50	杭州市	农林类	地方院校
16	浙江万里学院	1272	47.31	宁波市	理工类	地方院校
17	湖州师范学院	1428	46.6	湖州市	师范类	地方院校
18	浙江科技学院	1463	46.32	杭州市	理工类	地方院校
19	浙江海洋大学	1662	46.15	舟山市	农林类	地方院校
20	绍兴文理学院	1388	46.09	绍兴市	综合类	地方院校

数据来源:2021版全国高校教师教学发展指数。

———————————

①原始数据可以通过高校学生竞赛与教师发展数据平台(https://rank.moocollege.com)进行查阅。

依照排名绘制的总分分布如图 4.24 所示。

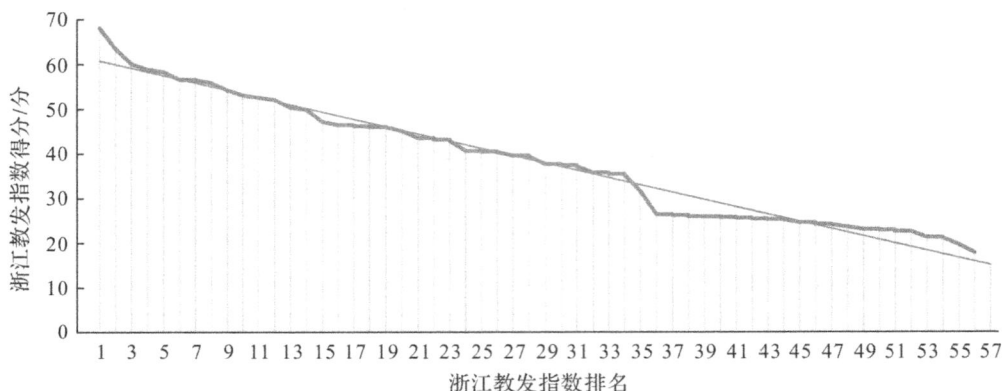

图 4.24　浙江省地方本科高校指数排名分布

浙江省地方本科高校指数分布曲线斜率值基本保持不变,说明:仅在地方高校范围内,教师教学发展水平没有学校出现突变,高校间呈现出一种稳步的发展趋势。一方面还没有出现高水平引领性的高校,另一方面说明当前地方本科高校基本上是靠教育主管部门的政策,被动地发展,没有产生出强力、快速的增长极,没有形成创新驱动发展的内生动力。

如图 4.25 所示,从地区高校教师教学发展水平看,舟山、台州高校校均得分均较高,丽水、衢州两地表现也还不错,但这四地的共同特点是均只有一所地方公办本科院校,没有民办高校和独立学院,因为其公办唯一性,导致更容易获得地方政府的支持,也更容易集聚优秀的教师团队。其余各地中,杭州地区高校的校均得分最高,其次是宁波、金华,两地比较接近,再次是湖州、温州、绍兴,嘉兴偏低。

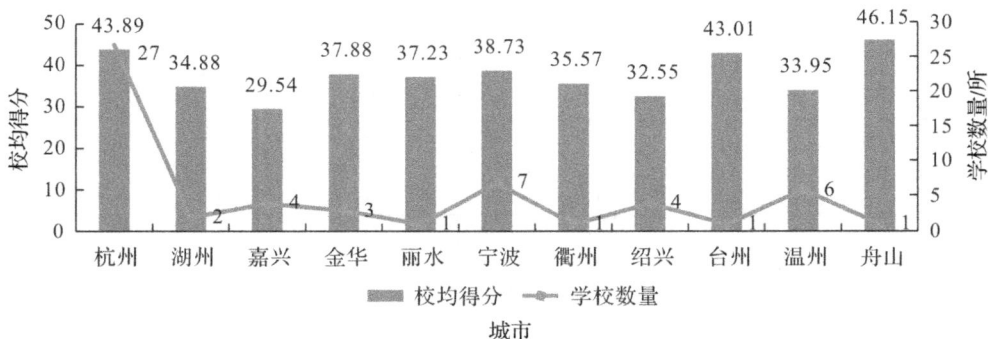

图 4.25　浙江省地方本科高校指数区域差异

当然,因为除杭州、宁波、温州外,其他地区的高校数量都不多,所以其校均得分也并不能完全说明该地区的真实发展水平,发展态势还是要结合其他指标因素共同来研判。不同办学体制类型高校的校均得分情况如图 4.26 所示。

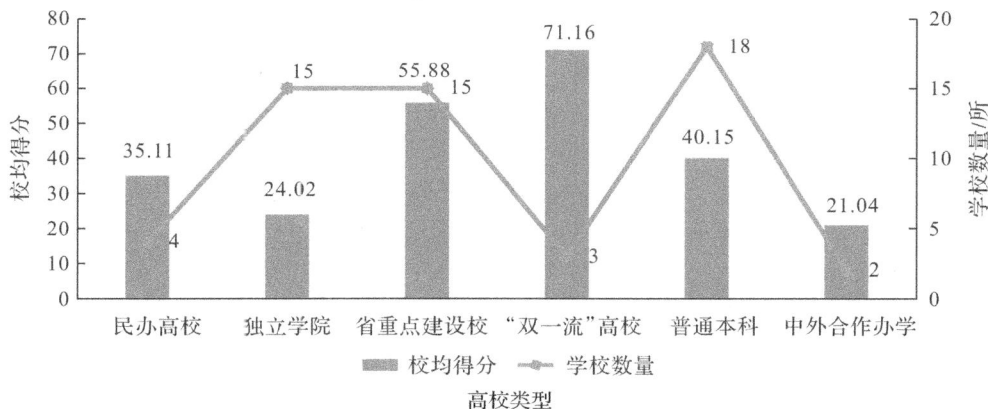

图 4.26 不同办学体制类型本科高校浙江教发指数校均得分情况

不同办学体制类型高校在浙江教发指数分析中获全国项目数和省项目数对比情况如图 4.27 所示。

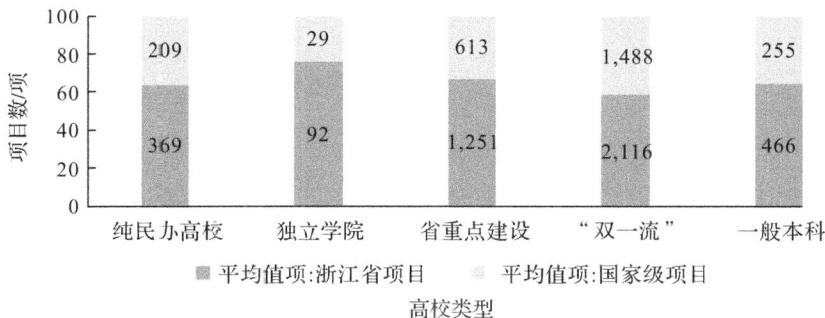

图 4.27 浙江省不同办学体制类型高校获全国项目数和省项目数对比

"双一流"建设高校共有 3 所,分别为浙江大学、中国美术学院和宁波大学。省重点建设校一共分三批共认定 15 所,其中,2015 年 5 所,2017 年 7 所,2019 年省市共建 3 所。中国美术学院和宁波大学既是"双一流"建设高校,也是浙江省重点建设高校,图中统计有重复,但不影响结果。除去"双一流"建设高校、省重点建设校、独立学院、民办学校和中外合作办学高校,其余普通本科高校共 18 所。

各类高校在校均得分、校均项目数和国家级项目数上的排序符合常理,具体来看:"双一流"和省重点建设高校与民办高校和独立学院之间,在数量与质量上呈相反两极;省重点建设学校发展势头良好,是未来浙江打造高质量高等教育体系的主要力量,值得一提的是,省重点建设校在 2021 版浙江教发指数中占据全部前十名席位,形成绝对性的领先优势,这也再次充分说明了政府投入和政策引导对高校教师教学发展的重要意义和关键性作用;普通本科院校要快速提升,形成浙江省域高等教育人才培养水平持续发展的强劲助推力;"双一流"建设高校获得国家项目数最多,独立学院获得国家项目数最少;从国家级项目和省级项目占比的角度看,省重点建设高校与纯民办、一般本科高校差距不明显。可见学校的建设发展水平与拿国家项目的水平相关,但国家层面也在尽量地推动资源均等化,鼓励地方本科院校发展。中外合作办学高校由于其受外方要求影响的特殊性,暂不考虑评价其真实的人才培养水平。

上述各项指标均显示出独立学院的整体水平实在偏弱,在国家层面竞争劣势过于明显。独立学院则必须由内而外强力整肃、全面提升,争取尽快迎头赶上,形成百花齐放的良好局面。针对独立学院教师教学发展水平整体表现不佳的现实,浙江也在积极整合资源、加大政府投入、推进相关学校的办学体制机制改革。截至 2021 年底,浙江各独立学院转设情况如表 4.12 所示,可见浙江力求有效解决相关问题的决心和力度,强力的举措,显示了浙江省提升独立学院办学水平,建设高等教育强省的决心。

具体来看,继 2020 年 1 月完成"浙江大学城市学院""浙江大学宁波理工学院"转设为公办本科高校"浙大城市学院""浙大宁波理工学院"之后,又先后于2020 年 12 月完成"嘉兴学院南湖学院"转设为公办本科高校"嘉兴南湖学院",2021 年 1 月完成"湖州师范学院求真学院"转设为公办本科高校"湖州学院"、"温州大学瓯江学院"转设为公办本科高校"温州理工学院",2021 年 10 月完成浙江海洋大学东海科学技术学院与浙江医药高等专科学院合并转设为公办"浙江药科职业大学",并且停止了"杭州师范大学钱江学院"的招生工作,较大可能该校将逐步回归母体。此前,还完成了"温州大学城市学院"转设为民办本科高校"温州商学院"。

另外,"浙江师范大学行知学院""浙江工业大学之江学院""杭州电子科技大学信息工程学院""浙江财经大学东方学院""浙江工商大学杭州商学院"等 5 所独立学院已启动了转设的相关准备,因学生和家长对于转设方案不赞同,于 2021 年 6月 5 日暂停转设,相信在不久之后,随着方案的逐步完善,这些学校将很快完成转设工作。

表 4.12　浙江省独立学院转设情况统计汇总

序号	原校名	新校名	转设类型	转设时间	备注
1	温州大学城市学院	温州商学院	转民办本科高校	2016.5	
2	浙江大学城市学院	浙大城市学院	转公办本科高校	2020.1	
3	浙江大学宁波理工学院	浙大宁波理工学院	转公办本科高校	2020.1	
4	嘉兴学院南湖学院	嘉兴南湖学院	转公办本科高校	2020.12	
5	湖州师范学院求真学院	湖州学院	转公办本科高校	2021.1	
6	温州大学瓯江学院	温州理工学院	转公办本科高校	2021.1	
7	浙江海洋大学东海科技学院	浙江药科职业大学	转公办职业大学	2021.10	合并医高专
8	杭州师范大学钱江学院	—	—		停止招生
9	浙江师范大学行知学院	—	转公办职业大学		暂停转设
10	浙江工业大学之江学院	—	转公办职业大学		暂停转设
11	浙江财经大学东方学院	—	转公办职业大学		暂停转设
12	杭州电子科技大学信息工程学院	—	转公办职业大学		暂停转设
13	浙江工商大学杭州商学院	—	转公办职业大学		暂停转设
14	上海财经大学浙江学院	金华学院	转公办本科高校		已公示

注:数据统计截至 2021 年 12 月 15 日。

从不同学科类型高校看,各类型学校的分布和校均得分情况如图 4.28 所示。

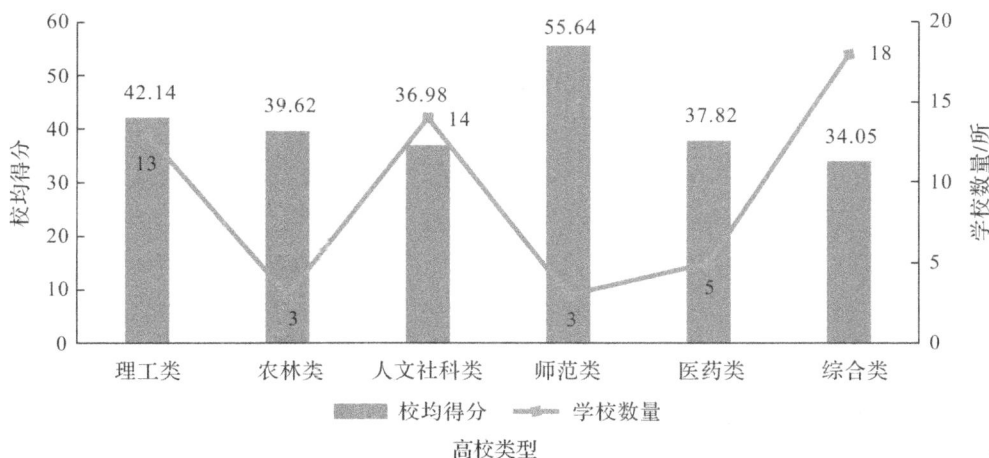

图 4.28　不同学科类型地方本科高校浙江教发指数校均得分情况

如图 4.28 所示,各学科类型学校中师范类高校表现最佳,说明浙江几所地方师范高校都充分发挥了自身的学科优势,在教师教学发展方面取得了显著的成绩;理工类和农林类高校表现也较好,其原因可能也与浙江大学的强势学科溢出有关,浙江大学还曾派出管理骨干兼任浙江理工大学的副校长,也是侧面的证明;综合类高校表现不理想,与全国范围内的统计情况对比有明显差距,主要原因还是浙江独立学院偏多,且17所独立学院中有6所偏向综合类,占比最高,达35%,可见独立学院缺少自己的优势特色学科,什么学科都想布局,导致整体水平不高。

4.5　本章小结

发展高等教育与承载大学的地区经济社会发展关系密切,既有如人才培养、科技创新等直接贡献,也会浸润一方水土、厚植地域文化。因此,优化区域教育布局、推动教育机会均等、实现教育与经济社会发展的协同,在我国接下来推进高等教育现代化发展过程中至关重要。我国"十四五"规划纲要也提出要优化区域高等教育资源布局。全国政协委员、浙大城市学院校长罗卫东在2021年全国两会期间接受《21世纪》专访时,专门提到了区域教育发展不均衡的问题,并给出了自己的意见建议,要"率先推动长三角区域教育机会均等配置"。

习近平同志在浙江工作期间,就特别强调"教育在现代化建设中具有基础性、先导性、全局性作用,把教育摆在优先发展战略地位,推进实施'教育强省'战略"①。公益性是办好教育的前提,支持的决心要更强一些,投入的力度要更大一些,发展的体制机制要更完善一些,才能够真正提高高等教育水平。

对浙江来说,高等教育发展水平明显落后于区域经济发展水平,如何依托经济发展推动高等教育发展,优化浙江省域范围内的高等教育资源布局;如何通过高等教育改革提高浙江地方高校的教师教学发展水平,培养更多的创新人才和科技人才,是接下来必须加大力度解决的关键问题。瞄准高水平的人才培养,需要先进的实验仪器设备、高水平的师资队伍、完备的校园基础设施,需要大量的不计回报的前期投入。除了资源投入保障之外,要解决这些问题,还要营造良好的政策环境和文化生态,开展科学化、适应性强的高校教师教学发展水平评估和质量管理,建立完善高校教师教学的组织支持体系,开展多层次引导扶持与交流学习展示等组织支持活动。

---

①引自学习强国浙江平台《习近平的底线思维方法在浙江的探索与实践(三)》。

5 高校教师教学发展影响因素的扎根理论实证
——以浙江省地方本科高校为例

本章以浙江省地方本科高校为研究对象,开展高校教师教学发展影响因素实证研究。具体采用扎根理论,对实证研究对象(相关主体及其行为)进行概念化和范畴化,把研究对象所反映出的各种内在意识的不确定性进行概括抽象展现,再把高校教师教学发展演进过程中的不确定性的做法(对象、内容、手段、形式、技术、制度、文化等)予以确定并继承下来。

5.1 研究分析

要通过推动高校教师教学发展来达成高等教育的发展目标,必须找准影响因素,进而有针对性地采取推进策略。

5.1.1 研究要遵循党的教育方针

党的十九届五中全会精神指出,我国发展进入新阶段,这既是我国社会主义发展进程中的一个重要阶段,也是我们的社会跨越到以人工智能为代表的"数字时代"的重要阶段,又是我国高等教育普及化和教育现代化的重要阶段。新发展阶段,党和国家对高等教育高度重视,对于高校教师教学发展的总目标提出了要求,勉励广大教师做有理想信念、有道德情操、有扎实学识、有仁爱之心的好老师。"四有"好老师的要求,实际上就是给出了影响高校教师教学发展的四个思考维度,如图 5.1 所示。

我国将教育作为"立国之本",尤其对高等教育不能简单地教授知识,而是要教授给学生为人之道和为学之方。正所谓"君子务本,本立而道生",高校教学要将知识教育和德性教育统一起来,而且要把德性教育放在首位。高校教师要做"四有"好老师,就要认真贯彻落实好党的教育方针政策要求,强化政治意识、理想信念、道德情操、学识技术、责任意识等维度的教学发展。

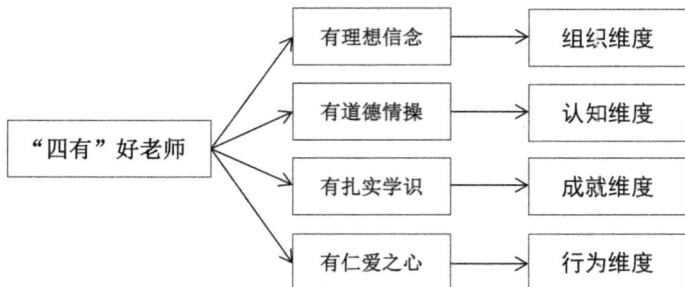

```
                          ┌─────────┐      ┌─────────┐
                    ┌────→│有理想信念│─────→│ 组织维度 │
                    │     └─────────┘      └─────────┘
                    │     ┌─────────┐      ┌─────────┐
┌─────────┐         ├────→│有道德情操│─────→│ 认知维度 │
│"四有"好老师│───────┤     └─────────┘      └─────────┘
└─────────┘         │     ┌─────────┐      ┌─────────┐
                    ├────→│有扎实学识│─────→│ 成就维度 │
                    │     └─────────┘      └─────────┘
                    │     ┌─────────┐      ┌─────────┐
                    └────→│有仁爱之心│─────→│ 行为维度 │
                          └─────────┘      └─────────┘
```

图 5.1 "四有"好老师总体要求影响高校教师教学发展的思考维度

5.1.2 研究要思考数字时代背景

"虽有智慧,不如乘势;虽有镃基,不如待时。"[①]基于时代背景研究新发展阶段的教育实践问题才有更大的实际应用价值。

在数字时代来临之前,工业时代作用在教育领域的结果,是一种重在盈利的新观念占据了主导;在这种观念形成的过程中,培养想象力和自我批判性的教育思想被排除,大家都关注那些高度实用的、能快速带来盈利的学科(努斯鲍姆,2017)。以经济增长为导向的教育模式使得高等教育成为一种商业活动,人才培养只是为了让学生掌握一些就业技能,而并不在意学生是否具备理应掌握的独立研究能力。教学的过程,主要是教师"教"、学生"学",教师以传授为主,目的就是尽量把教师掌握的信息(知识)传递给学生,每一个教师都成为一个独立的小规模教育主体,教育的成本高、效率低,信息经过教师学习积累形成知识后,要几经教学才能被学生所(部分)吸收。整个教学的活动要跨越漫长的时空距离,而且效率也很低。所以,教师"教"得很辛苦,学生"学"得不扎实,社会评价不满意。严重忽视数字时代内生动力逻辑的教师教学,导致高校人才培养的能力弱、知识更新的效率低,出现了两头主体被中间技术控制的情况,高校教师教学发展形成了渠道堰塞。

数字时代形成了鼓励创新的新维度和新内涵,"数字→信息→智能→智慧"是数字时代的内生动力逻辑,人类社会通过信息交流的持续进步,形成了真正意义上的变革,最终将带来知识的创新、科技的革命和技术的迭代。以大历史观审视高校

[①]出自《孟子·公孙丑上》:"齐人有言曰:'虽有智慧,不如乘势;虽有镃基,不如待时。'故今之有天下者之难也。故事半古之人,功必倍之,唯此时为然。"

教师教学发展的历程，不论时代如何更迭，主线都没有变，就是不断提高智慧利用的水平和知识传授的能力，不断提升人才培养的成就达成水平，是更加科学化地开发利用我们人类的智慧。

数字化技术是数字时代演进逻辑的起点和根本，随着数字时代信息技术的飞速发展，以"云（大数据）—网（互联网）—端（用户终端）"三位一体全覆盖式的信息传播为特征的人类社会活动新模式已经形成，未来更将成为知识获取的重要渠道，并且给教学活动以更高水平的赋能，教学过程中对知识的获取和应用进入更高层面的思考。数字时代的发展趋势与高等教育发展、领导与管理等决策密切相关（曹梅等，2018；杨保成，2020；王瑛等，2014）。我国高等教育正经历着第三次教育现代化浪潮，高等教育现代化与数字时代的叠加影响形成了新发展阶段高等教育变革的大背景。

数字时代带来信息传递方式的变革，将有可能更好赋能和推动高校教师教学发展。那么，已有的探索有没有带来高校师生所期望的发展效果？社会公众的认知感受如何？数字时代和高校教师教学发展之间究竟形成了怎样的共生关系？这些问题需要在研究过程中寻求解答。

基于数字时代背景分析高校教师教学发展的影响因素，还要以更开阔的视角来审视教师和学生、社会和高校在不断变化的技术环境中的相互作用关系。研究应着眼于通过信息技术推进高校管理改革，扩大师生参与，重塑社会和产业、高校和教师等高质量人才培养的需求端和供给端之间的关系，高校教师教学发展将技术赋能于社会（企业等协同主体）、高校、教师和学生等多元主体，并最终重塑各主体之间的关系，具体包括提升高校协同创新能力、管理效率效能、优化政策制定、提高服务水平、扩大师生参与、推进制度转型等方面（饶爱京等，2019）。

5.1.3　研究要关注创新人才培养

别敦荣和易梦春（2021）研究指出，谁拥有了一流创新人才，谁就能在科技创新中占据优势。数字时代新兴产业加速发展，与之对应所急需的核心技术、创新人才等关键资源却非常短缺。尤其是经过新冠疫情大考，我国虽然稳住了经济基本盘，但发展新兴产业仍然是今后一个时期经济社会发展的重中之重，是需要各方通力配合、合力推动的大事要事，事关未来发展，高等教育在其中承担着创新人才培养的重要使命任务。

我国高等教育结构和人才培养模式总体上还是难以适应经济转型、产业升级和创新驱动的需要，成为制约我国高等教育现代化发展的突出因素（于畅等，2020；

姜晓坤等,2018;李彬,2006;李立国,2016)。新发展阶段,高校作为人才培养的主阵地,围绕发展新兴产业,应切实肩负起培养创新人才的使命担当,实现教育为学习者创造更大价值的重大改革。高等教育立足产业发展和科技创新的重大战略需求,培养适应数字时代新兴产业发展需要的创新人才是一项系统工程,涉及众多的相关要素。为了确保实现相关人才培养目标,高校教师既要相对独立自主地开展教学工作,又必须接受学校和社会提出的要求。高校教师的角色发展既需要组织支持,也要与时代发展和产业需求的内部文化和外部环境相契合,高校教师教学发展动态适应体系也要相应的重新构建。

采取有效的教师教学发展策略,强化角色认同和职业适应,激发价值责任和价值回报,提升教师相应的人才培养内生动力水平和动态适应能力,将有利于培养更多的优秀创新人才并引领产业发展和技术创新,成为高校承载服务经济社会发展职能的重要手段。由此,借鉴相关经验,夯实高校教师教学发展的质量基础,从数字时代的需求角度把握提高创新人才培养能力的关键点,对推动高等教育发展具有关键作用。

5.1.4　研究要考量多维协同支撑

我国高校在推动教师教学发展、内部治理方面还有改善的空间,内卷化倾向问题也需要引起足够重视,高校管理的行政化倾向容易导致片面地强调资金投入和制度要求,而忽略了教师的内生动力,使得遵循党的教育方针推进高校教师教学发展的优化策略变得更为困难。

根据前文结构化分析等相关研究,高校教师教学发展动因主要来源于组织和教师个人两个方面,具体又包括教学资源保障、组织发展、知识更新、技术进步等要素,这些都应该在影响因素的分析中予以考虑。数字时代,如果缺少理念更新、制度优化、组织转型、政策规范和文化关切,将难以充分借助数字技术等新兴科技的赋能实现对治理的有效优化,还可能影响教师教学发展过程中各行为主体的自主性和参与度。因此,对数字时代背景下高校教师教学发展的影响因素应进行全面的思考和规划,还要把信息沟通方式的变革和数字技术的应用科学合理地纳入考虑,分析技术和方法对理念、文化、制度、资源投入、组织建设、社会责任等多个维度带来的协同支撑。

当前高校教师教学发展水平未能达到预期目标,主要原因是组织性或社会性因素,包括观念理念、制度规范、组织机构、流程工具、资源人力、大学文化等方面(汪霞,崔军,2015;陈时见,2018)。另外,还形成管理者对教师的信息单向传递、信息被动接受等问题,教师个体与组织之间的距离逐步拉大,在价值主张、考核监管、奖惩激励、参与管理、协同发展等方面存在矛盾。技术执行理论指出,受到制度与组织因素的制约,技术逻辑不必然带来制度和组织的变化。变革不是直接由时代和技术决定的,而是通过与之相连的政治意识、组织认知、管理行为和制度文化的变革展开的(张丽文等,2022;王凤彬等,2018)。

要用"有限理性"替代"完全理性",找准关键性影响因素。高校的决策者不可能掌握完全的信息,也依然难以超越有限理性,信息处理的限度抵消了其效度。如高校教师教学发展问题一样,无论是决策者还是教师面临的都是一个不确定的、复杂的环境,信息不可能完全对称,再加上各方认识能力的有限性,导致在行动决策中并非寻求"最大"或"最优",大多数情况下只是寻求"满意",正如诺贝尔经济学奖获得者赫伯特·亚历山大·西蒙主张以有限理性的"管理人"代替完全理性的"经济人",我们需要寻求的是一个令人满意的或足够好的行动程序。科学化高质量的高校教师教学发展治理体系,通过赋能和赋权双重机制,同时提升高校各级教学组织的治理能力和社会协同能力,不仅促使治理结构再造、教学流程重塑和学习方式变革,还影响着一系列新型关系,如"高校—社会""教师—学生""教学—科研""管理—服务"等。

高校教师教学发展面临着复杂而动态的挑战,探讨其影响因素,不应仅停留于功能层面,推动复杂的组织关系和制度建设的变革,实现从"事本"逻辑转向"人本"逻辑,从"投入引领"转向"改革引领",还应进一步探索数字化改革背景下推动理念变革与现有制度之间的融合创新。发展的终极目标应该是以人为中心,维护人的发展自主性,促进人的自由全面发展,追求高质量发展。这些发展的要求均应始终以人的感受为出发点和落脚点,把握好这个评价标准,将直接影响高校师生和社会各界在高等教育发展大潮中的获得感和幸福感。

5.2　研究设计

5.2.1　研究方法——扎根理论

教育学家 Manen(1994)通过教育现象学研究指出,"机智在教学的行动中实现自身",体现出高校教师教学的情境性、实践性和关系性。对情景化的教育科学研究,以美国为中心逐渐从行动科学的量化研究转型为基于认知科学和文化人类学的质性研究。

扎根理论的研究路径在教育研究界具有很大影响力(毛智辉,眭依凡,2018;陈向明,2015)。扎根理论有助于构建一种思想的语境,以便识别那些研究文本的作者想做什么,这使我们不再去强求试图解释概念,而是去强调在特殊的语境(环境)中,研究概念与解释因素之间存在必然的关联(黄敏,2014)。扎根理论研究的过程,对研究者和研究对象都具有行动上的指导,能够不断增进两者对自身行动及其意义的认识与反思,促进朝向研究目标行动的教育实践。扎根理论还有利于为我国的教育研究赋权,使我们更多地看到教育研究现象的本土特色,避免教育研究缺乏本土的中国特色和国情实际的理论视角(李方安,陈向明,2016)。扎根理论的研究过程聚焦于影响因素的描述和转移行为的选择,为构建整合的分析模型,进而为总结利用研究结论,有效推动高校教师教学发展打下基础。基于以上,本书采用扎根理论的研究方法,通过围绕高校教师教学这一多主体、多层次、多维度、复杂性的系统问题的解构与实践,探索描述全域化的高校教师教学发展影响因素。

5.2.2 研究对象——浙江省地方本科高校

采用浙江地方本科高校作为扎根理论实证的研究对象。截至 2021 年 9 月 30 日,浙江省共有本科高校 60 所,其中包括 1 所部属高校(浙江大学),2 所职业大学(浙江广厦建设职业技术大学、浙江药科职业大学),其他地方普通本科院校 57 所(详见附录 4)。地方本科高校中,公办本科高校 35 所,民办本科高校 5 所,独立学院 15 所,中外合作办学高校 2 所;办学所在地以杭州为主,共 27 所,杭州、宁波、温州三地高校数占总数的75%;"双一流"(学科建设)高校仅 2 所。从上述数据分析,浙江地方本科高校结构分布不均衡,民办高校和独立学院偏多,总体建设水平不高,高等教育资源明显向经济发达地区集聚。一方面,说明了浙江地方本科高校内部差异化明显,作为实证研究对象更容易得到丰富、全面的研究结论;另一方面,也说明了高等教育对资源投入的依赖(眭依凡,2019)。

5.2.3 研究素材——本科高校校(院)长教学述职报告

扎根理论研究的素材选取和提炼,必须遵从相关性、典型性和时效性原则,尽量避免其他相关理论逻辑影响,需要规范开展开放性编码、主轴编码和选择编码工作,从经验资料而不是从预想的、逻辑演绎的假设中形成编码和类属。陈向明(2000)认为,回归中国的教育实践,面对经验资料提炼本土理论,或许能够获得更贴近中国教育实际的研究成果。因此,浙江省开展的"本科高校校(院)长教学述职"评价制度提供了一种可能。

高校一把手教学述职是为强化高校教学中心地位,由浙江省教育厅于 2015 年建立的一种述职评价制度,本科院校每两年开展一次,经过 2015—2020 年共计三轮的述职评价,浙江全省本科院校认真梳理,得出了很多指导高校教师教学发展的宝贵经验并形成了书面报告。

本书研究的素材,覆盖了浙江省全部地方本科高校三轮共计 172 份、多达 70 万字的本科高校校长教学述职报告文本,共涉及 104 位本科高校的校(院)长,其中不乏两院院士、文科资深教授、特聘教授等在国内外享有盛名的顶尖学者和教育专家,他们的教学述职过程,反映了未来大学教育的理念、目标的规划、发展的路径、治理的策略等,上到教育哲学思想、下至教育管理实践的信息,对开展高校教师教学发展研究有很强的实用性。

通过对报告文本的深入学习和系统研究,我们力求准确把握各高校教学相关工作的现状,科学解析高校教师教学发展的影响因素,进而科学总结适应高等教育普及化、教育现代化和新发展阶段人才培养要求的高校教师教学发展内容,为科学构建高校教师教学发展的推进策略提供支持。上述研究对象及研究素材综合起来,具有以下特点:一是全面性,涵盖了浙江所有地方本科高校及所有报告年度,实现总体情况研究,确保研究的全面性和理论饱和度。二是可靠性,述职报告是各校根据省教育厅要求提供的完整报告,内容明确、完整,且有教育部教学状态数据、高校基本办学情况报表、各校公开的官方信息及本科教育质量报告作为对照验证,资料的准确程度和可靠程度很高。三是针对性,校(院)长教学述职报告是一所高校教师教学发展情况和水平的最直观真实体现和最高度概括凝练,从中有利于直接提取研究所需的信息并展开翔实研究。因此,研究总体适合并能够确保本书研究结论的准确性、可靠性和理论饱和度,能够支撑研究达到预期目的。

5.2.4 研究过程——三级编码

在比较选择编码方式的过程中,施特劳斯的质性研究背景使他提出的编码方式更加以资料分析过程为重。为了能够更好地诠释研究资料本身的价值,充分挖掘上百位大学校(院)长治校理念和管理经验的价值并升华理论范式,本书研究采用施特劳斯的编码方式,即开放编码、主轴编码和选择编码,遵循以下编码过程。

(1)开放编码

开放编码的主要目的在于通过打散和梳理原始资料,提取初始概念和范畴,实现研究文本的逐步概念化和范畴化(类属化)。编码可以是研究资料中所采用的实践概念,也可以是与资料内容相关的或能够有效表达的学术概念,既可以围绕研究主体的视角,也可以凸显研究客体的内容。开放性编码是扎根理论研究的基础工作,Strauss 和 Corbin(1990)定义的开放编码基本环节包括:为现象命名概念—发现并命名范畴—发展范畴的属性和维度。

围绕"教师教学发展"这一主题,本书针对各高校教学述职报告进行概念化和范畴化,阅读文本多达 70 余万字(其中与发展举措相关的内容共 65.94 万字),在此基础上规范实施开放性编码工作,共按原始状态通过分解获得初始概念资料 2465 条,并在此基础上提取了相关概念 954 个,提炼形成初始范畴属性 44 个(因为原始材料的饱和度较高,所以发现初始范畴时进行了深度的去重工作)。

例如,针对 A242 号原始资料条文:"专业技术职务评聘实行教学科研等效评价,分类评聘。在岗位聘任时设置以教学为主型教师岗,向本科教学倾斜。"提取相关概念为:"完善教学激励政策,巩固教学工作中心地位。"进一步提炼的初始范畴为:"教学科研等效评价。"又如,针对 C126 号原始资料条:"注重师德规范宣传,通过卓越教学奖、奖教金、'我最喜爱的老师'等,选树师德优秀典型。"提取相关概念为:"弘扬卓越教学文化,激发教师价值感荣誉感。"进一步提炼的初始范畴为:"选树教师荣誉典型。"

(2)主轴编码

主轴编码是重新确认、整合初始概念和范畴,归并出若干主范畴(包括类属、属性和维度),进而形成更大范围的范畴连接(发展并检验各类属之间的关系)。通过不断对原始资料进行结构化,直至初始范畴全部饱和,并经过进一步的挖掘和比较分析,将前述开放性编码提炼的初始范畴归纳为 13 个主范畴类属。

例如,上述 A242 号原始资料条经过开放编码与主轴编码后,归属的主范畴类属为:业绩评价,体现等效评价(类属属性)严格落实(正向维度)。C126 号原始资料条经过开放编码与主轴编码后,归属的主范畴类属为:价值回报,体现教师荣誉(类属属性)卓越引领(正向维度)。

(3)选择编码

选择编码是在结构化处理范畴与范畴之间关系的基础上开发"故事线",即从主范畴所包含的类属中进一步探索发现核心类属,其他类属则成为支援类属,描绘核心类属与其他类属之间的整体行为现象,进而形成关系结构。核心类属是能够将所有其他类属整合于其中的中心概念,在原始资料中出现频率高,并且与其他类属的联系紧密、清晰，内涵包容性强，且有发展成为理论要素的潜能。

上述扎根理论的编码结论，具体如表 5.1 所示。

表 5.1　浙江地方本科高校教师教学发展影响因素扎根理论研究编码

原始资料(节选)	一级：开放编码	二级：主轴编码	三级：选择编码
A174：学校坚持实行教学与科研量化业绩等效评价、教学质量和师德师风一票否决制，规定教师指导学生取得的教学成果作为职称评聘的必要条件之一，且近五年教学工作业绩考核结果累计三年为 A 级者，优先晋升高一级专业技术资格等，对教学的重视程度越来越高，教学工作的中心地位得到不断巩固。	强化师德师风建设师德师风一票否决	类属属性正向维度师德师风师德师风考核一票否决师德师风养成教育、宣传、监督考核等多措并举	核心类属：教学认同

支援类属：
1.师德师风
2.业绩评价 |
A258：强调师德师风评价、考核、激励机制，将师德表现作为教师考核、职务聘任(聘用)和评价的首要内容。			
C18：严格贯彻落实学校《关于建立健全师德建设长效机制的实施办法》，强化师德教育、宣传、考核、监督、奖惩，杜绝师德失范事件发生。		业绩评价职称评审重视教学岗位聘任、分类聘岗等效评价，严格落实教学工作考核重要依据	
A242：专业技术职务评聘实行教学科研等效评价，分类评聘。在岗位聘任时设置教学为主型教师岗，向本科教学倾斜。	教学科研等效评价职称评审重视教学业绩教学中心地位理念的形成职称评审实施分类评聘岗位聘任实施分类聘岗		
A258：强化教师教学工作考核，把教师教学工作业绩作为教师职务晋升、绩效考核、教师评优的重要依据，对教学工作不合格的实行一票否决。			
B371：实施教研和科研工作量等效机制，职称评聘向教学倾斜，专设教学为主型教师岗，坚持教学工作考核在专业职务聘任中的"一票否决制"。			

续表

原始资料（节选）	一级：开放编码	二级：主轴编码	三级：选择编码
B376：不断巩固教学中心地位，坚持走应用型发展道路，创新应用型人才培养内涵，以OBE（Outcomes-Based Education学习产出）教学理念为范式，以产教融合和国际办学为双轮驱动，以专业认证为抓手，逐步探索出学校"知行合一，双核协同"应用型人才培养模式。	强化以学习产出为目标的教学理念，创新人才培养内涵 新发展阶段先进教学理念深化	类属属性正向维度 教学认同 教学理念先进、创新 教师职责规范意识增强 教学成效提升 技术辅助较多教学应用 学业评价推进形成性评价	情景条件： 教书育人作为教师的天职被普遍认同，但由于缺乏应有的重视和系统的引导，从我国高校教师教学发展的水平上看仍待提高。党的十九届五中全会提出我国教育发展进入新阶段，这既是我国社会主义发展进程中的一个重要阶段，也是我国教育现代化和高等教育普及化的重要阶段。新发展阶段要强化高等学校立德树人根本任务，普及化阶段要提供高质量的高等教育，高标准实现高等教育现代化，推动实现高等教育强国战略。教育强国以育人为本，指引着高校教师回归本分，潜心教书育人，做到"德高""学高"，开启了高校教师教学发展的新征程。
A200：坚守教学基础工作量底线，教授为本科生授课比例达到100%。	教师教学行为规范意识增强 教授上讲台为本科生授课		
A258：落实"教授上讲台制度"，本校教授为本科生授课时数在48课时以上的比例达到95.08%。			
A449：开展以信息技术为支撑的"翻转课堂"教学模式创新，将学习主动权转移给学生。	加大针对教学成果的推广和奖励力度		
B768：加大课程建设，加大对各级各类教学改革项目的支持力度及优秀教学成果的申报、推广及奖励力度。首推"翻转课堂"试点课程建设，当年立项涉及课堂教学改革的项目约占64%。	"翻转课堂"建设加快推进		
A215：积极实施课堂形成性评价、课程评价、专业认证和评估等。	积极实施课堂形成性评价		
A659：完善学生学业评价。出台《关于开展考查课课程考核方式改革的意见》。			
B393：加强网络课程建设和利用，进一步引进"尔雅"等优质网络课程平台，促进了现代教育信息技术与专业课程教学的融合。	信息技术辅助教学深度应用		

续表

原始资料(节选)	一级:开放编码	二级:主轴编码	三级:选择编码
C16:出台并落实《"课程思政"教育教学体系建设实施意见》,建立"课程思政"进计划、进大纲、进教案、进课堂"四进"机制……实施"百门课程思政示范课"建设工程。 C113:高度重视"课程思政"工作,全方位推进"课程思政"教学模式改革与创新,多次召开"课程思政"专题工作会,设立"课程思政"教学改革项目,形成管理学院"红色管理案例库"。	强化"课程思政"建设	类属属性正向维度 课程建设 课程思政深度建设 教学方法应用多种方法 线上课程高质量开展	核心类属: 教学适配 支援类属: 1.课程建设 2.教学质量
A449:积极探索和实践现代信息技术在教学中的应用,利用"云教室"、MOOCs短视频、在线学习、移动学习、在线测验等形式,推行"1+1+N"的教学资源建设,促进教学方式的变革。同时,强化教学设计,利用云教室开展线上线下结合(O2O)、各种多终端融合的课堂互动教学,实现系统协同教学模式的实践与创新。	大力推进教学方法改革		
B425、C499:加强精品在线开放课程建设,推进"混合式"教学方法改革。 B425:在线学习和课堂教学有机结合,利用MOOC、微课等资源进行"混合式"教学方法改革,充分突出学生的主体地位,开展了基于项目、基于问题、讨论式、探究式、案例式、参与式等多法并举的授课方式改革。	加强精品在线开放课程建设 "混合式"教学方法改革 课程建设突出学生主体地位		

续表

原始资料(节选)	一级:开放编码	二级:主轴编码	三级:选择编码
A4:学校构建了导师制和教师教学发展专项培训相结合的青年教师培养体系。 C132:在专业技术职务评聘工作中明确首次申报需要助教经历,中级专业技术职务申报需要班主任经历,高级专业技术职务申报需要导师经历;通过集中系统授课、专题研修、教学观摩、公开课和研讨、导师制等形式开展青年教师助讲培养。	加强教师教学培训 导师引领职业成长	类属属性正向维度 教学适配 学习途径、教学培训、 学习内容、专业前沿 学习利益、职业成就 坚守弘扬文化传统	情景条件: 习近平总书记指出,"数字技术正以新理念、新业态、新模式全面融入人类经济、政治、文化、社会、生态文明建设各领域和全过程,给人类生产生活带来广泛而深刻的影响"[1]。这一理念深刻洞察了数字技术的发展趋势,体现出对利用数字技术增进人类共同福祉的关切。进入新发展阶段,历史、政治、经济、文化、科技等多重因素叠加影响,对未来高等教育的人才培养和改革发展提出了新的挑战和要求。现代教育理论和实践中都强调要把学生作为学习的主体,把教师作为主导,形成"教"与"学"的良性互动,而没有实现理念创新和能力适应的教师教学活动是无法适应互动的教学过程的。
B704:建立实务精英进课堂常态化机制,把实务前沿知识嵌入课堂教学。	推动专业前沿进课堂		
C377:出台《以"君子之风"促进师德师风建设的实施意见》,建设成果获教育部"礼敬中华优秀传统文化"特色展示项目。	思想政治教育弘扬传统文化		
B858:组织青年教师参加各类省级、校级的教学竞赛,帮助青年教师尽快提升教学水平。	引导教师积极参加教学竞赛		
党委会和校长办公会专题研究改进课堂教学质量评价方法等重大议题。		教学质量 教学竞赛以赛促教 质量评价科学规范	
B181:修订教师课堂教学质量评价办法,落实优课优酬导向。	完善教学质量评价		
C142:按照"标准先进、计量精确、质量可靠"的质量管理理念,制定了包括专业质量标准、课程质量标准、课堂教学质量标准、实践教学质量标准等主要环节的质量标准。			

①引自《习近平向2021年世界互联网大会乌镇峰会致贺信》,新华网,2021年9月26日,网址为:http://www.hews.cn/politics/2021—09/26/c_1127903074.htm。

原始资料（节选）	一级：开放编码	二级：主轴编码	三级：选择编码
A24：学生创新能力培养和学科竞赛保持优势……构建学生自主性实践体系，完善支持机制，在实践中培养学生的创新能力。	鼓励学生参加各类学科竞赛	类属属性正向维度 价值发展 学生学科竞赛积极引导	核心类属：价值回报 支援类属： 1.价值发展 2.价值责任
A34：将第一课堂（课堂教学）与创新创业教育、校内外实习实践和第二校园教学等"多元课堂"结合起来，形成多元联动、开放协同的课堂教学育人机制……鼓励学生参加各类科技竞赛，提高了学生的创新精神和实践能力。	课堂教学与创新创业教育紧密结合、多元联动	创新创业教育参与指导 协同创新主动融入	
A142：通过院系深化改革、创立协同创新中心，深化基层教学组织建设。	紧跟时代前沿，融入协同创新，深化基层教学组织建设		
C72：以产业和技术发展的最新需求推动人才培养改革，促进专业、企业、行业"三业"融合互通，加强多元协同育人，着力推进产学研深度融合，深入推进科教结合、产教融合、校企合作。			
A23：通过开学与毕业典礼讲话，勉励学生弘扬校训精神，追求卓越成就、勇担社会责任。	强化社会责任，提升学生教学参与度	价值责任 社会责任融入教学 学习共同体积极推动 继续教育积极参与	
A73：成立由资深教授领衔的6名青年教师"学习共同体"，实现导师与青年教师一对一传帮带。	探索推进学习共同体建设		
C205：探索学习共同体机制，推进教师全员培训机制与基层教研机制。			
C627：提升继续教育服务经济社会发展的契合度，取得了良好的社会效益。	提升继续教育的社会效益		

续表

原始资料（节选）	一级：开放编码	二级：主轴编码	三级：选择编码
A673：要求青年教师随同导师参加教育教学研究和科学技术研究等，得到专业导师教学指导和教育技能技巧学习，尽快进入岗位角色。 A130：17位具有国家级教学名师等称号的知名教授受聘担任学校教学卓越教授。 C259：制定出台《……教学名师评选办法》，加大对教学业绩突出、育人成果显著的优秀教师奖励力度。	教学名师指导带动教学发展	类属属性正向维度价值回报 教学指导积极带动学生、指导学生成长成才 教师荣誉卓越引领	情景条件： 推动采用更灵活且富有弹性的系统性的治理方法，构建更加多元化的教师评价体系和更具先进性的制度文化环境，建设具有高度的政治站位、始终专注于国家战略和组织发展需要；具有高度的感情承诺、愿意接受灵活而又具有挑战性的任务；具有高尚的精神品德、能够在深入领会组织的发展目标与要求的基础上，更好地为组织利益工作；具有高度的理想信念，能够与组织的价值追求相协调而形成内生发展意愿的教师队伍，有助于实现以教师教学发展驱动高等教育发展，把立德树人根本任务统一于建设有中国特色的社会主义事业的伟大实践中。
B356：加强学业指导，给大一学生配备学业导师加强学生学习习惯、生活习惯和人格品德养成；给大二学生配备专业导师加强学业指导，对留级学生给予个性化指导和帮助，促进每一位学生成长成才。	加强学业指导，促进每一位学生成长成才		
C656：积极引导教师树立远大职业理想，强化教师修养的自动力、拉动力和推动力。学校启动了第一届"湖畔良师"评选活动，对于全面提高教育教学质量和办学水平，发挥优秀教师示范引领作用，增强新时代广大教师教书育人的责任心与荣誉感，具有很好的示范、引领作用。 C126：注重师德规范宣传，通过卓越教学奖、奖教金、我最喜爱的老师等，选树师德优秀典型。	选树教师荣誉典型		

续表

原始资料(节选)	一级:开放编码	二级:主轴编码	三级:选择编码
A22:召开全校教学工作大会,旗帜鲜明地提出要突破现行高教体制机制和传统教学模式之围,着力培养信息时代的支撑人才。	重塑体制机制,推动教学发展	类属属性正向维度 组织支持 体制机制发挥优势 制度保障力度大 资源保障投入多 教师招引量质齐优	核心类属: 组织支持 支援类属: 1.组织管理 2.组织建设 3.组织创新
A206:出台关于提高教学质量的两个若干意见,制定了课堂教学创新行动计划实施方案,为推进课堂教学创新提供了良好的制度保障。	制度保障教学		
C331:学校建立了由质量标准保障系统、管理制度保障系统、组织运行保障系统、教学监控保障系统、数据支持保障系统、条件资源保障系统六个部分组成的教学质量保障体系。	确保教学资源保障和教学条件建设		
B176:多方筹措资金,加大教学资源保障力度;优先教学投入,保障教学条件建设。	加强高水平教师招引 提升师资国际化水平		
A25:大力引进与培养高水平教师。			
A131:全年引进海外高层次人才六人,制定《外籍教师聘用与管理办法(试行)》。			
A215:推进"四位一体"质量监控体系建设。			
A26:实施基于学生学习成效的人才培养方案。按照强化以学生发展为本的指导思想,对全校57个专业的培养方案进行了全面修订。	建立健全教学质量监控体系 围绕学生学习的根本出发点完善人才培养方案	组织管理 教学质量监控强监管 人才培养方案高标准	
A248:组织开展课堂教学秩序、课堂行为规范专项整治活动,出台"教师课堂教学行为十项规定",划定红线,狠抓课堂教学。通过全校教室视频监控系统随时掌握教室内教学秩序实况。	狠抓课堂教学行为规范落实	课堂行为规范严格要求	

续表

原始资料（节选）	一级：开放编码	二级：主轴编码	三级：选择编码
C356：大力推进新工科专业建设，布局互联网金融、机器人工程、数据科学与大数据技术等新工科专业，加强专业复合，开设辅修专业，鼓励跨学科、跨专业的学生选修。 A271：充分发挥校教师教学发展中心作用，针对新教师、中青年教师和卓越教师，分类开展全校专任教师培训工作，促进教师专业化发展。 A59：通过深化与完善校内管理体制改革，规范设置基层教学组织，实现基层教学组织全覆盖。 A65：推行课程研究性教学改革，从教学一线掌握教情与学情，从教学改革实践中发现、解决问题。 C539：与明峰医疗系统股份有限公司合作建设"医学影像教学基地"……通过引进社会资源改善实践教学条件，推进产教融合。 A590：推进大四学年实践教学的落实工作，积极探索产教融合的人才培养模式。 B406：围绕应用型人才培养目标、"课程改革、课堂创新"这两个核心和"应用性、选择性、创新性"三条主线，从培养体系、课程内容、方式方法、教学管理制度等四个方面推进改革。	加强专业建设，引领教师发展 充分发挥教师教学发展中心作用，促进教师专业化发展 教学基地建设加快推进 加强基层教学组织建设 立足一线扎实推进教学改革 产教融合提升人才培养质量 围绕人才培养目标，深入开展课程改革	类属属性正向维度 组织建设 专业建设水平高 教师发展中心作用大 基层教学组织活跃 教学基地数量多、层次高 组织创新 教学改革全面推动 课程改革多层次、多维度 教材建设规划发展 产教融合整合提升	情景条件：随着大学管理系统的弱化，降低了行政约束力的"管理"必将转向寻求行为引导、价值树立和精神建构层面多元统一的"治理"，更要强调政治的理念。按照政治视角"构建秩序、公平分配、创造价值、追求理想"四项基本功能，要加快形成创新策略，通过组织支持，引导教师投入教学、热爱教学、倾心教学、研究教学，在讲台上实现教学角色认同，在师生互动中提升职业适应能力，在教学中获得职业的价值回报，更好解决这些事关高校教师教学发展的关键问题，实现从管理的"术"向治理的"道"转变。

5.3　研究结论

5.3.1　明确影响因素并深化"故事主线"

根据核心编码的 4 个核心类属、主轴编码的 13 个主范畴类属和 44 个类属属性的分析,可以清晰地描绘促进教师教学发展的影响因素及其核心动因(见图 5.2)。我们做进一步归纳概括,以动因为核心显示了教师层的认知维度和行为维度、组织层的组织维度所对应的主要类属,力求说明旨在打造高质量的高校教师教学发展,需要各级组织(上至教育主管部门、下至基层教学组织)和教师的共同参与,把握内生动力和外部环境两方面的共同影响,以人才培养为关键指向,构建基于影响因素分析的推进策略,形成良性互动的科学发展局面。大学的逻辑起点是人才培养,大学发展的根本任务是立德树人,教育的起点是促进学生学习,实现学习的成就。教师是主导、学生是主体、组织是保障,成就维度是教师、学生和组织之间的融合层,必须牢牢把握教学中心这个出发点和人才培养这个根本任务,构建多维协同的推进策略,才能使路径联通、制度融通,才能使新发展阶段高质量高等教育的战略需要与高校发展、教师发展的现实需求相互叠加和耦合。

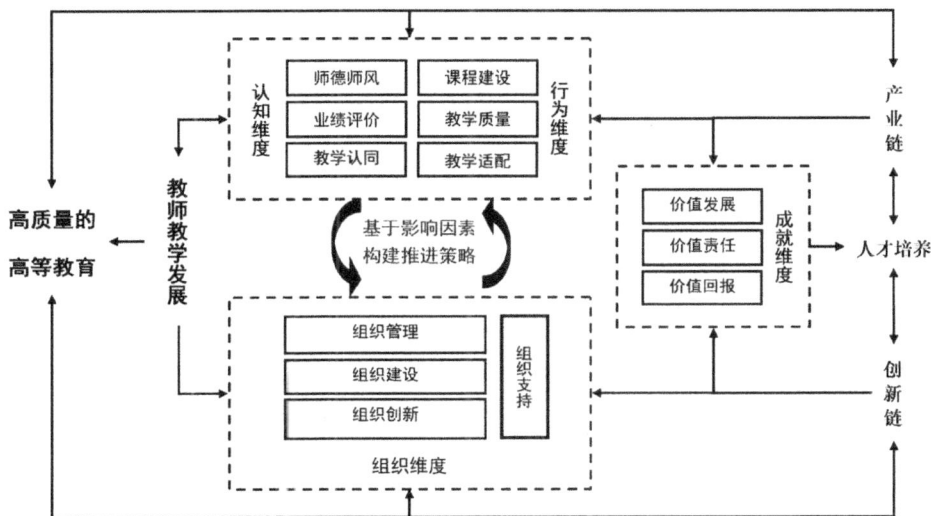

图 5.2　高校教师教学发展影响因素的扎根理论分析

如图 5.2 所示,高校教师教学发展的故事主线围绕着如何更好地促进本科高校提升教育质量展开,需要"自上而下"的治理保障和"自下而上"的改革推动,形成组织动因和个人动因两个核心范畴,既要在教学保障、队伍建设、组织建设、组织监督、组织发展、组织文化等面向组织层面的影响因素上重点突破,又要在教学学术、激发教师个体学习动机、拓展教师学习途径、完善教师学习内容等面向个人层面的影响因素上整体配合,形成多主体、多渠道、多形式的协同创新态势。扎根理论研究分析过程中,我们还发现以下结论:

一方面,图 5.2 反映了从外部环境的动因角度来看,当前高校教师教学发展水平与数字时代产业结构相脱节,产业创新人才的需求难以及时准确地传递到高校,出现高校培养创新人才的盲目性与企业创新人才的匮乏性并存的状况,同时问题也通过不断传导,带来创新链与产业链之间的错位。因此,厘清人才链、创新链、产业链三者的关系,特别是人才链和创新链之间的联系,强化三链耦合,形成全链闭环、有源无界、协同创新的内生动力逻辑,对更好地发挥高等教育在培养创新人才中的作用,打造培养创新人才的高等教育体系至关重要。另一方面,扎根理论研究还发现除了教师个体层面和组织层面主体对应的考量,成就维度在高校教师教学发展中的影响,其可以作为有效衔接理念、行为、制度、文化、社会、政治、经济等各个方面的"必经轨道点",协助连接各个类属形成创新发展的互动网络。从成就动因的角度来看,对教师缺乏有效的支持、激励和引导是当前高校管理实践过程中普遍存在的问题,成为高校教师教学发展的重要影响因素。

5.3.2　词频分析支撑影响因素研究结论

为了进一步帮助支撑和验证前述扎根理论研究结果,将上述 2465 条原始资料进行词频分析。其中,类属"师德师风"相关关键词出现 326 次,类属"业绩评价"相关关键词出现 530 次,类属"教学认同"相关关键词出现 656 次,类属"课程建设"相关关键词出现 347 次,类属"教学适配"相关关键词出现 783 次,类属"教学质量"相关关键词出现 424 次,类属"价值发展"相关关键词出现 337 次,类属"价值责任"相关关键词出现 236 次,类属"价值回报"相关关键词出现 572 次,类属"组织支持"相关关键词出现 940 次,类属"组织管理"相关关键词出现 273 次,类属"组织建设"相关关键词出现 371 次,类属"组织创新"相关关键词出现 542 次。词频前四位的核心类属依次是"组织支持""教学适配""教学认同""价值回报",分别对应了前文分析"四有"好老师总目标所折射出的"组织维度""行为维度""认知维度"和"成就维度"四个核心范畴。相关概念涉及的"关键词"词频统计情况如表 5.2 所示。

表 5.2　浙江省地方本科高校校（院）长教学述职报告原始资料关键词词频统计

核心范畴	类　属	代表性关键词	出现频次	备注
认知维度	师德师风	身体力行、育人、师德	326	支援类属
	业绩评价	评价、职称	530	支援类属
	教学认同	教学中心、理念	656	核心类属
行为维度	课程建设	课堂教学、立德树人、思政	347	支援类属
	教学适配	专业、培训、能力	783	核心类属
	教学质量	教学质量、质量评价	424	支援类属
成就维度	价值发展	协同、创新创业	337	支援类属
	价值责任	继续教育、学习共同体、责任	236	支援类属
	价值回报	激励、荣誉、奖励、喜爱、成才	572	核心类属
组织维度	组织支持	保障、投入、资源、师资	940	核心类属
	组织管理	质量监控、行为规范、培养方案	273	支援类属
	组织建设	专业建设、发展中心、基层教学组织	371	支援类属
	组织创新	教学改革、教材建设、产教融合	542	支援类属

为快速领略文本主旨，可通过过滤掉大量的文本信息，针对文本中出现频率较高的"关键词"形成突出视觉化效果的词频分析生成关键词词云（见图 5.3）。

图 5.3　浙江省地方本科高校校（院）长教学述职报告原始资料词云图

资料来源：根据词频统计结论，采用"海致 BDP"大数据分析平台绘制。

可见，上述各关键词基本属于出现频次在前 100 位的高频词汇，较好地支撑、验证了扎根理论研究结论。

5.4　本章小结

　　根据 Fenwick 和 Edwards(2011)指出的社会科学应当实现的"展开、稳定、合成"的任务,本章通过扎根理论方法实现高校教师教学发展研究的"展开"过程,把本科高校校(院)长教学述职报告文本所反映的教学过程中的对象内在意识的各种不确定性进行概括抽象展现;"稳定"的过程则是把高校教师教学发展演进过程中的不确定性的做法(对象、内容、手段、形式、技术、制度、文化等)按教学的方向予以确定并继承下来;"合成"的过程就是明确影响因素和作用网络的过程。同时,基于左璜和黄甫全(2012)提出的"真理寓居于连续的尝试与实践中"这一认识论主张,说明述职报告文本中所蕴含的知识与科学家的知识具有相同的可靠性,维护了基于校(院)长教学述职报告的文本分析所得结论的科学性。

　　清代思想家魏源曾说:"技可进乎道,艺可通乎神。"①高校教师通过对教学的"技"的学习和实践,可以逐渐精熟并日趋专业,实现卓越教学的程度,如果最终能够升华到对教学本质规律的哲学思考,将实现"道"的升华,达到"大师"的层次。

　　高校教师教学要熟"技",要以角色认同为基础;

　　高校教师教学要精"艺",要以职业适应为手段;

　　高校教师教学要进"道",要以价值回报为目标;

　　高校教师教学要通"神",要以组织支持为保障。

　　通过扎根理论分析,我们得出了这样四个方面的影响因素及其影响高校教师教学发展的形成过程和作用机制的具体指向,对下一步开展案例研究和问卷调查,提供了关键性的方向指引,也为最终的策略研究提供了基础。

———————————

　　①出自由中华书局编撰的《魏源集》。

6 高校教师教学发展关键机制多层建模分析

6.1 研究目的

本章研究以新发展阶段立德树人背景下推动高校教师教学发展的教育实践为出发点,基于扎根理论研究结论和"个人—环境"动态匹配视角拓展的通用职业发展理论 ICR 模型,旨在系统探讨高校教师教学发展影响因素对高校教师教学发展形成过程的边界条件。

6.1.1 职业发展视角下的高校教师教学发展研究

2018 年党中央召开全国教育大会,习近平总书记对新发展阶段加快教育现代化、建设教育强国、办好人民满意的教育作出了全面部署,明确我国高等教育强国战略将立德树人作为根本任务。[①] 立德树人,是习近平总书记关于教育的重要论述的核心理念,不仅体现了中国传统教育思想和党的教育方针的理论精髓,是扎根中国大地办好人民满意的高质量高等教育的关键之举,也是对国际高等教育实践经验吸收借鉴基础上的创新发展,引领着新时代全球高等教育改革的追求和方向。其中,教师教学发展是全面推进立德树人的根本要素之一,当代教育理论和实践中都强调要把学生作为学习的主体,把教师作为主导,形成"教"与"学"的良性互动。中共中央、国务院出台的《关于全面深化新时代教师队伍建设改革的意见》中提出的"中国梦的实现,关键在人才,基础在教育,根本在教师"也充分印证了这一点。

鉴于高校教师教学发展的重要性,该主题近年来一直是一个热点主题(李中

---

①引自《习近平:坚持中国特色社会主义教育发展道路培养德智体美劳全面发展的社会主义建设者和接班人》,新华网,2018 年 9 月 10 日,网址为:http://www.xinhunet.con/politics/leader/2018—09/10/c_1123408400.htm.

国,黎兴成,2015)。根据前文进行的研究综述,本书梳理总结后,认为目前高等教育领域对教师教学发展的研究主要集中在三个方面:第一,聚焦于讨论高校教师教学发展的内涵。例如,周玲和康翠萍(2018)基于科学知识图谱的研究范式,对我国高校教师教学发展的研究热点及演变做了总结。两位学者将高校教师教学发展定义为:教师在主观努力和外部支持下持续更新教学理念、充实教学知识、提升教学能力并实现自我价值和学生成长的动态过程。第二,定性讨论阻碍教师教学发展的影响因素。例如,在苏强等(2015)的研究中,提出体制机制弊端与教师内生动力不足是阻遏教师教学发展最重要的两大因素。他们认为,教师教学发展是涉及多重资源(如人力、经费和时间)和制度机制(教学职业文化、教师激励措施和学校行政支持)的复杂问题,而目前国内高校相关机构的行政属性(如人员配备不合理、职能虚化或者效率低下)无法有效满足教师教学发展的价值诉求。第三,关注高校教师教学发展的实现路径。在为数不多的实证研究中,蔡永红等(2018)构建了有关基本心理需要满足、自我效能感与教师教学专长发展的竞争性模型,定量探索教师教学发展的实现机制。他们研究发现,三种基本心理需要满足(自主、能力及关系)对教师教学专长发展具有积极影响效应,而且三种基本心理需要满足是通过影响教师自我效能感进而影响教师教学专长发展。

虽然有关高校教师教学发展的研究取得了一定进展,但目前仍处于萌芽阶段(李中国,黎兴成,2015)。具体而言,表现在两个方面:第一,对教师教学发展影响因素的实证研究是不足的,缺乏一个整合的分析框架来系统地探讨哪些因素会对教师教学发展产生影响。第二,对教师教学发展形成过程的探讨大多聚焦于个体的动机因素(如高校教师的心理需求满足),忽略了个体的认知、能力和特征等因素的影响以及动机和认知、能力和特征等因素的交互作用。为了弥补上述不足并推进高校教师教学发展的研究,本书以立德树人这一中国重大教育实践为出发点,基于 Guan 等(2021)的通用职业发展理论,系统探讨高校教师教学发展的影响因素和高校教师教学发展形成过程的边界条件。

6.1.2 拓展 ICR 模型构建整合的 ICR-O 分析框架

对高校教师而言,在教学工作中认真思考"我是谁"这一根本性问题,对个人实现职业生涯发展(尤其是教师教学发展)乃至国家层面的立德树人根本任务具有重大影响。史兴松和程霞(2020)总结以往研究后表明,高校教师的角色认同与诸多变量密切相关,如认知加工方式、生活幸福感、离职倾向、工作满意度和教学质量等。王国明(2017)认为,高校教师的角色认同会通过影响教师的主动性和自主性,进而影响高校教师教学发展——高校教师对自我扮演职业角色的自信与赞美程度越高,越有可能基于自我驱动来参与各类有助于提升其教学技能、教师知识、教学质量的教学发展活动。一项针对老教师角色认同的文献综述(回顾了 2005 年至 2016 年间经同行专家评审的 19 篇实证论文)进一步指出,角色认同不仅有助于解释老教师在面对复杂问题时的抗压能力,更重要的是理解他们为什么留在教师行业并能够长期保持其动力和承诺的关键(Carrillo, Flores, 2018)。

根据社会交换理论,职业适应是影响高校教师教学发展的一个重要前因。高校教师的职业适应是其作为个体与特定的职业环境(如教学环境、科研要求、同事关系或学校文化)进行互动、调整并达到阶段性和谐的动态过程。在各项任务要求和变化的职业环境下,高校教师有不断开发和提升自身能力的适应性动机和行为性倾向。Rudolph 等(2017)基于元分析发现,职业适应性不仅可以提升(降低)个体的学校满意度(工作压力),还可以提升其职业可雇佣性、工作绩效和工作参与感。一项针对巴基斯坦高校教师的实验研究则进一步揭示了职业适应性对工作结果的影响过程——高校教师的职业适应性越好,其在教学中的自信程度越高,因此更可能投入更多有助于教学发展的时间、精力和承诺(Green, 2021)。

社会交换理论还认为,价值回报是促进高校教师教学发展的另一重要前因。高校教师要更好履行工作上的义务,但也期望从工作环境中获取所需的价值回报(如学生爱戴、学生成才和社会认可等)。当这一内在需求被有效满足时,将极大激发高校教师提升自身教学发展的动机。赫茨伯格的双因素理论也指出,与工作本身或者工作内容有关的因素(如成就、工作本身的意义、责任感和个人发展)更能起到激励的积极作用(Gaihre et al., 2021)。在李亚慧等(2020)的实证研究中,将高校教师关于回报的效能感知分为谋生回报、职业回报和价值回报三类,其中追求工作本身意义的价值回报会正向影响高校教师的工作满意度,进而对有利于其教学发展的工作绩效产生影响。这一研究结果在诸多国内外学者的研究中都得到了有效验证(Davidson, Caddell, 1994;李亚慧,张艺鳞,2020;黄起,张亚,2017)。

综上所述,本书的研究内容主要分为两个部分。在第一部分,我们针对个体层面的角色认同、职业适应、价值回报以及学校层面的组织支持,研究四个维度对教师教学发展的直接影响作用。在第二部分,我们进一步引入教师发展阶段和教师调节焦点(促进焦点和防御焦点),研究两者在上述过程中的不同调节作用。具体研究过程中,主要针对教师个人测量四个维度的认知情况。整体的研究模型如图 6.1 所示。

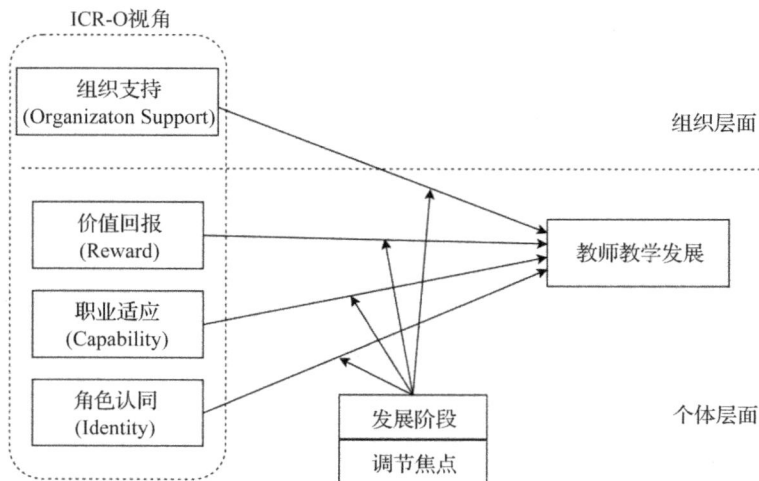

图 6.1 ICR-O 视角下的高校教师教学发展整合研究模型

6.1.3 ICR-O 分析框架的主要维度

①角色认同(Identity)维度。考虑区分不同发展阶段,测量教师对教学和科研偏重的认知,以及测量各个发展阶段对教师角色的认同情况。

②职业适应(Capability)维度。高校内部环境和外部社会环境都有相关的要求,通过测量教师的角色清晰和角色超载,描绘教师能否在教学过程中积极地保持理念更新、信息导入、技术应用和教学改革等方面的持续发展,以更好地完成教学任务。这一测量过程能够反映教师个体对外部环境的宏观政策、社会文化、经济发展、科技创新,以及知识、信息、技术等影响因素的感知和适应状态,是实现教师职业能力建设的核心任务。

③价值回报(Reward)维度。主要针对教师个体在教学环境中所采取的针对性工作焦点调节和创新思维情况进行测量,发掘教师面对教学工作所采取的适应性工作偏好,以期描绘出教师的内在职业价值认知情况,并进一步测试教师是否形成了岗位发展需要的社会责任导向,以形成更高层次的价值追求。

④组织支持(Organizational Support)维度。主要测量教师所在的基层教学

组织和学校组织对教师实现角色认同和角色信念的保障与激励制度建设情况,反映高校教师教学发展过程中对组织支持情况的评价,以及学校对外部环境影响因素的响应情况,是否支持教师的角色认同感和提升教师职业适应度。

6.2　研究假设

6.2.1　基于 ICR-O 分析框架的主假设

虽然 Guan 等(2021)的通用职业发展模型为分析高校教师教学发展的影响因素提供了一个整合的分析框架,但是忽略了组织因素的影响。作为个体,高校教师往往是嵌套在特定的学校情境中,其态度、认知、行为会受到所在学校文化、制度和政策等因素的影响。因此,学者在研究中要重视更高层次的因素(如学校的组织支持)对其较低层次中个体活动(高校教师的教学发展)的影响作用,否则会削弱理论的解释力和研究结果的外部效度(张志学,2010)。徐延宇(2013)指出,创设鼓励教师改善教学的学校支持环境对提升高校教师教学发展极为重要——通过提升教学工作在教师薪酬、职称评定等方面的权重、制定对优秀授课教师的鼓励政策以及形成学科范围内的教学团队,教师的教学能力能够得到显著提升。原霞(2012)也指出,作为组织支持的一种新范式,教师学习共同体可以有效降低高校教师在职业发展过程中的孤立感和隔离状态,为高校教师提供一个具有安全感和归属感的心灵家园,进而提高高校教师的工作积极性并促进其个人的教师教学发展。

综上所述,本书将 Guan 等(2021)的通用职业发展模型 ICR 拓展为 ICR-O,提出有关角色认同、职业适应、价值回报和组织支持的影响因素和教师教学发展的四个假设:

假设 1a:角色认同对高校教师教学发展有正向的影响作用。具体而言,高校教师的角色认同水平越高,其教师教学发展越好。

假设 1b:职业适应对高校教师教学发展有正向的影响作用。具体而言,高校教师的职业水平越高,其教师教学发展越好。

假设 1c:价值回报对高校教师教学发展有正向的影响作用。具体而言,高校教师的价值回报水平越高,其教师教学发展越好。

假设 1d:组织支持对高校教师教学发展有正向的影响作用。具体而言,高校教师获得的组织支持水平越高，其教师教学发展越好。

6.2.2 基于发展阶段动态效应的假设

根据教师发展理论的研究，高校教师发展是一个阶段性的动态过程，处于不同发展阶段的高校教师具有不同的特点和职业挑战，因而是促进或限制高校教师教学发展的重要情境因素。目前，国外学者从不同的角度对教师发展阶段进行了划分，例如，弗里德曼依据高校教师的关注焦点把其发展阶段分为适应阶段、转变阶段、反思阶段、开放探索阶段等四个阶段，在这一过程中高校教师的关注焦点逐渐从自身学科过渡到教学行动和教育理念；鲍德温则根据工作年限和职称把高校教师的发展阶段分为五个阶段；还有一些学者简单地将高校教师的发展阶段划分为三次职业转变期等。

虽然不同学者对教师发展阶段的划分是不一样的，但是教师在不同阶段的特点和任务挑战是类似的。例如，对处于第一次职业转变期的高校教师而言，大学教师这一职业是新奇的、充满理想的、有热情的，但同时面临在短时间内胜任教学任务、完成科研考核、融入新群体和组织环境等挑战性任务；对处于第二次职业转变期的高校教师而言，一般已经和同事建立了稳定的人际关系，面临的教学和科研压力相对较小，同时在一定程度上得到了学校和同行的认可。但是处于这一阶段的高校教师有时会担心自己的教师职业是否有进一步的发展空间。而对于处于第三次职业转变期的高校教师来说，和同事的关系可能会变得疏远和陌生，对教学的追求和热情可能会降低，甚至对自己的学术职业价值产生怀疑。因此，发展阶段是影响高校教师教学发展的重要情境因素。

具体而言，处于发展的中后期、成熟阶段的高校教师（相比较早期适应阶段），角色认同（职业适应、价值回报和组织支持）对其教学发展的正向影响作用更强。根据通用职业发展理论的研究，相似性匹配（supplementary fit）和互补性匹配（complementary fit）可以被用来阐述不同因素对个体职业发展的影响过程：相似性匹配视角认为个体的角色认同（价值回报）水平越高，个人的价值观、性格等方面越能在工作中得到支持，个人的职业发展越好；互补性匹配视角认为个体的职业适应（获得的组织支持）水平越高，环境对个人的要求越容易由个人的能力满足，个人的职业发展越好。当高校教师处于中后期成熟阶段时，无论是其各方面能力（教学、科研以及社会服务）还是其拥有的资源（个人资源或社会资源），都比处于早期适应阶段的高校教师要有优势。因此，处于中后期成熟阶段的高校教师与任务、组织或社会的匹配程度(包括相似性匹配和互补性匹配)更高,促使其角色认同(职业适应、价值回报和组织支持)与教师教学发展之间的正向关系被进一步强化。

综上所述,本书从教师发展阶段的角度提出以下四个假设:

假设2a:教师的发展阶段正向调节角色认同对高校教师教学发展的影响。具体而言,角色认同对教师教学发展的积极影响作用对处于成熟阶段的高校教师来说更加显著。

假设2b:教师的发展阶段正向调节职业适应对高校教师教学发展的影响。具体而言,职业适应对教师教学发展的积极影响作用对处于成熟阶段的高校教师来说更加显著。

假设2c:教师的发展阶段正向调节价值回报对高校教师教学发展的影响。具体而言,价值回报对教师教学发展的积极影响作用对处于成熟阶段的高校教师来说更加显著。

假设2d:教师的发展阶段正向调节组织支持对高校教师教学发展的影响。具体而言,组织支持对教师教学发展的积极影响作用对处于成熟阶段的高校教师来说更加显著。

6.2.3　基于调节焦点匹配效应的假设

调节焦点理论认为,个体在追求期望目标的过程中存在两种不同的动机倾向和自我调节倾向:促进焦点和防御焦点。其中,促进焦点调节的个体拥有强烈的理想自我,主动追求进步、成长和成就,对积极结果的出现或缺失更加敏感;防御焦点的个体则拥有强烈的责任自我,更多追求义务、责任和职责,为避免失败往往采取谨慎的回避策略(曹元坤,徐红丹,2017)。在组织管理研究中,两类调节焦点已经被证明与工作态度(如工作满意度和工作投入)、工作行为(如组织公民行为和反生产行为)和工作绩效(如任务绩效和创新绩效)密切相关,但是两类调节对工作结果的影响存在显著差异。具体地说,促进焦点调节的个体对组织有更多的认同(体验到更多积极情绪),会更加努力地工作和采取创新性的工作方法以实现高任务绩效和高创新绩效;防御焦点调节的个体对组织规则和规范高度敏感,在工作中更可能产生沮丧、失败等负面情绪,倾向于投入必要的少量资源以保证安全绩效。

因此,调节焦点也是影响高校教师教学发展的重要情境变量。当高校教师的促进焦点(防御焦点)水平较高时,角色认同(职业适应、价值回报和组织支持)对教师教学发展的促进作用将被进一步增强(削弱)。结合职业发展理论的观点,促进焦点调节的高校教师拥有强烈的理想自我,主动追求进步、成长和成就,这些与工作相关的个人属性可以更好地支持他们从事与教学相关的工作。同时,高校教师也期望在工作中收获更多工作报酬、荣誉认可和成长发展机会,促进焦点调节的高校教师为实现高任务绩效和高创新绩效会更加努力地工作和采取创新性的工作方法,这些积极的工作行为可以帮助高校教师更好地实现上述目标。也就是说,促进焦点调节的高校教师在工作中能实现更高水平的相似性匹配和互补性匹配水平,从而进一步增强了角色认同对高校教师教学发展的促进作用。类似的,防御焦点调节的高校教师更有可能以负面的情绪解读和应对与教学相关的工作,更加关注的是投入有限资源以履行必要责任和职责。这些消极的、与工作相关的个人属性将降低高校教师的相似性匹配和互补性匹配,从而削弱了角色认同对高校教师教学发展的促进作用。

综上所述,本书基于调节焦点理论提出以下八个假设:

假设 3a/4a:教师的调节焦点能够调节角色认同对高校教师教学发展的影响作用。具体而言,教师的促进焦点(防御焦点)能够增强(削弱)角色认同对教师教学发展的积极影响作用。

假设 3b/4b:教师的调节焦点能够调节职业适应对高校教师教学发展的影响作用。具体而言,教师的促进焦点(防御焦点)能够增强(削弱)职业适应对教师教学发展的积极影响作用。

假设 3c/4c:教师的调节焦点能够调节价值回报对高校教师教学发展的影响作用。具体而言,教师的促进焦点(防御焦点)能够增强(削弱)价值回报对教师教学发展的积极影响作用。

假设 3d/4d:教师的调节焦点能够调节组织支持对高校教师教学发展的影响作用。具体而言,教师的促进焦点(防御焦点)能够增强(削弱)组织支持对教师教学发展的积极影响作用。

6.3　研究过程

本项研究主要在角色认知理论、通用职业发展理论、调节焦点理论和教师发展理论等有关研究理论指导下,明确研究概念,提出相关假设,并设计基于问卷调查的量化研究。调查问卷依据相关理论进行量表自主开发设计（详见附录5），并经过信效度检验证明。通过问卷调查获取第一手的研究数据资料，并对相关数据进行理论指导下的勘测、检验和对比，最终利用问卷数据进行理论假设的验证。

6.3.1 大样本问卷调查及样本分析

本项研究的问卷调研主要通过两种方式来联系目标高校。一是依托本书作者近 20 年在高校人事管理和学生工作中长期积累的与相关高校党政、人事、教务、学工等职能部门的良好工作伙伴关系，向目标高校发出研究邀请；二是通过浙江省教育厅教育考试院评估部，协助联系部分目标高校。本书作者在 2021 年9 月下旬面向浙江省地方本科高校进行全覆盖发放调查问卷，剔除已经停办的杭州师范大学钱江学院以及办学体制不同的温州肯恩大学、宁波诺丁汉大学两所中外合作办学高校，共向 54 所地方本科高校发放了教师调查问卷，要求这些高校至少 5—30 名教师填写问卷。经过多方协调努力、历时 2 个多月的问卷调查推进工作，共回收问卷 1022 份。除个别高校教师不配合填写①，导致未获得有效问卷调查结果外，其他高校均完成了既定的问卷调查任务。在剔除 9 份无效问卷后，最终形成 1013 份有效问卷（来源于 53 所浙江省地方本科高校），问卷有效率为 99.12%。

表 6.1 显示了参与调研学校教师的背景信息。在性别上，男性教师占了54.90%，女性教师占了 45.10%。在年龄上，大部分教师都在 45 岁以下，其中31—35 岁的青年教师占到 23.80%。在任教年限上，有 10 年以上教龄的教师占了将近一半（46.60%）。在学历上，93.20% 的教师都具有研究生学历。在任教学科上，来自工科和文科的教师比例约为 3∶4。在任教学校上，大部分教师都来自公办院校（占 69.90%）。

表 6.1 样本学校问卷填写教师的背景信息统计分析

背景变量	类别	频次/均值	比例/%
性别	男	556	54.90
	女	457	45.10

---

①当时正在进行校内师德师风建设专项活动，教师对问卷填写的结果应用有担心。

续表

背景变量	类别	频次/均值	比例/%
年龄	≤30	185	18.30
	31—35	241	23.80
	36—40	200	19.70
	41—45	208	20.50
	46—50	94	9.30
	≥51	85	8.40
任教年限	≤2	176	17.40
	2—5	205	20.20
	6—10	170	16.80
	11—19	315	31.10
	≥20	147	14.50
教育水平	本科	69	6.80
	硕士	525	51.80
	博士	419	41.40
任教学科	理工农医学	427	42.20
	人文社科类	586	57.80
任教学校	公办学校	708	69.90
	民办学校/独立学院	305	30.10

注：$N=1013$。

数据比例趋势与教育行政主管部门统计分析显示的高校专任教师队伍总体情况基本一致，反映了问卷样本分布具有较好的合理性。

6.3.2 测量设计与信度分析

本项研究中，包括角色认同、职业适应、价值回报、组织支持四个自变量，以教师教学发展的结果作为因变量，并设计了工作调节焦点和教师发展阶段两个调节变量。在研究中，大部分变量的测量都是采用或者改编自以往研究中成熟的量表。其中，对于来自外文文献中的量表，本项研究遵循严格的"翻译—回译"程序对量表进行翻译（Reynolds et al. ，1993）。所有涉及的量表均采用了李克特五点计分法，其中"1＝完全不符合，2＝不符合，3＝说不准，4＝符合，5＝完全符合"。

角色认同。李广和冯江（2016）指出大学教师有三种角色：以"教育人类学"为合法性基础的教学角色，以"认识论"为合法性基础的科研角色和以"政治论"为合法性基础的社会服务角色。在这三种角色中,科研角色是为教学服务的手段,社会服务是教学角色的拓展。因此,教学角色是基础和根本,重视教学与倾心教学是高校教师这一角色的题中应有之义——教师的角色认同中最重要的就是教学认同。在本项研究中,我们从教师的教学认同来测量教师的角色认同。该量表包含五个题项,代表性题项如"我很喜欢教学工作""我认为做好教学工作很重要""我把大部分工作时间花在教学工作上"。该量表在本项研究中的信度系数为 0.81。

职业适应性。Griffin 等(2007)的研究提出,可以从任务熟练度、任务适应性和任务主动性三个方面表征职业能力,我们结合上述研究中职业能力的任务适应性维度和高校教师的工作情境来测量职业适应性。之所以选择这一维度,是因为我们认为,任务适应性是高校教师应对目前快速变革的外部环境最重要的职业能力之一。该量表主要以工作角色绩效量表为基础编制,包含了五个题项,代表性题项如"我能很好地适应教学工作中的变化""我会学习新技能来适应教学工作的变化""我会根据学生的教学反馈来调整教学方式"。该量表在本项研究中的信度系数为 0.90。

价值回报。高校主要通过政治视角下的构建秩序、公平分配、创造价值和追求理想四个维度的管理工作,以强调必要性、激励性、发展性和卓越性来实现教师职业发展。其中,创造价值和追求理想更多是通过激发高校教师的内在驱动和自我领导来实现。因此,本书改编了 Prussia 等(1998)设计的自我领导量表中的四个题项来测量高校教师的价值回报,代表性题项如"我致力于思考教学工作中可能的积极改变""我致力于思考解决教学问题的办法"。该量表在本项研究中的信度系数为 0.84。

组织支持。基于本书第 5 章中的扎根研究结果,我们从学校组织的教学制度、资源投入、基层教学组织建设等方面测量教师感受到的组织支持。该量表包含了五个题项,代表性题项如"学校建立了较好的薪酬制度来保障教师的教学投入""学校建立了较好的教学业绩评价体系来保障教师的教学投入""学校投入了较多的资源来推动教师的教学发展"。该量表在本项研究中的信度系数为 0.92。

发展阶段。本项目用教师的职称水平来代表高校教师的不同发展阶段。在具体测量的时候,1 代表助教,2 代表讲师,3 代表副教授,4 代表教授,分别表示教师发展阶段中的适应阶段、转变阶段、反思阶段、开放探索阶段。

调节焦点。Wallace 等(2009)以组织工作为背景,提出个体的调节焦点可以分为促进焦点和防御焦点两类并开发了相应的量表。本书结合高校教师的工作情境和高校教师这一群体的特征,对原量表进行修订。具体地说,本项研究采用八个题项,测量高校教师的促进焦点(四道题目)和防御焦点(四道题目)。其中,促进焦点的代表性题目如"我积极参加能够促进我教学水平的活动""我专注于我的教学工作成就""我专注于在有限的时间做更多的教学工作"。该量表在本项研究中的信度系数为 0.89。防御焦点的代表性题目如"我专注于遵守教师的教学行为规范""我专注于履行我的工作职责""我专注于正确地完成教学工作"。该量表在本项研究中的信度系数为 0.71。

教师教学发展。在以往研究中,不同的学者采用不同的方式对教师教学发展的情况进行测量,如测量教学相关奖项的获奖次数(或频率)或者教学质量评价的结果等级及频次,这些测量方式的共同点都是对教师的教学质量进行测量,但测量的维度比较单一。在本书中,我们针对教学质量测量拓展观测的维度,以形成更可靠的结论。具体基于李广和冯江(2016)发表在权威期刊《教育研究》上的文章观点,以学生、同行专家、教学管理人员、教学督导"四位一体"模式来评价教师教学发展。该量表有四道题目,代表性题目如"相比我的同事,学生对我的教学质量的满意度是较高的""相比我的同事,同行专家对我的教学质量的评价是较高的""相比我的同事,教学督导对我的教学质量的评价是较高的"。该量表在本项研究中的信度系数为 0.92。

控制变量。问卷数据还包括了调查对象的基本信息,如:性别、年龄(段)、任职学校(类型和层次)、教龄(段)、任教学科(门类)、教育水平、专业技术职务等,可以实现对教师发展阶段、专业特征和学校类型、发展定位的基本描述。因跨层分析软件 HLM 7.0 限制了变量数量,所以本书在运行具体数据时,只控制了以往研究中常用的三个变量:性别、教育水平和任教学科(经检验,随机选取任意三个控制变量均未发现会对研究的主要假设产生影响)。具体地说,在测量性别时 0 代表女性,1 代表男性;测量教育水平时 1 代表本科,2 代表硕士,3 代表博士;测量任教学科时 0 代表理工农医类,1 代表人文社科类。

6.3.3 多元回归和跨层次影响分析

在个体层面,本书重点关注高校教师的角色认同、职业适应和价值回报对其教师教学发展的影响以及三个调节变量(发展阶段、促进焦点和防御焦点)在上述影响中的调节作用。这是一个个体层面的多元回归模型。因此,在软件上我们主要采用 SPSSAU[①]。具体地,我们在 SPSSAU 软件中对部分假设(假设 1a－1c,假设 2a－2c,假设 3a－3c)进行多次的层级回归。在分析步骤上,我们首先采用 SPS-SAU 中的线性回归模块依次检验三个自变量(角色认同、职业适应和价值回报)对教师教学发展的主效应,然后再采用同样的模块依次检验三个调节变量(发展阶段、促进焦点和防御焦点)是否会影响上述三个主效应。

此外,本书还重点关注高校教师获得的组织支持对高校教师教学发展的作用,这是一个典型的跨层次影响过程。其中,组织支持反映的是整个学校针对教师发展推出的各种支持措施,因此在第二层。教师教学发展、所处的发展阶段以及认知方式(促进焦点和防御焦点)反映的是教师个体的具体情况,因此在第一层。此外,三个控制变量(性别、教育水平和任教学科)也在第一层。在方法上,本书采用 HLM 7 软件对假设(假设 1d,2d,3d,4d)进行跨层线性建模(Hierarchical Linear Modeling,HLM)并检验。具体地,我们在 HLM 软件中根据假设构造了四个跨层次模型。在分析步骤上,我们根据本项研究的模型特点和以往学者的建议(Aguinis et al.,2017),构建了三种类型的模型来分析跨层的主效应和调节效应:虚无模型、随机截距模型和完整模型。由于跨层分析牵涉到的理论模型较为复杂,本书列出了跨层分析中涉及假设(假设 1d,2d,3d)的数学方程,以便于读者理解。

在以下方程中,OS_MEAN 代表学校层面的组织支持,$TEADEV$ 代表个体层面的高校教师教学发展,$PROFL$ 代表教师发展阶段,$PROFOC$ 和 $PREFOC$ 分别代表个体层面的促进焦点和防御焦点,$GENDER$ 代表性别,EDU 代表教育水平,$DISCIP$ 代表任教学科。

假设 1d 的检验方程组:

Level-1 Model

$$TEADEV_{ij} = \beta_{0j} + \beta_{1j}^{*}(GENDER_{ij}) + \beta_{2j}^{*}(EDU_{ij}) + \beta_{3j}^{*}(DISCIP_{ij}) + r_{ij}$$

Level-2 Model

$$\beta_{0j} = \gamma_{00} + \gamma_{01}^{*}(OS\_MEAN_{j}) + u_{0j}$$

$$\beta_{1j} = \gamma_{10}$$

$$\beta_{2j} = \gamma_{20}$$

$$\beta_{3j} = \gamma_{30}$$

Mixed Model

$$TEADEV_{ij} = \gamma_{00} + \gamma_{01}^{*}OS\_MEAN_{j} + \gamma_{10}^{*}GENDER_{ij} + \gamma_{20}^{*}EDU_{ij} + \gamma_{30}^{*}DIS\text{-}$$

---

①https://spssau.com/,一个类似 SPSS 软件的在线数据科学分析网站。

$CIP_{ij} + u_{0j} + r_{ij}$

假设 2d 的检验方程组：

Level-1 Model

$TEADEV_{ij} = \beta_{0j} + \beta_{1j} * (GENDER_{ij}) + \beta_{2j} * (EDU_{ij}) + \beta_{3j} * (DISCIP_{ij}) + \beta_{4j} * (PROFL_{ij}) + r_{ij}$

Level-2 Model

$\beta_{0j} = \gamma_{00} + \gamma_{01} * (OS\_MEANj) + u_{0j}$

$\beta_{1j} = \gamma_{10}$

$\beta_{2j} = \gamma_{20}$

$\beta_{3j} = \gamma_{30}$

$\beta_{4j} = \gamma_{40} + \gamma_{41} * (OS\_MEAN_j)$

Mixed Model

$TEADEV_{ij} = \gamma_{00} + \gamma_{01} * OS\_MEAN_j + \gamma_{10} * GENDER_{ij} + \gamma_{20} * EDU_{ij} + \gamma_{30} * DISCIP_{ij} + \gamma_{40} * PROFL_{ij} + \gamma_{41} * OS\_MEAN_j * PROFL_{ij} + u_{0j} + r_{ij}$

假设 3d 的检验方程组：

Level-1 Model

$TEADEV_{ij} = \beta_{0j} + \beta_{1j} * (GENDER_{ij}) + \beta_{2j} * (EDU_{ij}) + \beta_{3j} * (DISCIP_{ij}) + \beta_{4j} * (PROFOC_{ij}) + r_{ij}$

Level-2 Model

$\beta_{0j} = \gamma_{00} + \gamma_{01} * (OS\_MEAN_j) + u_{0j}$

$\beta_{1j} = \gamma_{10}$

$\beta_{2j} = \gamma_{20}$

$\beta_{3j} = \gamma_{30}$

$\beta_{4j} = \gamma_{40} + \gamma_{41} * (OS\_MEAN_j)$

Mixed Model

$TEADEV_{ij} = \gamma_{00} + \gamma_{01} * OS\_MEAN_j + \gamma_{10} * GENDER_{ij} + \gamma_{20} * EDU_{ij} + \gamma_{30} * DISCIP_{ij} + \gamma_{40} * PROFOC_{ij} + \gamma_{41} * OS\_MEAN_j * PROFOC_{ij} + u_{0j} + r_{ij}$

假设 4d 的检验方程组：

Level-1 Model

$TEADEV_{ij} = \beta_{0j} + \beta_{1j} * (GENDER_{ij}) + \beta_{2j} * (EDU_{ij}) + \beta_{3j} * (DISCIP_{ij}) + \beta_{4j} * (PREFOC_{ij}) + r_{ij}$

Level-2 Model

$$\beta_{0j} = \gamma_{00} + \gamma_{01} * (OS\_MEAN_j) + u_{0j}$$

$$\beta_{1j} = \gamma_{10}$$

$$\beta_{2j} = \gamma_{20}$$

$$\beta_{3j} = \gamma_{30}$$

$$\beta_{4j} = \gamma_{40} + \gamma_{41} * (OS\_MEAN_j)$$

Mixed Model

$$TEADEV_{ij} = \gamma_{00} + \gamma_{01} * OS\_MEAN_j + \gamma_{10} * GENDER_{ij} + \gamma_{20} * EDU_{ij} + \gamma_{30} * DISCIP_{ij} + \gamma_{40} * PREFOC_{ij} + \gamma_{41} * OS\_MEAN_j * PREFOC_{ij} + u_{0j} + r_{ij}$$

6.4　研究结论

6.4.1　整合分析的实现——跨层次数据聚合

在本书中,组织支持是一个更高层次的变量。但是在数据收集时,我们是采用对个体感知到的组织支持取平均值来进行测量,那么这样的数据处理方式是否合适,需要首先分析变量的数据聚合情况。根据以往 Bliese 等(2007)的建议,研究中可以采用组内一致性(within-group aggrement,r_{wg})、组内相关系数(1)[intra-class correlation 1,ICC(1)]和组内相关系数(2)[intra-class correlation 2,ICC(2)]三个指标对数据是否能够聚合进行判定。按照 Lebreton 和 Senter(2008)的研究,r_{wg} 的均值或中位数要大于 0.70,ICC(1)要大于 0.10,ICC(2)要大于 0.70,才能判定这组数据适合进行聚合。研究中,我们通过计算发现,组织支持的 r_{wg} 均值(中位数)为 0.84(0.87),ICC(1)为 0.13,ICC(2)为 0.75,因此本书可以将个体感知到的组织支持聚合到相应层次进行分析。

6.4.2　理论构思的确认——验证性因子分析

吴明隆(2013)认为,采用验证性因子分析(CFA)检验一组可测量变量(显变量)与一组可以解释测量变量的因素(潜变量)之间的关系,可以帮助研究者确认理论构思的正确性。本书采用 CFA 对 ICR-O 分析框架提出的四个因素进行区分效度分析。在 CFA 之前,我们构建了一个假设模型(M0)和五个竞争性备择模型(M1-1,M1-2,M1-3,M2,M3)。

在备择模型一(M1-1)中,我们将角色认同和组织支持两个因子聚合为一个因子(IO 合并),价值回报和职业适应保持不变,从而形成第一个三因子模型。类似的,在备择模型二(M1-2)中,我们将职业适应和组织支持两个因子聚合为一个因子(CO 合并),角色认同和价值回报保持不变,从而形成第二个三因子模型。在备择模型三(M1-3)中,我们将价值回报和组织支持两个因子聚合为一个因子(RO 合并),角色认同和职业适应保持不变,从而形成第三个三因子模型。在备择模型四中,我们将以往学者提出的角色认同、职业适应和价值回报三个因子聚合在一个因子上,将本书中新增的组织支持归为另一个因子,从而形成一个二因子模型(M2)。在备择模型五中,我们将四个因子(角色认同、职业适应、价值回报和组织支持)都聚合在一个因子上,从而形成单因子模型(M3)。

本书根据 Hu 和 Bentler(1999)的建议,选取了绝对拟合指标包括卡方(χ^2)、卡方/自由度(χ^2/df)、渐进残差均方和平方根($RMSEA$)与 $SRMR$,以及相对指标包括 TLI、CFI 作为判断备择模型和假设模型之间优劣的依据,采用 SPSSAU 中的 CFA 功能模块进行分析。检验结果如表 6.2 所示。

表 6.2　不同模型的拟合指标对比分析

模型	χ^2	df	χ^2/df	$RMSEA$	$SRMR$	TLI	CFI
M0	873.54	146	5.98	0.07	0.05	0.94	0.95
M1-1	2500.85	149	16.78	0.12	0.16	0.80	0.82
M1-2	4240.79	149	28.46	0.16	0.13	0.64	0.69
M1-3	3482.58	149	23.37	0.15	0.16	0.71	0.75
M2	2406.52	151	15.94	0.12	0.08	0.81	0.83
M3	5594.14	152	36.90	0.19	0.13	0.54	0.59

注:$N=1013$。M0 是假设模型,M1-1 是将 IO 两个因素合并,M1-2 是将 CO 两个因素合并,M1-3 是 RO 两个因素合并,M2 是将 ICR 三个因素合并,M3 是单因子模型。

对六个指标的分析规定:χ^2 用于不同模型比较时,值越小则说明理论模型与实际数据的拟合程度越高;$RMSEA$ 和 $SRMR$ 的值小于 0.08 时,表示模型拟合较好;相对指标 TLI 和 CFI 这两个指标的值,大于等于 0.90 时,值越大说明模型拟合程度越好。基于上述标准和表 6.2 的结果,我们可以看出:基于 ICR-O 分析框架所提出的四维度模型 M0 显著优于其他五个竞争模型,且展现了非常好的数据拟合结果($\chi^2/df=5.98$;$RMSEA=0.07$;$SRMR=0.05$;$TLI=0.94$;$CFI=0.95$)。而模型 M1(M1-1、M1-2 和 M1-3)假设的三因子模型、模型 M2 假设的二因子模型以及 M3 假设的单因子模型都不能够与数据进行良好的拟合。因此,本书基于 ICR-O 分析框架提出的四个影响因素具有良好的模型拟合度。

6.4.3 测量的信度水平——描述性统计分析

接着,我们计算了核心变量的均值、标准差、相关系数和信度系数。由表 6.3 可见,所有变量的信度系数 c 都在 0.70 以上(发展阶段是单一题项,无信度系数),这表明此项研究所采用的测量量表具有较好的信度水平。而且,大部分核心变量之间都存在显著的相关关系,符合本书的理论预期。

表 6.3　核心变量的均值、标准差和相关系数

变　量	均值	标准差	1	2	3	4	5	6	7	8
1.角色认同	4.28	0.63	**(0.81)**							
2.职业适应	4.31	0.60	0.34**	**(0.90)**						
3.价值回报	4.20	0.58	0.53**	0.64**	**(0.84)**					
4.组织支持	3.83	0.85	0.12**	0.34**	0.41**	**(0.92)**				
5.发展阶段	2.33	0.88	−0.03	0.12**	0.05	−0.09**	**(—)**			
6.防御焦点	3.84	0.62	−0.39**	−0.42**	−0.50**	−0.45**	−0.06	**(0.71)**		
7.促进焦点	3.44	0.96	0.12*	0.18**	0.19**	0.30**	0.12*	−0.80**	**(0.89)**	
8.教师教学发展	3.98	0.67	0.12**	0.54**	0.51**	0.29**	0.18**	−0.37**	0.17**	**(0.92)**

注: $p < 0.05$, $p < 0.01$,括号内标粗显示的是信度系数(其中,发展阶段是单一题项,无信度系数)。

6.4.4 关键机制的作用——模型假设的检验

根据前文中的理论推导以及假设,我们分别采用了 SPSS 软件多元回归和 HLM 软件跨层建模的方法对涉及不同层次的假设进行检验。

其中,在检验调节作用之前,我们都将乘积项进行了中心化的处理,以减少共线性问题(Jaccard,Turrisi,2003)。

表 6.4 呈现的是高校教师的角色认同、职业适应和价值回报对其教师教学发展的影响(模型 1a—1c,分别对应假设 1a—1c)以及发展阶段在上述影响中的调节作用(模型 2a—2c,分别对应假设 2a—2c)。根据表 6.4 中的模型 1a,我们可以看出角色认同对教师教学发展存在显著的正向促进作用($\beta = 0.47$, $p < 0.01$),而从模型 2a 中,我们可以进一步看出角色认同和发展阶段两者间的乘积项对于教师教学发展存在显著的正向作用($\beta = 0.10$, $p < 0.01$),因此,假设 1a 和假设 2a 得到支持。根据表 6.4 中的模型 1b,我们可以看出职业适应对教师教学发展也存在显著的正向促进作用($\beta = 0.61$, $p < 0.01$),而从模型 2b 中,我们可以进一步看出职业适应和发展阶段

两者间的乘积项对于教师教学发展存在显著的正向作用($\beta=0.10,p<0.01$),因此,假设 1b 和假设 2b 得到支持。根据表 6.4 中的模型 1c,我们可以看出价值回报对教师教学发展同样存在显著的正向促进作用($\beta=0.58,p<0.01$),但在模型 2c 中,我们可以看出价值回报和发展阶段两者间的乘积项对于教师教学发展不存在显著的作用($\beta=-0.01,\text{n.s.}$),因此,假设 1c 得到支持,假设 2c 没有得到支持。

表 6.4　角色认同、职业适应和价值回报对高校教师教学发展的影响及发展阶段的调节效应

因变量	教师教学发展	基准模型	模型1a	模型1b	模型1c	模型1	模型2a	模型2b	模型2c
自变量	角色认同		0.47** (0.03)			0.09** (0.04)	−0.13 (0.09)	0.11** (0.04)	0.11** (0.04)
	职业适应			0.61** (0.03)		0.37** (0.04)	0.34** (0.04)	0.11 (0.08)	0.33** (0.04)
	价值回报				0.58** (0.03)	0.29** (0.04)	28** (0.04)	0.28** (0.04)	0.31** (0.09)
调节变量	发展阶段						−0.33* (0.14)	−0.33* (0.15)	0.14 (0.15)
调节效应	发展阶段× 角色认同						0.10** (0.03)		
	发展阶段× 职业适应							0.10** (0.03)	
	发展阶段× 价值回报								−0.01 (0.03)
模型拟合度	调整 R^2	0.00	0.19*	0.30**	0.26**	0.34**	0.37**	0.37**	0.36**
	ΔR^2		0.19	0.30	0.26	0.34	0.18	0.07	0.10

注:$N=1013$,$^* p<0.05$,$^{**} p<0.01$。所有模型的回归过程都包含了控制变量(其中基准模型包含控制变量)。但由于变量较多,控制变量的回归系数未进行报告。模型 1a—1c 中的 ΔR^2 是与基准模型比较,模型 2a、2b、2c 中的 ΔR^2 分别与模型 1a、1b、1c 进行比较。所有系数均未标准化。

为了进一步揭示发展阶段在上述过程中的正向调节作用,本书以角色认同和职业适应为自变量,选择发展阶段平均值正负一个标准差以外的数据(低于一个标准差标记为"适应阶段",高于一个标准差标记为"成熟阶段")进行简单斜率分析,并绘制了相应的交互效应示意图。由图 6.2 和图 6.3 可以看出,当教师处于成熟阶段时,角色认同和职业适应对其教师教学发展的正向作用会更强。

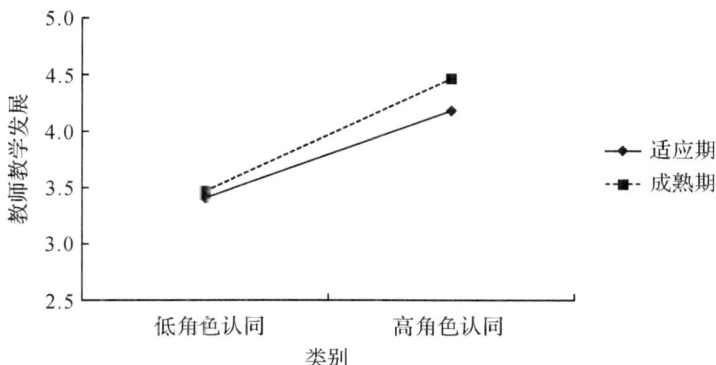

图 6.2 发展阶段对角色认同和教师教学发展关系的调节效应

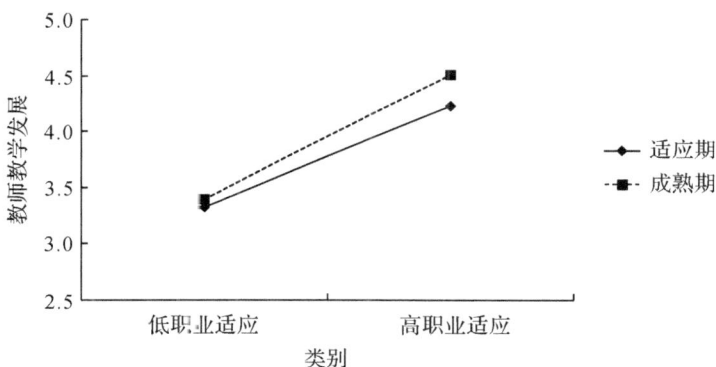

图 6.3 发展阶段对职业适应和教师教学发展关系的调节效应

表 6.5 呈现的是高校教师的角色认同、职业适应和价值回报对其教学发展的影响，以及促进焦点在上述影响中的调节作用（模型 3a—3c，分别对应假设 3a-3c）。根据表 6.5 中的模型 3a，我们可以看出角色认同和促进焦点两者间的乘积项对于教师教学发展存在显著的正向作用（$\beta=0.09, p<0.01$），因此，假设 3a 得到支持。类似的，根据表 6.5 中的模型 3b，我们可以看出职业适应和促进焦点两者间的乘积项对于高校教师教学发展存在显著的正向作用（$\beta=0.13, p<0.01$），因此，假设 3b 得到支持。但是，在模型 3c 中我们可以看出，价值回报和促进焦点两者间的乘积项对于教师教学发展不存在显著的作用（$\beta=0.03$, n.s.），因此，假设 3c 没有得到支持。

为了进一步揭示促进焦点在上述过程中的正向调节作用，本书以角色认同和职业适应为自变量，选择促进焦点平均值正负一个标准差以外的数据（低于一个标准差标记为"低促进焦点"，高于一个标准差标记为"高促进焦点"）进行简单斜率分析,并绘制了相应的交互效应示意图。由图 6.4 和图 6.5 可以看出,当教师具有较高水平促进焦点时,角色认同(职业适应)对其教师教学发展的正向作用会更强。

表 6.5　促进焦点的调节效应

因变量	教师教学发展	模型1a	模型1b	模型1c	模型1	模型3a	模型3b	模型3c
自变量	角色认同	0.47** (0.03)			0.09** (0.04)	−0.22* (0.10)	0.10** (0.04)	0.09** (0.03)
	职业适应		0.61** (0.03)		0.37** (0.04)	0.38** (0.04)	−0.05 (0.10)	0.36** (0.04)
	价值回报			0.58** (0.03)	0.29** (0.04)	0.27** (0.04)	0.26** (0.04)	0.17 (0.11)
调节变量	促进焦点					−0.38** (0.12)	−0.56** (0.13)	−0.11 (0.13)
调节效应	促进焦点×角色认同					0.09** (0.02)		
	促进焦点×职业适应						0.13** (0.03)	
	促进焦点×价值回报							0.03 (0.03)
模型拟合度	R^2	0.19**	0.30**	0.26**	0.34**	0.35**	0.36**	0.35**
	ΔR^2	0.19	0.30	0.26	0.34	0.16	0.06	0.09

注:$N=1013$,$^*p<0.05$,$^{**}p<0.01$。所有模型的回归过程都包含了控制变量。但由于变量较多,控制变量的回归系数未进行报告。模型 1a—1c 中的 ΔR^2 是与表 6.4 的基准模型比较,模型 3a、3b、3c 中的 ΔR^2 分别与模型 1a、1b、1c 进行比较。所有系数均未标准化。

表 6.6 呈现的是防御焦点在上述影响中的调节作用(模型 4a—4c,分别对应假设 4a—4c)。根据表 6.6 中的模型 4a,我们可以看出角色认同和防御焦点两者间的乘积项对于教师教学发展存在显著的负向作用($\beta=0.13$,$p<0.05$),因此,假设 4a 得到支持。类似的,根据表 6.6 中的模型 4b,我们发现职业适应和防御焦点两者间的乘积项对于教师教学发展也存在显著的负向作用($\beta=-0.13$,$p<0.01$),因此,假设 4b 得到支持。但是,在模型 3c 中我们可以看出,价值回报和防御焦点两者间的乘积项对于教师教学发展存在边缘显著的负向影响($\beta=-0.08$,$p<0.1$),因此,假设 4c 得到部分支持。

为了进一步揭示防御焦点在上述过程中的负向调节作用,本书以角色认同、职业适应和价值回报为自变量,选择防御焦点平均值正负一个标准差以外的数据(低于一个标准差标记为"低防御焦点",高于一个标准差标记为"高防御焦点")进行简单斜率分析,并绘制了相应的交互效应示意图。由图 6.6、图 6.7 和图 6.8 可以看出,当教师具有较高水平的防御焦点时,角色认同(职业适应、价值回报)对其教师教学发展的正向作用会被减弱。

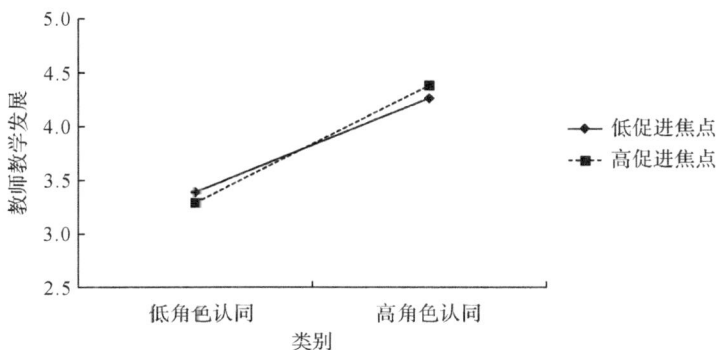

图 6.4　促进焦点对角色认同和教师教学发展关系的调节效应

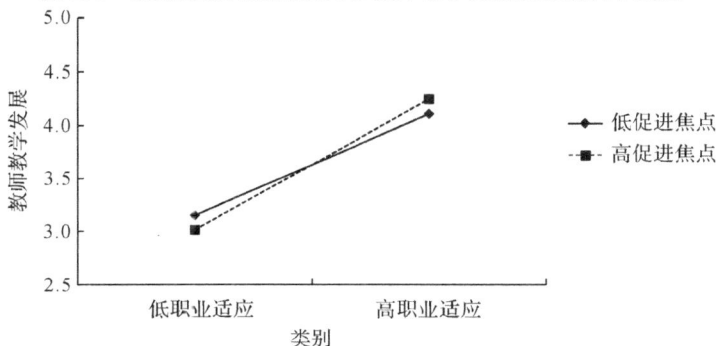

图 6.5　促进焦点对职业适应和教师教学发展关系的调节效应

表 6.6　防御焦点的调节效应

因变量	教师教学发展	模型 1a	模型 1b	模型 1c	模型 1	模型 4a	模型 4b	模型 4c
自变量	角色认同	0.47** (0.03)			0.09** (0.04)	0.26** (0.10)	0.08* (0.04)	0.08* (0.04)
	职业适应		0.61** (0.03)		0.37** (0.04)	0.37** (0.04)	0.65** (0.10)	0.36** (0.04)
	价值回报			0.58** (0.03)	0.29** (0.04)	0.25** (0.04)	0.25** (0.04)	0.42** (0.10)
调节变量	防御焦点					0.25 (0.18)	0.46** (0.18)	0.23 (0.18)
调节效应	防御焦点× 角色认同					−0.08* (0.04)		
	防御焦点× 职业适应						−0.13** (0.04)	
	防御焦点× 价值回报							−0.08+ (0.04)
模型拟合度	R^2	0.19**	0.30**	0.26**	0.34**	0.35**	0.36**	0.35**
	ΔR^2	0.19	0.30	0.26	0.34	0.16	0.06	0.09

注：$N=1013$，$+p<0.10$，$*p<0.05$，$**p<0.01$。所有模型的回归过程都包含了控制变量。但由于变量较多，控制变量的回归系数未进行报告。模型 1a—1c 中的 ΔR^2 是与表 6.4 的基准模型比较，模型 4a、4b、4c 中的 ΔR^2 分别与模型 1a、1b、1c 进行比较。所有系数均未标准化。

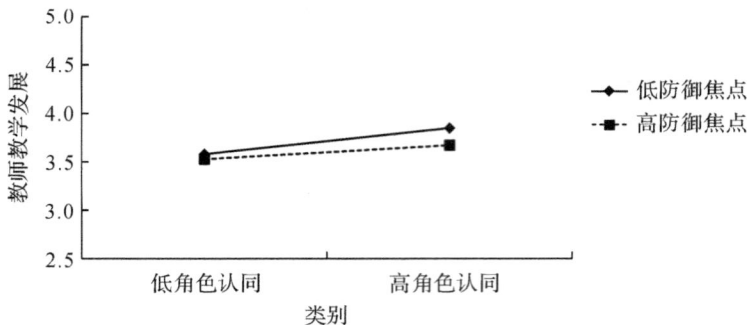

图 6.6　防御焦点对角色认同和教师教学发展关系的调节效应

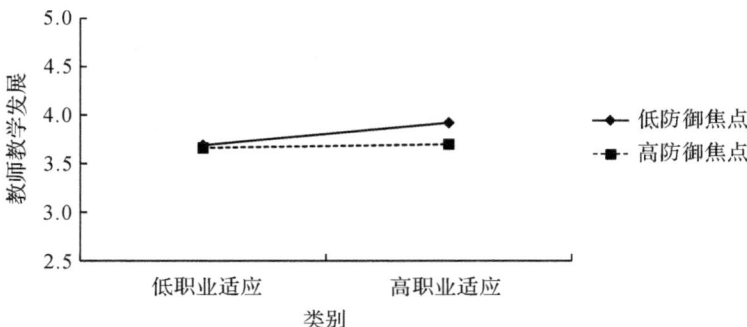

图 6.7　防御焦点对职业适应和教师教学发展关系的调节效应

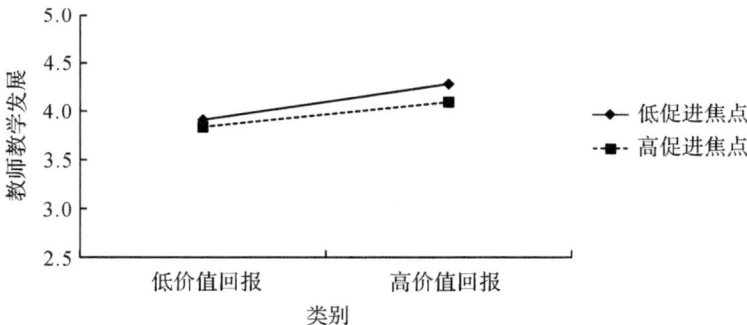

图 6.8　防御焦点对价值回报和教师教学发展关系的调节效应

接下来,本书采用 HLM 软件分析组织支持对高校教师教学发展的跨层影响过程。结合 Aguinis 等(2017)的建议和本书的模型特点,我们采用三个步骤来对涉及跨层因素的假设(假设 1d、2d、3d、4d)进行检验。具体地说,我们在第一个步骤中建立一个虚无模型(零模型),根据该模型计算因变量的 ICC(1)以检验是否有必要进行跨层线性模型分析;在第二个步骤中,我们建立一个固定斜率模型(模型 1d)以检验假设 1d 是否成立;在第三个步骤中,我们建立三个不同的全模型(模型 2d、3d、4d)以检验假设 2d、3d、4d 是否成立。

表 6.7 显示了跨层线性模型分析的结果。根据该模型,我们计算出组织相关系数 ICC(1) 为 0.19(>0.138,高度组内相关),因此可以进行后续分析。根据模型 1d,我们可以看到组织支持(OS_MEAN)对高校教师教学发展($TEADEV$)的影响是显著正向的($\gamma_{01}=0.23, t<0.01$),因此假设 1d 得到了支持。根据模型 2d,我们可以看到发展阶段在组织支持和高校教师教学发展关系中的调节作用是不显著的($\gamma_{41}=-0.01, \text{n.s.}$),因此假设 2d 没有得到支持。根据模型 3d,我们可以看到促进焦点在组织支持和高校教师教学发展关系中的调节作用是显著正向的($\gamma_{41}=0.14, p<0.05$),因此假设 3d 得到了支持。根据模型 4d,我们可以看到防御焦点在组织支持和高校教师教学发展关系中的调节作用是负向的,但边缘显著($\gamma_{41}=-0.15, p<0.1$),因此假设 4d 得到了部分支持。

表 6.7 组织支持对高校教师教学发展的跨层影响

因变量:教师教学发展（$TEADEV$）		零模型（虚无模型）	模型 1d（固定斜率模型）	模型 2d（全模型）	模型 3d（全模型）	模型 dsd（全模型）
截距		3.98** (0.03)	3.09** (0.33)	0.22 (0.28)	4.85** (0.87)	3.48** (0.82)
组织层次（$N=53$）	自变量:组织支持（OS_MEAN）		0.23** (0.08)	0.30 (0.18)	−0.31 (0.22)	0.39+ (0.20)
个体层次（$N=1013$）	调节变量:发展阶段（$PROFL$）			0.22 (0.27)		
	调节变量:促进焦点（$PROFOC$）				−0.41+ (0.23)	
	调节变量:防御焦点（$PREFOC$）					0.17 (0.35)
跨层交互	组织支持×发展阶段			−0.01 (0.07)		
	组织支持×促进焦点				0.14* (0.06)	
	组织支持×防御焦点					−0.15+ (0.09)
Deviance		2042.93	2050.32	2014.85	2028.14	1916.12

注:$+\ p<0.10, *\ p<0.05, **\ p<0.01$,因模型中变量较多,表中只呈现假设变量的数据结果,且报告的均为非标准化系数,括号内显示的是标准误,估计方法为最大似然法。

为了进一步揭示两个调节变量(促进焦点和防御焦点)在上述过程中的情境作用,本书以组织支持为自变量,选择两个调节变量(促进焦点和防御焦点)平均值正负一个标准差以外的数据进行简单斜率分析,并绘制了相应的交互效应示意图。由图 6.9 可以看出,当教师的促进焦点水平较高时,组织支持对高校教师教学发展的正向作用更强。由图 6.10 可以看出,当教师的防御焦点水平较高时,组织支持对高校教师教学发展的正向作用会被削弱(甚至出现负向作用)。

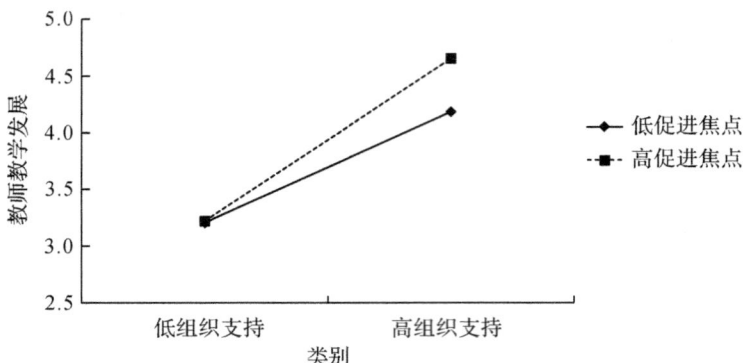

图 6.9 促进焦点对组织支持和教师教学发展关系的调节效应

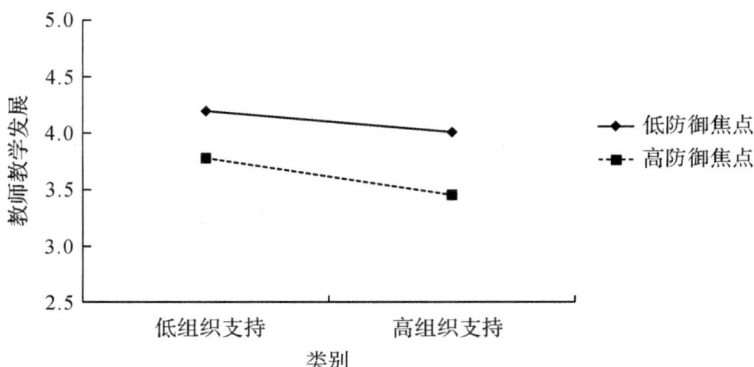

图 6.10 防御焦点对组织支持和教师教学发展关系的调节效应

到此为止,我们已经检验了本书提出的 16 个假设。因为涉及的假设较多,我们制定了表 6.8 以更加清晰地呈现这些假设是否得到了支持。

表 6.8 研究假设的检验结果汇总

	研究假设	是否支持
主效应	假设 1a:角色认同对教师教学发展有正向的影响作用。	支持
	假设 1b:职业适应对教师教学发展有正向的影响作用。	支持
	假设 1c:价值回报对教师教学发展有正向的影响作用。	支持
	假设 1d:组织支持对教师教学发展有正向的影响作用。	支持
调节效应:发展阶段作为调节变量	假设 2a:高校教师的发展阶段正向调节角色认同对教师教学发展的影响。	支持
	假设 2b:高校教师的发展阶段正向调节职业适应对教师教学发展的影响。	支持
	假设 2c:高校教师的发展阶段正向调节价值回报对教师教学发展的影响。	不支持
	假设 2d:高校教师的发展阶段正向调节组织支持对教师教学发展的影响。	不支持

	研究假设	是否支持
调节效应： 促进焦点 作为调节 变量	假设 3a：高校教师的促进焦点正向调节角色认同对教师教学发展的影响。	支持
	假设 3b：高校教师的促进焦点正向调节职业适应对教师教学发展的影响。	支持
	假设 3c：高校教师的促进焦点正向调节价值回报对教师教学发展的影响。	不支持
	假设 3d：高校教师的促进焦点正向调节组织支持对教师教学发展的影响。	支持
调节效应： 防御焦点 作为调节 变量	假设 4a：高校教师的防御焦点负向调节角色认同对教师教学发展的影响。	支持
	假设 4b：高校教师的防御焦点负向调节职业适应对教师教学发展的影响。	支持
	假设 4c：高校教师的防御焦点负向调节价值回报对教师教学发展的影响。	部分支持
	假设 4d：高校教师的防御焦点负向调节组织支持对教师教学发展的影响。	部分支持

6.5 本章小结

本章研究以 Guan 等（2021）构建的职业发展理论为基础，结合教师职业发展的群体特点和新发展阶段立德树人的时代背景，探索构建了一个拓展的情境化 ICR-O 分析框架，以解释高校教师教学发展的动态匹配过程。具体地说，我们基于通过职业发展理论的 ICR 模型选取了角色认同（I）、职业适应（C）和价值回报（R）三个因素作为影响高校教师教学发展的个体因素，同时新增了组织支持（O）作为学校层面影响高校教师教学发展的组织因素。

研究结果表明，ICR-O 分析框架能够很好地预测高校教师教学发展这一结果。当高校教师对自己教学角色的认同度越高，对外部环境变化的适应性越强，感受到的价值回报感越丰厚，或学校给予的组织支持力越强烈时，他们的教学发展水平就越高（各个群体对他们的教学质量评价越好）。

此外，本书还引入了高校教师的两个特征属性——发展阶段和调节焦点（促进焦点和防御焦点）——作为情境因素，以进一步解构高校教师教学发展的边界条件。以发展阶段为调节变量的研究结果表明，当高校教师处于成熟发展阶段（例如，有高级职称的教师）时，其角色认同（职业适应）对教师教学发展的促进作用将显著增强。但是，价值回报（组织支持）对教师教学发展的促进作用受发展阶段的影响却并不明显。其原因可能在于，本书的样本全部来自浙江省地方本科高校，同一区域的这些高校之间交流密切以及相互竞争、模仿和学习，导致其推行的是偏同质化的激励政策或者教师支持计划，最终使得处于不同发展阶段的教师感知到的价值回报（组织支持）之间不存在显著差异。

以促进焦点为调节变量的研究结果表明,当高校教师的促进焦点水平较高时,其角色认同（职业适应、组织支持）对教师教学发展的促进作用将显著增强。价值回报对教师教学发展的促进作用受促进焦点的影响却并不明显。其原因可能在于,高促进焦点水平的教师在追求教学发展的过程中更加强调的是强烈的理想自我,注重追求理想、愿望和抱负,他们对职业发展过程中的物质回报并没有那么敏感或者强烈需求,因此弱化了价值回报与促进焦点之间的交互作用。以防御焦点为调节变量的研究结果则表明,当高校教师的防御焦点水平较高时,其角色认同（职业适应、价值回报和组织支持）对教师教学发展的促进作用都将被显著削弱。对组织支持而言,组织支持对高校教师教学发展的正向影响作用在高防御焦虑的教师群体中甚至产生了负向影响作用。

7 组织支持高校教师教学发展的作用机制

根据 ICR-O 分析框架的研究分析,在落实立德树人根本任务的时代背景下,组织支持作为学校层面影响高校教师教学发展的核心影响因素,补充了通用职业发展理论的应用不足,很好地解释了高校教师教学发展的动态匹配过程。研究表明,四个影响因素均正向作用于高校教师教学发展,研究同时发现,组织支持对改善教师的角色认同、职业适应和价值回报三个因素的表现,具有明显的正向作用,组织给予的相应支持越多、力度越大,教师感知的组织支持感越强烈时,教师个体层面三个影响因素的表现水平就越高,也代表高校教师教学发展的水平越高。结合在浙江省地方本科高校中领先发展的 A 高校、转型提升取得突破进展的浙大城市学院[①],以及对"奖励大学教学卓越计划"高校之一的台湾铭传大学典型做法的深入学习[②],提出以下启示思考,旨在进一步深化高校教师教学发展的关键机制研究。

7.1 组织支持高校教师教学发展的现实需求逻辑

以美国为代表的高等教育强国,一度由于缺乏对高校最基本的教学质量的关注,造成高校有"重研究、轻教学"的倾向,带来了社会对高等教育发展质量的质疑。经过反思与改革,通过重视教师发展以妥善应对社会发展带来的机遇与挑战的做法受到公认,并以教师教学发展为核心逐渐形成了多维度的理论研究和管理实践体系。与之相似,从 20 世纪 80 年代中期起,我国台湾地区的高等教育走上了快速发展的道路,公立和私立大学数量急速增加,10 年来增加了 1 倍多,高等教育的毛入学率超过

---

①浙江省高等教育需求旺盛,为了满足省内考生接受优质本科教育的愿望和需求,浙江大学与浙江省政府共同发起举办 B 高校,于 1999 年 7 月获教育部正式批准设立,在全国开市校合作设立高校独立二级学院之先河,曾被教育部誉为"独立学院办学的典范",学校办学的综合实力、教学水平和人才培养的社会认可度在全国独立学院中始终名列前茅,并于 2020 年 1 月成功转设为公办本科院校。

②本书作者于 2014 年 7 月 6 日至 19 日,赴台湾铭传大学专题学习教学卓越计划相关内容和教学法,该次培训课程安排得非常紧密,培训内容全面实用,涵盖了教学法、课程评价、现代教育技术应用三个大类十余门课程,基本上囊括了大学教学体系的方方面面,做到了理论与实践相结合。

70%,高等教育由精英教育转化为普及教育。学生人数的增加,导致生师比过高,这对高等教育质量造成了不利的影响。同时,学生人数的急剧扩增,导致大学生平均素质降低,学生基本能力及专业能力均未达到应有水平,无法满足社会及产业所需,台湾产业及社会对高校培育人才的满意度逐年降低。在此背景下,台湾地区出台实施了"奖励大学教学卓越计划",意图通过组织支持推动高校教师教学发展。

作为与人才培养关联最为紧密的工作,各级教育主体对高校教师教学发展工作都非常重视,管理体系已较为健全,但其发展水平仍与新发展阶段对加快高等教育发展、培养更多优秀应用型人才的现实要求存在差距。举例来说,理工类高校作为培养应用型工程技术人才的关键阵地,从前述教师教学发展态势看,2021 年 12 月中国高等教育学会正式发布的全国普通本科院校教师教学发展指数(2021 版)显示上榜本科高校 1223 所,其中归属于理工类的高校 371 所,各高校的校均得分和赋分项目数如表 7.1 所示。

表 7.1　不同类型高校教师教学发展指数状况统计

学科类型	学校数/所	校均项目数/项	校均得分	平均项目分
理工类	371	521.15	33.18	0.064
农林类	55	513.09	37.15	0.072
医药类	105	288.61	33.52	0.116
人文社科类	238	232.26	27.63	0.119
师范类	168	398.64	34.30	0.086
综合类	286	429.5	29.79	0.069

由表 7.1 可见,校均得分理工类高校仅列第四位,平均项目分更是列倒数第一位,说明理工类学校虽然绝对数量多,但在教师教学发展相关的项目指标上,普遍存在发展的质量水平不高的情况。多年形成的科研管理体系使得理工类高校在科研业绩指标上的关注程度相比更高,教学关注度偏移的情况会更加明显。因此,就形成了数字时代新兴产业发展和传统产业转型升级需求旺盛及以理工类为主体的高校群体人才培养有效供给能力不足的鲜明对比。

普及化不代表低质量,更不能落后于时代。分析上述矛盾产生的原因,主要体现在教学资源的投入保障不足、对学生核心素养培养的关注不够、教师教学和应用能力不足、知识结构更新落后等方面,并在组织支持层面集中反映出高校教师教学发展中存在的三个方面的突出矛盾,具体为:

一是教师价值回报要求与资源投入不足的矛盾。进入普及化高等教育阶段,我国高等教育体系和基础设施项目陆续建成完善,新的资源投入项目开始减少,人口红利的强劲动能不再,而教师对更大力度的资源投入保障、扩大教师队伍总量、完善教学基础设施建设、强化教师培训指导和基层教学组织建设、提高教师待遇等方面的保障需求日益提高。在要素配置制约和资金保障压力下,如果不能有针对性地采取组织支持策略,教师教学价值回报感的下降恐不可避免。

二是教师发展需求迫切与考核激励不足的矛盾。在推进高等教育过程中,教师教学发展受现行上位政策、评价体系等方面的约束和限制,导致教学关注度偏移,终身学习的理念淡薄,发展的内生激励不强。比如,教师专业技术职务评聘中,量化的业绩指标考核仍是当前的主要手段,教师安心教学、关爱学生的人才培养工作难以有效体现,亟待通过落地制度创新,强化教师教学发展的内生激励。

三是人才培养的新技术、新形态要素不断涌现与评价规则缺失的矛盾。不论在什么阶段、什么规模,高等教育要发挥其功能,必须建立相应的制度(别敦荣,易梦春,2021)。当前,以教学法、信息技术和高科技设备辅助、真实情景教学和核心素养培养等为代表的新型要素不断涌现,在高校传统的管理制度层面尚无清晰的顶层设计方案和相关配套制度安排,与之相对应的教师教学发展组织和制度建设也不健全。

为什么会产生这些问题,并且越来越多的高校教师也对自己的职业不满意呢?就世界范围而言,很多原因是共同的,比如,教师面临着越来越细的工作考核和日益增加的工作量,其他还包括:缺乏来自高校管理者的支持、理解与尊重;不能得到公正的待遇,不公平的职称评审制度;感到不公平等。其实,无论是从哪个方面来分析,其核心还是在于,随着工业时代发展进入成熟阶段的高等教育,制度、标准、规范的力量过于膨胀,变得过于具象,工作绩效考核过于"刚性"和功利化,教师教学发展机械化、高校发展同质化的问题日益显现,导致创新人才培养质量的弱化。将工业化的管理模式强加于高校教师,实际上是对高校教师积极性和创造性的一种遏制,高校管理者不明白教师是需要更多更大的自主权才能发挥作用的。对教师的管理,不应该像一般企业那样,而是应该给予他们信任,放手让他们去做自己的工作,但现在的问题是,管理者们仿佛并不明白价值回报与创造性工作究竟是怎么来的,工作上不愿也不肯放手。

7.2　A 高校教师教学发展情况的典型案例分析

7.2.1　A 高校教师教学发展情况

A 高校是浙江省唯一一所省部共建高校和浙江省首批(2015 年)重点建设高

校。学校围绕建设"一流的本科教育"的目标,以全面深化改革为引领,把教育质量作为学校事业发展的"生命线",着力推动教学回归本位,进一步树立"出口导向"(Outcome-Based Education,OBE)的教育理念和质量观,顶层设计,强化执行,注重实效,着力打通教学改革工作的"最后一公里"。

学校高度重视教学工作,坚持立德树人根本任务,大力培养德智体美劳全面发展的高水平人才。经过学校和教师的共同努力,现有国家级一流本科专业建设点 38 个,省级一流本科专业建设点 14 个,通过中国工程教育专业认证专业 17 个;国家级一流课程 11 门,省级一流课程 148 门;"十二五"国家级规划教材 14 部,获全国优秀教材奖 1 项;国家级实验教学示范中心 3 个,省级实验教学示范中心 15 个;国家级虚拟仿真实验教学中心 2 个;省级产教融合示范基地 3 个;受聘 2018-2022 年教育部高等学校教指委委员 18 人;近三届(2009 年、2014 年和 2018 年)获国家级教学成果二等奖 9 项。① 专业认证工作取得突破,学校已有 16 个专业通过中国工程教育专业认证,其中 13 个专业进入全球工程教育"第一方阵",排名全国并列第五,浙江省内第一。本科毕业生满意度、用人单位满意度、毕业生职业发展与人才培养质量排名均位居全省第一。

除部属高校浙江大学外,A 高校在浙江教发指数中是排名第一位的地方本科高校,在全国教发指数中也有上佳表现(见图 7.1),2020 年位居全国第 68 位,2021 年又提升 7 位至全国第 61 位,是浙江省唯——所进入全国排名前 100 名的地方本科高校。

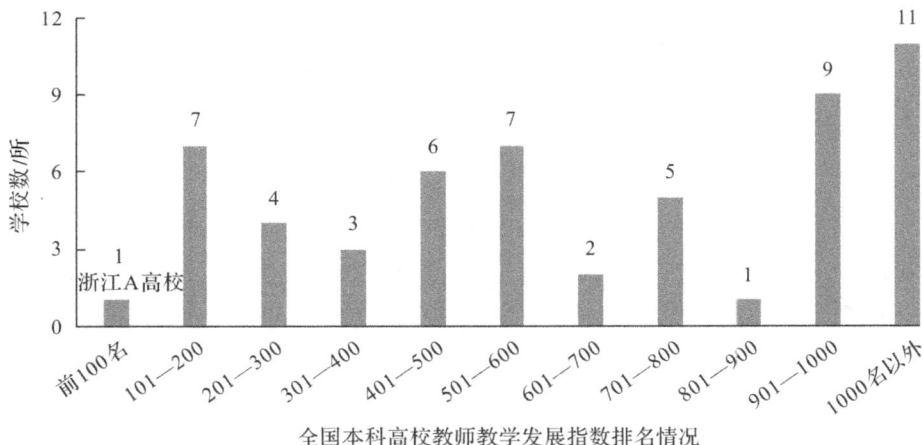

图 7.1 浙江省地方本科高校在全国教师教学发展指数中的排名分布

数据来源:中国高等教育学会发布的全国普通本科高校教师教学发展指数(2021 版)。

① 资料来源于 A 高校官方网站。

7.2.2 A 高校组织支持下以教学为中心的教师教学发展

A 高校教师教学发展水平虽然已在省内处于领先地位,但对照经济社会发展新形势和学校打造"一流本科教育"发展新目标,学校持续思考人才培养如何更好地满足经济社会发展需要;如何更好地确保与高标准人才培养质量相对应的教学经费投入及条件保障;课堂教学和教学改革如何更好地落实到提高学生学习成效上来;教学与人才培养、社会服务等职能之间如何更为有效地相互支撑;创新创业教育与专业教育如何更加紧密结合,以及如何深化信息技术与教育教学的融合发展等新发展阶段更进一步推进教师教学发展的关键问题。

A 高校坚持"以本为本"推进教师教学发展,实现组织支持牵引下以教学为中心的一流本科教育领先发展的典型做法有以下几个方面。

(1)加大教学投入,强化组织支持

坚持教育教学优先,切实加大教学投入。一是深化实施"六个一千万工程"。每年投入 6000 万元用于学生实践教学、创新创业训练、国内外交流、教学建设和改革、教学考核和教学激励等。学校年生均教学经费投入 1.36 万元,年增长率为 10.1%;生均教学用房 17.34 平方米,生均实验室、实习场所 10.21 平方米,立项建设校级实践教育基地达到 124 个;投入 1800 万元用于图书资料采购。二是建设智慧化教学环境。构建了以"网络课程教学平台、实习教学云管理平台和教学质量管理平台"三位一体的数字化教学管理体系,新建 20 个智慧教室和一批泛在式学习场所,对所有多媒体教室进行智慧提升。三是深化"互联网+"教学。在全国性 MOOC 平台开课 25 门,浙江省在线开放课程共享平台开课 30 门,校内网络教学平台开课 912 门。依托实习管理"云平台"开展线上线下相结合的实践教学改革,所有校外实践教学基地入库,184 项实习计划上线,4487 名学生注册云管理平台。

(2)坚持立德树人,强化角色认同

牢固树立"以学生为中心"的理念,构建"三全育人"新格局。一是加强师德师风建设。严格贯彻落实学校《关于建立健全师德建设长效机制的实施办法》,强化师德教育、宣传、考核、监督、奖惩,杜绝师德失范事件发生。二是坚持激励与约束并重。实施本科课程"优课优酬"和"质量预警"制度,每年奖励"优课"1746 门次。加大教学奖励力度,实施教学改革与建设项目经费"以奖代拨",激发教师积极性。三是推进教学科研等效评价。教学业绩作为教师职称晋升和岗位聘任基本条件,教学改革研究项目、教学成果等在职称评定时提升一个级别,职称评审实行教学点评制,实行本科教学工作考评一票否决制。

(3)聚焦关键环节,强化职业适配

坚持"办学以教师为中心",培育一流师资队伍。一是扎实推进"课程思政"。出台实施意见,建立"课程思政""四进"机制(进计划、进大纲、进教案、进课堂),实现育人的全覆盖。二是深化"金课"建设。实施核心课程建设计划,新建三大核心课程92门。深入推进"课堂教学创新行动计划",新立项支持高校课堂教学改革项目70项。改革学生"评教"为"评课",对学生学习满意度评价进入全校排名后10%的课程进行预警或停开。三是强化青年教师助讲培养。全面推进"青蓝工程",青年教师导师制和"2+1"培养制度(2年教学、科研能力培养,1年实践能力培养)实现全覆盖。

(4)坚持理实一体,强化价值回报

坚持文化引领,着力营造重教乐教的良好氛围。一是营造卓越教学文化。开展教学论坛17期,组织教学示范课观摩和课例研讨150门次,开展午间教学沙龙、午间名师汇、青椒荟等40余期,成功承办浙江省高校青年教师教学比赛并获佳绩,在省内率先开展ISW(教学技能工作坊)国际认证培训。二是强化示范引领。实施"百门课程思政示范课"建设工程,首批建设"课程思政"示范课22门。学校18位教授入选2018—2022年教育部教学指导委员会委员,其中副主任委员3人,入选人数居省属高校首位。2名教师分别入选国家级和省级教学名师。出台《教书育人贡献奖评选办法》,评选首届教书育人卓越贡献奖2名,优秀奖8名,投入奖励100万元。

从A高校以上的做法分析,围绕推进教师教学发展的关键问题,学校全面落实立德树人根本任务和教学中心地位,坚持以本为本,牢固树立"以学生为中心"的理念,以一流本科教育建设为牵引,聚焦新时代本科教育理念创新、内涵建设和质量提升,强化顶层设计,健全立德树人落实机制,构建"三全育人"新格局,坚持育人与育才的有机统一。坚持"育人为本、德育为先、能力为重、全面发展"的人才培养理念,深化教育教学改革,促进专业教育与思想政治教育全面融合,着力构建多元、开放、协同的高水平人才培养体系;坚持教育教学优先,切实加大教学投入,强化人才培养综合保障,确保人才培养任务有效落实。坚持"办学以教师为中心",把培育一流师资队伍作为一流本科教育建设的核心内容,不断健全教师教学工作的激励和约束机制,着力营造重教乐教的良好氛围。坚持突出重点、以点带面、整体推进、深化改革、强化保障,全面落实教学中心地位。

学校通过加大教学投入的资源保障力度,实现了组织支持力的有效强化,确保立德树人根本任务得到严格贯彻落实。在组织支持保障之下,教师角色认同通过师德师风建设、关注教学评价和考核激励的制度保障等得以正确树立;依托数字化教学平台载体建设、课程建设和教学培训等多措并举,教师教学职业能力的动态适配情况显著改善;以教学为中心的教学文化氛围浓厚,关注社会责任、追求自我实现的价值回报追求形成风尚,组织支持下以教学为中心的教师教学领先发展工作取得了明显成效。

7.3 浙大城市学院两元多维的教师教学发展

从 1999 年开始,我国高等教育用 20 多年时间快速走完了大众化的发展路程,其间具有创新性地设立了一批独立学院,这些学校基本以教学为主,成为推动我国步入高等教育大国行列的重要力量。截至 2020 年底,我国 1271 所本科高校中,独立学院 241 所,占比近 20%(高峰时超过 300 所,因教育部统筹推进全国独立学院"转设"工作已取得较大进展,现仍存 241 所)。[①]

独立学院因其特殊的缘起和民办运行机制,办学实力普遍不强,教师教学发展水平亦不高,以浙江为例,基于前文对高校教师教学发展态势的分析可以看出,浙江省共有 57 所地方本科高校,其中有 17 所为独立学院(不包含 3 所已转设为公办本科、1 所已转设为职业大学、1 所已转设为民办普通本科、1 所已停办,共 6 所原独立学院),占比高达 30%。且该部分学校无论在全国高校教师教学发展指数,还是在浙江教发指数排名中均表现欠佳,说明其本身确实存在发展基础薄弱、成效不理想的问题。因此,提升独立学院的办学水平成为我国实施高等教育强国战略、推进普及化高等教育过程中必须解决的关键问题之一,教育部在《关于做好 2019 年度本科学校设置工作的通知》中指出"把独立学院转设摆在高校设置工作的首要位置,加快推动独立学院能转快转、能转尽转",更说明了独立学院转型发展的问题已迫在眉睫。

浙江大学城市学院是浙江第一所独立学院,也是全国创办最早的独立学院,创办于 1999 年,曾被教育部誉为"独立学院办学的典范"。后于 2020 年 1 月 2

---

①数据截至 2020 年末,来源于教育部官网于 2021 年 8 月 27 日公布的《2020 年全国教育事业发展统计公报》和《高等教育学校(机构)数》。

日成功获教育部批准转设为"浙大城市学院",成为全国第二所转设为公办普通本科的独立学院。① 此外,在独立学院办学体制时期,浙江大学城市学院就曾在2015年浙江本科院校校(院)长教学述职评议中,位列全省57所地方本科高校第七位,并且在浙江教发指数中始终保持稳步提升态势,是排名提升最快的高校之一。浙江大学城市学院在办学过程中取得了令人瞩目的办学成绩,因此,以该校为例研究高校教师教学发展推进策略的具体实践应用情况,具有较好的示范意义。

7.3.1 浙大城市学院的转型历程与发展成效

我国人口众多,为了培养更多的社会主义建设者和接班人,扩大高等教育规模,让人民群众享受到覆盖面更广的高等教育,促进我国经济社会快速发展,打造高等教育大国和人力资源强国,我国在20世纪末开始扩大高等教育的招生规模,从1999年开始,创新性地创办了一批独立学院。

浙江省高等教育需求旺盛,但1998年,同根同源的浙江大学、杭州大学、浙江医科大学、浙江农业大学四校合并,成立新的浙江大学,开始面向全国招生,此举对浙江本地生源招生具有一定影响。为了满足省内考生接受优质本科教育的愿望和需求,浙江大学与浙江省政府商定,共同发起新办两所万人规模的本科高校,浙江大学城市学院(现名"浙大城市学院")就是在彼时应运而生。1999年7月,经教育部和浙江省政府批准,浙江大学与杭州市政府合作,并联合浙江省邮电管理局,创办了浙江大学城市学院,在全国开市校合作成立高校独立二级学院之先河。

浙江大学城市学院依托浙江大学和杭州市政府合作办学,采用民营机制运行,实现超常规发展。至2004年建院五周年之际,浙江大学城市学院已发展成为一所具有"千亩校园、万人规模"的高水平独立学院。学院招生规模逐年稳步增长,满足了省内外考生接受优质本科教育的愿望和需求,赢得了良好的社会声誉,圆满完成了党和国家交给学校的办学任务。彼时,学院以"应用人才培养"和"教育国际化"为两大办学特色,根据省市经济建设和社会发展的市场需求,设置计算机、信息与电气工程、生命科学、法学等学院和系,共33个本科专业,还与澳大利亚、新西兰、新加坡等大学合作办学,在国际化人才培养上形成优势。

①第一所转设公办高校的独立学院是新疆大学科学技术学院,其于2019年6月经教育部批准转设为新疆理工学院;与浙江大学城市学院同时转设公办本科的还有浙江大学宁波理工学院。

本书基于上述浙江大学城市学院转型发展的历程,以其 20 年(计算至"转设"为公办本科之日)追寻卓越、争创地方一流综合性院校的实践探索为支撑,致力于从教师教学发展的视角入手,提出一定的方法和标准,以解决教师教学发展态势总体偏弱的独立学院所普遍面临的师资队伍薄弱、发展能力不足、建设标准不高、人才培养与社会需求脱节的问题,为独立学院适应普及化高等教育、提高办学水平及转型发展提供参考。

7.3.2 浙大城市学院教师教学发展的问题分析

教师是保障大学发展的第一战略资源,是提升高校办学水平的第一推动力,更是学校实现跨越式发展和打造办学特色需要的竞争之本、活力之源。我国现实的高等教育水平与高等教育强国仍有相当距离,进入普及化高等教育阶段,如何提供有质量的高等教育就成为我国面临的主要问题(潘懋元,李国强,2016)。

(1)总体发展问题分析

民办机制运行的浙大城市学院,如何成为提供有质量高等教育的重要参与者和力量贡献者? 基于教师教学发展视角分析面临的问题,首当其冲是教师总量不足问题,没有足够的教师谈何高质量的教学发展和人才培养。同时,这样一支总量不足、仅能满足基本教学需要的基础教师队伍,从教师教学发展角度分析,必然存在诸多的具体问题。

从我国当前的高等教育发展水平来看,作为世界高等教育第一大国,教师教学发展不能太狭义地来理解,应考虑我国特殊的文化背景和越来越重要的高校立德树人根本要求,扩展到更全面地包括学术水平、职业知识和技能的提高以及师德的提升等方方面面。以此为指引,经过分析总结,我们认为以浙江大学城市学院为典型代表的众多独立学院,普遍面临着教师队伍"1 不足+4 薄弱"的问题,即"招不进、留不下"导致的教师总量不足,以及教师的教学能力薄弱、专业基础薄弱,还有学校的发展指导薄弱和组织管理薄弱,这些问题都成为制约学校人才培养和教师教学发展水平提高的核心所在。

(2)体制机制问题分析

在接下来进一步深入讨论教师教学发展的具体改革实践举措之前,首先不得不提及人事管理体制机制的问题,体制机制没有理顺,在推动教师教学发展实践时注定是事倍功半。以浙江大学城市学院为例,建校之初,学校人事管理委托浙江大学人事处代管,采用人事代理的形式。随着办学规模的不断扩大,学校教师队伍的人数不断增多,管理要求不断提高,2006 年,浙江大学人事处提出希望城市学院人事部门自行行使人事管理职能。

2006 年 12 月 15 日,杭州市政府副秘书长陆瑞芬受时任杭州市副市长项勤委托,主持召开了"杭州市人民政府关于理顺浙江大学城市学院人事和社会保险关系有关问题的专题会议",会议原则同意浙江大学提出的原由浙江大学代管的浙江大学城市学院的教职工整体移交杭州市管理的方案。会议明确:浙江大学城市学院作为市属高校,依照杭州市事业单位管理,享受市级事业单位和市属高校各项政策,与市属高校具有同等地位;原由浙江大学代管的教职员工整体进编至杭州市;学院作为事业法人单位管理人事工作,编制内的职工享受事业单位待遇等。从此,学院开始独立承担人事职能,教职工 300 余人于 2007 年 1 月 1 日起顺利整体进编杭州市。

事业编制是学院人事管理的重要依据,也是开展聘用制改革的基础。学校积极争取杭州市政府的政策支持,2004 年 5 月,杭州市机构编制委员会首次核定了学院 600 名事业编制,并将学校纳入杭州市属高校管理,开全国独立学院之先河。这一体制机制优势远远地走在全国独立学院的前列,给学院发展注入了一剂强心剂,学院也很快实现了"千亩校园、万名学子"的飞速发展。2010 年 12 月,为满足学院教学和发展的需求,杭州市机构编制委员会再次增加学院事业编制 405 名,增编后合计事业编制 1005 名,为学院后续发展提供了重要的支撑保障。

(3)资源保障问题分析

高等学校办学需要大量的资源投入以构建具有安全保障的薪酬标准和鼓励创新发展的薪酬体系,只有满足了教师的生存、安全等较低层次的需求之后,才能有效激发教师成就和价值实现等高层次的需求,这一点在前文论述组织支持对高校教师教学发展的重要作用时,也已充分阐明。在这一方面,浙江大学城市学院一直遵循国家事业单位薪酬管理制度的有关要求制定教职工的薪酬制度,贯彻规范性与自主性、保障性与激励性相结合的原则,在国家人事体制改革的不同阶段,科学地构建适合学院实际的规范、全面且富有竞争力的薪酬制度。从建院之初制定"3468 万"竞争性薪酬标准开始,到 2007 年理顺人事关系,全面落实"06"工改和社保"五险合一"正式入轨杭州市,薪酬制度一直是学校快速发展的重要制度基础。尤其是"十二五"期间,学院扎实推进绩效工资和养老保险两大改革,薪酬体系全面升级,教师收入水平大幅提高(人均增幅 42.65%),超额完成了学校提出的教职工收入增加 35％的预定目标。进入"十三五",学校提出进一步探索构建保障性与激励性并重的绩效工资体系,确保到 2020 年实现教师人均收入较 2010 年翻一番的目标。实践过程中,经过第四、第五轮岗位聘任,基本工资调标,月考核奖调增等政策,二资倍增的目标已顺利实现,绩效工资改革持续深入推进。浙江大学城市学院发展过程中涉及工资改革的关键性时间节点,如图7.2 所示。

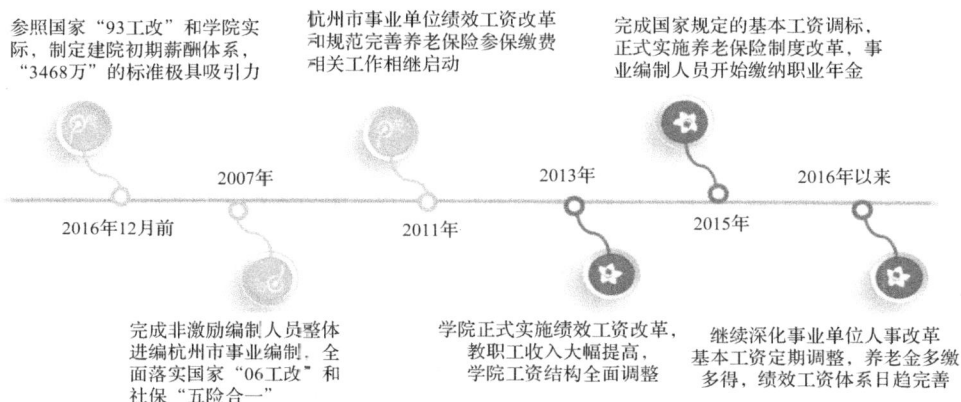

图 7.2　浙江大学城市学院教师工资改革关键节点示意

　　图 7.2 以时间轴的形式显示学校薪酬制度改革的几个阶段,以及每一阶段的主要内容、在学校发展过程中产生的意义及发挥的作用。其中,较为关键的是2006 年人事部、教育部、财政部联合出台的《高等学校、中小学、中等职业学校贯彻〈事业单位工作人员收入分配制度改革方案〉三个实施意见》(简称"06 工改"),当时恰逢学校整体进编杭州市事业编制,人事和社保关系理顺,借此契机,学校的事业编制薪酬待遇体系得以正式确立,对学校的快速发展起到了至关重要的作用。

　　"06 工改"中未完成的绩效工资改革始于 2011 年,在国家继续推动工资改革的大背景下,杭州市正式事业单位启动绩效工资改革工作。绩效工资改革事关教职工切身利益,为了确保绩效工资改革顺利进行,学校进行了长达一年的政策研究和方案制定工作。2013 年 1 月,学校正式出台《浙江大学城市学院事业编制人员绩效工资实施办法》。该项改革对学校薪酬制度影响深远,充分体现了人才导向、优绩优酬、托底限高、兼顾公平等原则,并且人均收入水平大幅增加,绩效工资体系得以正式构建。

与绩效工资改革和聘用制改革相适应的高校（事业单位）养老保险改革于2015 年在全国范围内开始实施。2015 年 1 月，国务院正式出台机关事业单位人员养老保险改革的相关文件，规定从 2014 年 10 月起开始实施养老保险改革，基本工资调标同步展开，职业年金制度也同时正式推行。面对如此关键的改革，学校紧跟上级文件精神，认真细致地开展工资调整及社保清算等工作，并通过招聘岗位调标增资、增加临时性补贴解决"增不抵缴"问题等手段，平稳有序地落实了养老保险改革工作。经统计，仅 2015 年底清算补发一项，学校支出就达到 2500 万元（约占当年全校工资性支出的 15%）。

（4）人才培养问题分析

围绕人才培养中心工作问题导向，研判转型发展面临的新挑战新考验新机遇，尤其是转公之后，学校通过大讨论、暑期读书会、教职工大会、干部培训班等形式，分析学校转型发展过程中本科教育的新挑战新考验新机遇，找准本科教育的"薄弱点""着力点"，如高水平通识教育资源严重短缺、工作基础薄弱；体育、美育、劳动教育专业师资队伍规模偏小且结构不合理，相关课程开设不足，软硬件设施缺口较大；教师发展动力激发不足；高水平创新平台、创新团队不足等。

7.3.3　浙大城市学院支持教师教学发展的思路

为深入践行习近平总书记关于教育的一系列重要论述及"建院五周年贺信"精神，学校坚持立德树人，将人才培养作为根本任务，全力推进"四个回归"，围绕建设国内一流应用型大学目标，加快专业学科内涵建设，积极推进符合数字时代特征要求的"互联网＋教学"，深化培养模式改革，实施优质生源工程，取得可喜进展。尤其是 2020 年以来，学校以转设为契机，进一步叠加名城名校合作办学优势，以本为本，补短板、强特色、促改革、提质量，一体化构建两元多维的教师教学发展支撑体系，不断提高教师教学发展水平。

回顾浙江大学城市学院 20 年办学实践，基于前述高校教师教学发展的路径分析和策略研究，学校总结了以转型提升发展为目标的"225"教师教学发展治理模式，即依托"两融入"寻求组织支持，积极融入母体引进骨干教师，积极融入地方争取政策支持；强化"两同步"，通过组织层面动因与个人层面的工作焦点调节、同步、耦合，确保教师教学发展高标准、治理推进策略现代化；实现教学角色认同、职业能力提升、强化价值回报、优化组织建设、整树师德师风的"五维协同"，有效解决了上述问题，推动学校实现了高水平转型发展。

学校推动教师教学发展"225"治理模式如图 7.3 所示。

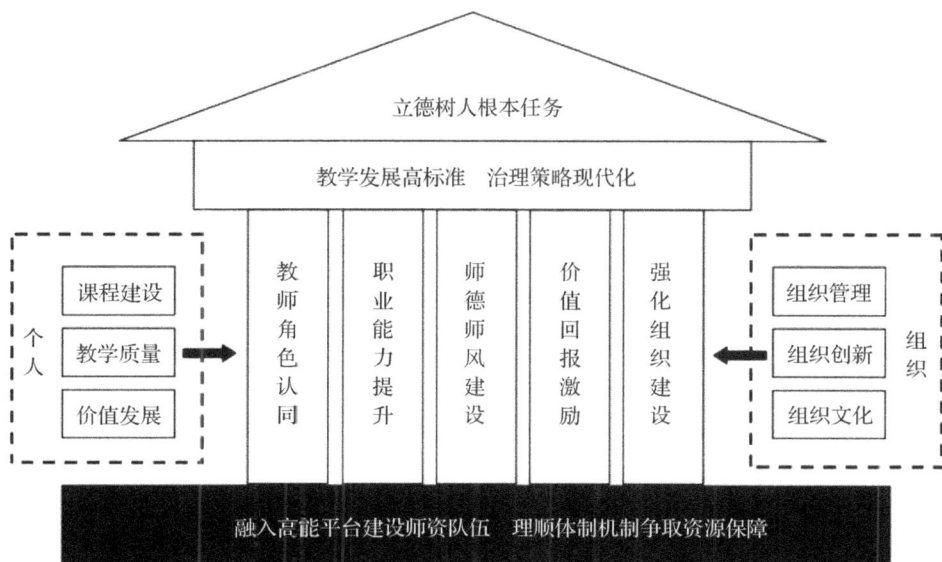

图 7.3 浙江大学城市学院推动教师教学发展的"225"治理模式

7.3.4　浙大城市学院组织支持下的融合发展战略

一方面,学校全面融入浙江大学引进骨干教师,通过"全聘""双聘"①相结合的方式累计聘任 126 名母体高水平师资,既保障了学校的建设,也为学校的教师教学发展创造了良好的空间,对学校推动教师教学发展起到了至关重要的作用。另一方面,学校融入地方争取政策支持,随着管理体制机制逐渐理顺,保证了学校师资队伍规模快速扩大,专任教师数量从建院之初的 30 余人,到 2005 年首次实现"万名学子"时的 314 人,再到 2020 年转设为公办普通本科高校、启动"百强应用型大学"建设时的 714 人,学校师资队伍总量问题得到了非常好的解决(见图 7.4)。

---

①"双聘"教师与兼职教师有显著的职责区别,需要有明确的教学课程要求和业绩要求并签订聘用协议,身份需要在上级人事管理部门(杭州市人社局)备案,取得的业绩需要以浙江大学城市学院为第一作者单位,需要参加学校的年度工作考核和聘期考核。

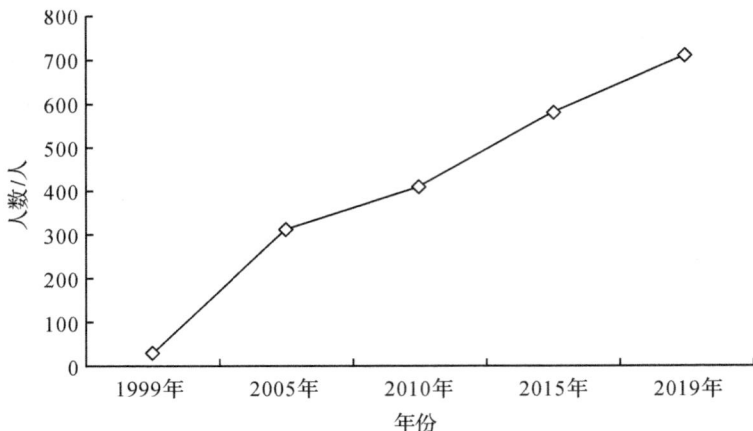

图 7.4 浙江大学城市学院专任教师队伍规模发展趋势

随着学校师资队伍建设由增加数量转变到提高质量的新阶段，学校的中心任务也由"上规模"发展到"创特色、上水平"的新阶段。2020 年，浙江大学城市学院转设完成之后，市校合作更加深入，实施"5215"人才强校战略，师资队伍再进一步"扩量提质"，转设以来的一年多时间里，又新引进专任教师 145 人，其中院士 2 人，国家级人才、省部级人才、海外业界高层次人才 14 人。

（1）改善教学基础设施

仅 2020 年，学校教学经费就投入 1.3 亿元，年生均教学经费投入 1.14 万元，增长 5.24%；通过"一整二租三建设"优化办学空间，教学总用房（含实验室）113975 平方米，生均教学用房 10.12 平方米；推进校园基础设施改造，年度投入近亿元资金提升教学设施与条件建设，首期重点完成魏绍相楼、文一教学楼的智慧化改造，并启动全校智慧教室建设工程。全面推动"互联网＋"教学，将"学在城院"、智慧教室、教学平台和学习资源相互打通。生均纸质图书达 128.6 册，电子期刊10.05 万种，学位论文 68.3 万册，视频资源 13.5 万小时。积极拓展本科教育的投入渠道，引入社会资源投入教学建设达 330 余万元。

（2）优化业绩评价体系

围绕管理制度体系优化提升教师对教学角色的认同度。经过几年的制度实践和创新发展，浙江大学城市学院持续强化师德师风建设，推动落实教学科研等效评价，深化细化重视教学、分类评聘的政策要求；提升教学理念、增强职责意识、加强信息技术和数字技术应用、创新教学评价、丰富教学成果，多措并举提升教师的教学角色认同，取得较好成效。

（3）加强师德师风建设

在师德师风建设体制机制方面，学校成立师德建设工作领导小组，建立师德师风建设长效机制，严把教师入口审查关，把师德规范要求融入课题申报、职称评审、导师遴选、评优奖励等工作中，实行师德建设"一票否决"；带领相关部门汇编各级各类师德师风建设文件，强化思想引领，严抓教学行为规范，多种形式强化师德师风养成，杜绝师德失范事件发生。同时，构建制度保障，出台师德考核办法，加强监督管理，约束师德失范行为。围绕立德树人根本任务，学校对照转型发展中本科教育的短板，以培养身心健康、德智体美劳全面发展的社会主义建设者和接班人为宗旨，出台《关于坚持立德树人构建高水平人才培养体系的意见》《全面深化本科教育教学改革的若干意见》等，将价值塑造、知识传授和能力培养有机结合，着力培养具有健全人格、创新思维、基础扎实、能力突出、全球视野的一流应用型、复合型、创新型人才。

（4）实行全员聘用制度

学校从建院之初即全面推行聘用制，打破"终身制"，引入竞争机制，实行全员聘用。作为聘用制改革的核心，学校于2006年启动实施首轮岗位聘任工作。实行岗位聘任是学校发展到特定历史阶段的必然选择，也涉及广大教职员工的切身利益，涉及学校的人才培养中心工作和健康发展。虽然面临种种困难，但推行岗位聘任是学校各级领导班子的共识，也是希望进一步激发教师的积极性和主动性，进一步提高教师队伍的整体素质，更好地落实立德树人根本任务。

自2007年正式开始实行以来，学校的岗位聘任制度一直在稳步推进，2010年、2013年、2016年、2019年分别推出了第二轮、第三轮、第四轮和第五轮岗位聘任方案，为推动学校"创特色、上水平"发展发挥了关键的作用。经过20年聘用制改革实践，尤其是通过五轮岗位聘任工作，学校形成了"德、能、绩、引、奖、考"六位一体的聘用管理制度体系，如图7.5所示。

岗位聘任制度在聘期的基础上增加了工作职责和考核目标要求，而职责认识是角色认知的基础，学校这一做法使教师对教学角色的认知更加清晰，也更好地促进了教师的角色认同发展。这一举措较省市实施事业单位岗位设置与绩效考核工作整整早了5年，成为全国独立学院人事管理改革的典范，也走在了全国事业单位人事管理体制改革的前列，并逐渐发展成为教师管理的最有效手段和办学资源调控配置的最重要依据，其内容也已从聘用管理逐渐扩展到绩效工资制度、岗位设置与聘任制度等高校治理体系的纵深领域，成为实现教师激励、促进教师发展、提升教育质量的有效组织管理手段。

第一轮岗位聘任　第二轮岗位聘任　第三轮岗位聘任　第四轮岗位聘任　**2020年1月1日起实施**

2006.9—2010.1　2010.9—2013.8　2013.9—2016.8　2016.9—2019.12　**第五轮岗位聘任**

淡化身份、强化聘任　身份与岗位进一步脱钩　与绩效工资改革相衔接　强化聘岗绩效激励　**推动"六位一体"治理现代化**

聘岗履责、量化考核　构建资源统筹优化机制　改进资源分配办法　出台新聘博士培育期

考　奖　引　绩　能　德

一、二轮岗位聘任过渡期　教学工作业绩评价体系　强化二级管理和业绩导向　鼓励分院探索分类聘岗　强化师德考核　★ 完善聘期考核

2010.2—2010.8　科研工作业绩评价体系　科研绩效开放性获取　强化高水平示范引领　加强高职管理　★ 实现优绩优岗

第一轮岗位聘任总结　学生发展指导业绩评价体系　"双肩挑"教师聘任管理　取消教学工作量限制　推进二级管理　★ 实施分类聘岗

第二轮岗位聘任政研　目标考核进一步强化　规范兼职教师绩效使用　提高兼课准入门槛和要求　树立发展导向　★ 优化资源配置

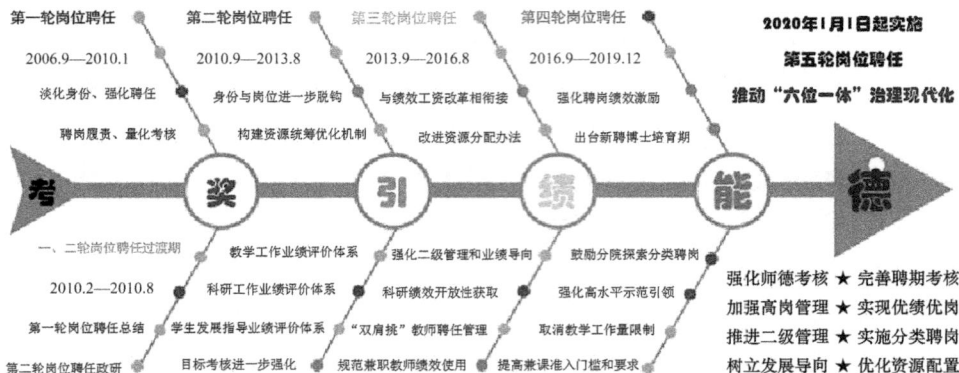

图 7.5　浙江大学城市学院岗位聘任制度发展历程

（5）专技评聘制度改革

除了学校的岗位聘任制度之外，涉及专业技术职务及职员职级岗位设置和聘任的"国聘"体系也是非常重要的一项人事制度改革。2006年，国家人事部制定颁布《事业单位岗位设置管理试行办法》，正式启动实施事业单位人员岗位设置与聘任工作。事业单位实行岗位设置，要求划分专业技术岗位、管理岗位和工勤技能岗位，并分别制定岗位等级和聘任办法。浙江省和杭州市则启动相对较晚，2009年浙江省颁布《浙江省事业单位岗位设置管理实施办法（试行）的通知》，2010年杭州市印发《杭州市事业单位岗位设置管理实施意见》，代表浙江省和杭州市正式实施岗位设置及聘任工作。2011年学校结合上级相关文件精神，制定了《岗位分级设置与管理暂行办法》，全面启动了相关人员的岗位设置及聘任工作。自2011年完成首次岗位分级设置以来，学校通过专业技术职务评聘、岗位设置与聘任办法等政策，严格按照上级文件要求开展相应聘任工作，相关工作总体进展平稳有序。随着岗位聘任和岗位设置工作的不断深入，学校加大力度完善岗位设置及聘任管理工作体系，又先后出台了专业技术岗位人员聘任办法和外单位调入人员专业技术职务认定办法，修订专业技术职务评聘工作实施办法，全面实施专业技术职务自主评聘，进一步完善深化了专业技术岗位设置及聘任管理工作体系，在2017年4月省教育厅组织的专项督查中深受好评。

（6）加强组织机构建设

学校通过多种方式持续促进教师教学发展。2015年学校专门成立教师教学促进与发展中心，全面开展教师发展指导，构建平台和载体，组织开展沙龙研讨、专项研究、经验交流和专家辅导等多种形式的教师发展指导活动；学校尤其重视青年

教师发展,通过青年教师助讲培养、教学督导、带教导师制等形式强化对青年教师的教学指导,完善评价与反馈机制,将培养考核结果纳入职称评审的必要条件,促进青年教师教育教学能力提高;设置"学术培育期"制度,促进具有博士学位的新聘教师提升教学科研综合能力。

(7)强化评价激励体系

学校出台破"五唯"政策,完善职称、绩效分配、教研科研业绩的等效评价等制度,开通教学为主型评聘通道。在教学质量奖、教学名师、实践优秀指导教师、竞赛获奖等方面实现"优课优酬",有效激励教师投入教学;强化价值导向,持续提升教学质量。建立健全教学质量评价体系。进一步完善以"学评教""学促教"为重点的教学效果评价机制,强调以学生为中心,优化教学督导工作、教学评价指标;优化学生学业管理,改进学生综合素质评价实施办法,强化过程性考核与结果性考核有机结合,建立学习过程实时跟踪、监控与评估机制;强化教授治学,全校 94.7% 的教授给本科生累计开课 212 门,占总课程的 13.35%。出台政策支持、鼓励教师交流研修,提升教师创新应用能力,"双师双能型"教师的占比达到 72.2%。

(8)实施教师进步计划

围绕提高教师教学能力、提升教师从事教学工作的适应力,学校自 2010 年启动实施教师进步计划,着力解决教师教学能力和专业基础薄弱的问题。教师进步计划建立了校内培训和校外培训相结合、理论提升和实践锻炼相结合、基本能力培养和特色发展能力提升相结合、统筹兼顾和重点培育相结合、集中培训和个体访学相结合的教师培养制度与机制,根据学校发展规划和目标要求,构建符合学院实际的教师专业化发展体系。

学校组织教师组团开展教学法培训,学习国际先进教育理念与模式,加强教师的教学方法与能力培养,提升教师的专业素质,进而提升教学质量与水平。自 2011 年起,学校已先后组织 16 支培训团,共计选送了 147 名教师赴境外开展教学法专题培训;学校出台政策支持教师赴海外研修,截至 2019 年底,在学校的资助和政策推动下,具有三个月以上海外研修经历的教师已发展到 232 名,在优化教师队伍结构、提高教师教育教学能力方面发挥了重要作用。

深入开展教学能力培训、教学优秀奖示范课、专题讲座沙龙、网络培训、工作坊等活动,参与人数和程度逐年提升,2020 年参加教师已达 1700 人次;学校还强化新教师入职教育,开展微格教学法培训,确保人人过关,落实青年教师助讲培养制度,提高新入职的青年教师教学能力。此外,学校深入开展各个层面的教师基本功竞赛,实现"以赛促教",共组织 6 届校内教学基本功比赛,并积极组织推荐青年教师参加浙江省高校青年教师教学技能比赛,累计获得国家一等奖 2 项、省级奖 20 项左右,其中,省"微课"比赛一等奖 2 项。扎实推进基层教学组织建设,获省级优秀基层教学组织奖 1 项。学校还积极推进教学模式改革,实施多种混合式教学方法,小班化比例为 40.38%。优化公共基础课程、拓宽通识课程、加强核心课程,打造一批"金课",着力推进"互联网+教学"。在建国家级、省级一流课程 71 门,在中国大学 MOOC 等平台开课 118 门、尔雅通识讲座 500 余场。开展教学方法改革示范课堂认定,通过任课教师说课、专家听课、同行听课、网络平台访问等多种形式考查课堂教学效果。

(9)加强大学文化引领

围绕强化教学发展指导提升教师在教学过程中的价值激励水平。通过价值回报的方式实现教师教学的价值激励,主要是以人期望从职业环境中得到他们所需要的满足感和报酬这一动机理论的观点,学校也具有针对性地采取了以下两方面的举措。

一是围绕增强大学文化的价值引领提升教师教学发展的政治引领性。把立德树人的历史使命融入学校发展的全过程,形成先进的组织氛围和组织文化,以提供强有力的内在驱动机制,促进教师内生激励的自主发展、延长发展和终身发展,实现从管理向治理的转变,使个人与组织目标保持一致,加快实现学校的优化提升和转型发展。为此,学校将师德师风建设作为大学文化先进性的核心体现来抓,在师德师风养成方面,学校突出教学中心工作和人才培养核心任务,不断强化思想引领和精神建设。注重发挥榜样作用,大力选树师德师风典型,努力营造崇德修德、甘于奉献的良好氛围,激发立德树人、为人师表的荣誉感和责任感,发挥榜样力量和模范带头作用,通过示范引领实施潜移默化的影响。截至 2022 年,学院已获评全国模范教师 1 人、浙江省优秀教师 3 人,还有省三育人先进个人、师德先进个人、感动杭城十大人物、杭州市劳动模范、三八红旗手、优秀教师等一大批师德高尚的优秀教师。

二是打造创新创业教育全链条,建构实验教学、实习实训、学科竞赛、社会实践和毕业设计(论文)"五位一体"实践教学体系。建设校企综合性、开放共享型实习基地 295 个,获批省级产教融合示范基地、工程项目各 1 项,省虚拟仿真实验教学项目 10 项。2020 年学生获得省级及以上学科竞赛奖项 555 项,其中国际级、国家级奖项 149 项,获第六届省"互联网+"大赛金奖。建设创客空间,开展创客马拉松、创客训练营等活动,拓展大学生创业孵化基地;CC梦工场众创空间被认定为省级众创空间。

也正因如此,学校在全省本科高校校(院)长教学述职评价中才有上佳表现,评价结果明显优于其他独立学院,并且在浙江教发指数中成为排名进步最快的高校。学校教师教学发展水平的持续提升具体可以从以下几方面得以印证。

一是学校社会影响力和媒体关注度持续提升。2020 年以来国家级媒体报道超过 120 篇,在更关注社会影响力的"校友会排行榜"中,学校排名比前一年度提升 124 位次。育人成果经验被人民网、"学习强国"等多家主流媒体广泛报道,为新时代高校推进育人工作提供了有益借鉴。

二是教学改革成果突出。学校推进建设浙江省"三全育人"综合改革重点支持高校、省"高校思想政治理论课名师工作室"、省"思想政治理论课社会实践育人示范载体"。新增教育部产学合作协同育人项目 25 项,立项数位居入围高校前 10%。在建省级及以上一流课程 71 项。

三是招生就业量质齐升。2018 年,学校省内外生源质量实现了质的飞跃,省内招生平均分超一段线,普通类第一段平行投档人数和录取率分列省内高校第 13 位和第 15 位;省外招生一批线及以上考生超 63%。到 2020 年,生源一段(批)率更是达到 75%(较上年上升近 14%);学校 2018 届毕业生初次就业率达 97.58%,海内外深造率为 14.18%,名企录取率为 5.14%,自主创业率为 0.79%。2020 届毕业生初次就业率为 90.43%,自主创业率为 0.88%,海内外深造率为 20%,创历史新高。

四是毕业生质量获社会好评。据省教育评估研究院相关调查,学校 2017 届毕业生毕业一年后职业发展和人才培养质量、用人单位满意度均位居全省本科院校前 1/3,到 2019 年进一步提高到前 1/4。

7.4 台湾地区"奖励大学教学卓越计划" 支持教师教学发展的启示

我国高等教育快速发展,已顺利实现了从精英教育到大众化教育再到普及化教育的转变,但在发展普及化高等教育的过程中,面临着适应时代要求和经济社会发展需要、提高人才培养能力的现实问题。我国台湾地区自 2005 年度开始推行"奖励大学教学卓越计划",希望通过系统性的组织支持保障和引领,引导高校强化师资队伍建设,分类竞争、特色发展,逐步建立高标准的教学绩效指标及典范,引领各高校努力朝向教学卓越发展,在整体上提升大学的教学品质,有效提升高等教育质量,这在研究组织支持维度推动高校教师教学发展的作用机制方面,给了我们一定的启示。

我国台湾地区"奖励大学教学卓越计划"体现出很强的组织支持特性,其主要解决的就是高等教育"量"与"质"不同步问题,以及高等教育毕业生的"高成低就"

与"学用不符"等问题,这与我们提出推进立德树人背景下的高等教育现代化、加强数字时代背景下的应用型创新人才培养的现实需求非常相近。该计划分三期实施,第一期是制度建设阶段,第二期是成果检验阶段,第三期是特色展现阶段。目前,三个阶段的建设都已经完成。

我国台湾地区在"奖励大学教学卓越计划"实施过程中,通过竞争性的奖励机制,不断加大投入,强化组织支持,每年资助台湾地区 20%—30% 的大学深化教学,以促进大学教学品质的提升,培养台湾地区教学卓越的典范;2005 年投入 10 亿台币启动了该项目,当年就有 13 所大学获得经费资助;2006 年起每年增加投入至 50 亿元台币,越来越多的大学加入这一计划;随着这一计划的持续推进,占台湾地区大学总数90%的大学都成立了旨在提升教学品质的机构,专门负责实施教学卓越计划,并制定了教师评鉴办法,建立了课程评估及跟踪反馈机制。结果显示,随着教学卓越计划的推进,台湾地区高校的不佳课程和不佳教师都得到了很好的改善,建立了通识教育课程资源平台,实现了教育资源共享,使台湾地区不同院校的教学差距逐渐缩小,其整体教学水平上升到了一个新的层面(王小丁,钟艳君,2012)。

从具体建设成效的角度看,台湾地区"奖励大学教学卓越计划"取得了三个方面的显著成效:一是深化了教学核心指标,确保了大学教学品质;二是协助教师教学专业成长,提升了教师教学意愿;三是强调资源共享,促进了共同发展(谢冉,2014)。以台湾铭传大学为例,其教育的宗旨是"人之儿女,己之儿女",提倡以人才培养为核心,强调开展优质的教学。作为亚洲第一所"美国中部各州校院高等教育评审会(MSCHE)"[①]认证大学,台湾铭传大学的课程教学水平被美国大学所认可,学分可以互认。台湾铭传大学在全台 176 所大专院校的高教评鉴中位列第五名,其在课程教学上的积累非常深厚,通过设置卓越化、专业化与国际化的教育目标,依托教学卓越计划的建设,教学工作取得了长足的进步。其副校长王金龙教授认为:"教学卓越计划,是台湾地区近年来在高等教育上最具有成效的改革政策。这一计划的推行带来的效果是大学强者愈强,并且使'成果导向、学用合一'的教育策略得以推广,确保学生能学有所获。"

7.4.1 强力推动教学理念革新

推动大学教学理念的革新,有助于高校贯彻落实立德树人根本任务。教学理

---

①MSCHE 是美国大学机构认证中 6 个区域性认可团体中最大的一个认证组织,会员包括全球知名的哥伦比亚大学、纽约大学、马里兰大学、宾州大学、康奈尔大学等 520 所院校。

念的革新,首先,必须改变传统以"教"为中心的观念,而代之以"学"为中心。根据学者的研究,教育学范畴的逻辑起点已逐步落在了"学习"这样一个适度抽象的范畴上(瞿葆奎,郑金洲,1998)。马克思和恩格斯都认为,逻辑起点是最简单的范畴,也是最有效的思考指引。根据"学习起点论"的要求,教师要对课堂进行"翻转",以学生作为课堂教学的主体,将教师角色转变为学业指导者,进行共同学习。

其次,教师对教学法的研究与应用要不遗余力,无论是问题导向教学法、个案教学法还是脑力激荡教学法都是学问,需要更加深入的研究才能娴熟地运用。例如问题导向教学法,我们在以往的教学过程中也有应用,但经常是自问自答,毛病就出在对问题导向教学法的认识不到位。所谓问题,必须是一个能引起讨论的模糊问题,学生是问题的持有者,教师扮演的是认知的教练,或是认知的促进者角色,并且要搭配小组合作学习等方式以及多元评价的机制。教学法应用绝非易事,需要教师结合自身讲授的课程不断摸索与实践,找到最合理的解决方案。

再次,高科技辅助教学的意识也要加强,无论是对数字教学平台,还是对数字化课程设计都要加强应用,数字时代的信息传递方式改变已经是不争的事实,技术更迭更是不可逆转的趋势,学生获取知识更加容易,途径也更加多元,我们不能只责怪学生上课玩手机,却不去找解决的方法,因为我们已经不能阻止和逆转学生使用手机、电脑网络获取信息的趋势,我们只能够顺势而为,把我们的教学内容更好地与高新科技相结合,使学生手中的"玩具"变为"工具"。

最后,对课程评价也要创新。课程评价首先要基于课程设计,每一门课程都要明确学习的目的、教学的主要内容、培养的核心能力以及应用的教学方法,以这些内容作为课程评价的基础,通过评价学习目的的达成率、教学内容的传授率、核心能力的支撑度以及教学方法的应用度来对课程进行综合评价。同时还应该评价课程设计对专业知识能力、关联课程以及职业生涯(就业)的贡献度,真正形成专业核心课程群的概念。

7.4.2   顶层设计学程架构与课程规划

台湾铭传大学针对学程架构与课程规划的研究和实践,充分反映出了高等教育发展的趋势和课程体系设计改革的趋势,也反映出开展具有针对性的对比研究,对高校教师教学发展具有重要的指导意义。

首先,我们需要明确的是高等教育发展的趋势,20 年前注重资源投入,包括教师的数量、结构、校舍建筑、图书的数量、实验仪器设备的情况等;10 年前注重机制,包括教师考核评价、学生发展指导机制、课程大纲设计等高校教学质量评估的要求;而到今天则要更关注成果,包括课程的教学成果、学生核心能力、核心素养的达成情况、产学研合作和科研成果转化的情况等。这一趋势给我们的启示就是必须高度关注学生的学习成果,也就是要以学习成果为导向来进行课程规划。按照这一要求,课程体系设计改革的一种结论如图 7.6 所示。

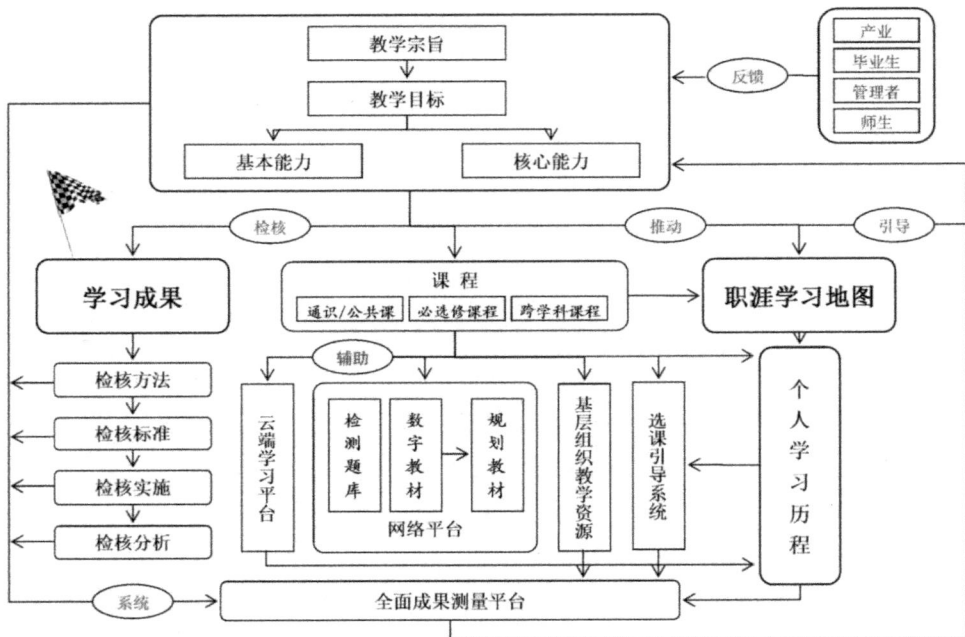

图 7.6 台湾铭传大学成果导向课程规划方法示意

图 7.6 说明,首先要通过一定的机制,综合产业、毕业校友、高校管理者和在校师生等多方面反馈意见,得出相对科学合理的专业人才能力培养成果指标,并用能力指标指导三个方面的课程规划工作:一是设计学生学习成果检验的方法和标准,并构建学习成果检验的工作机制;二是设计专业相关课程体系,包括通识课程、必修课程和选修课程等,并配合课程设计相关的数字教学资源,如题库、数字教材等;三是设计就业导向的职业学习地图,实现对学生的学业引导。

7.4.3 创新应用课程设计方法

大学的课程总量是比较大的。一方面是教育计划中规定的各种课程,比如公共必修课、公共选修课、专业平台课、专业基础课、专业必修课、专业选修课等。同时，基于传统的人才培养理念和模式，还有大量的辅导课，比如各种提高班、特色班等，以及其他课程，如竞赛等"辅导课"。与 20 世纪 80 年代的大学课程相比，当今的大学课程几近翻番。因此，课程设计的研究是教师教学发展过程中最重要、最发人深省的一部分。台湾"奖励大学教学卓越计划"中涉及的课程设计具体包括学习行为、学习目标规划、教学策略、学习成果评价和课程诊断等内容。

（1）设计课程地图

课程地图是以课程规划指引学生未来的发展方向，让学生了解所学专业、所在系所、课程规划与未来职业生涯选择的内在关联性，以便学生进行自我生涯规划，进而改善学生的学习成就、提升学习兴趣，只要把这张课程地图勾画清晰了，主要的课程体系设计方案也就完成了。

台湾铭传大学的课程地图如图 7.7 所示。

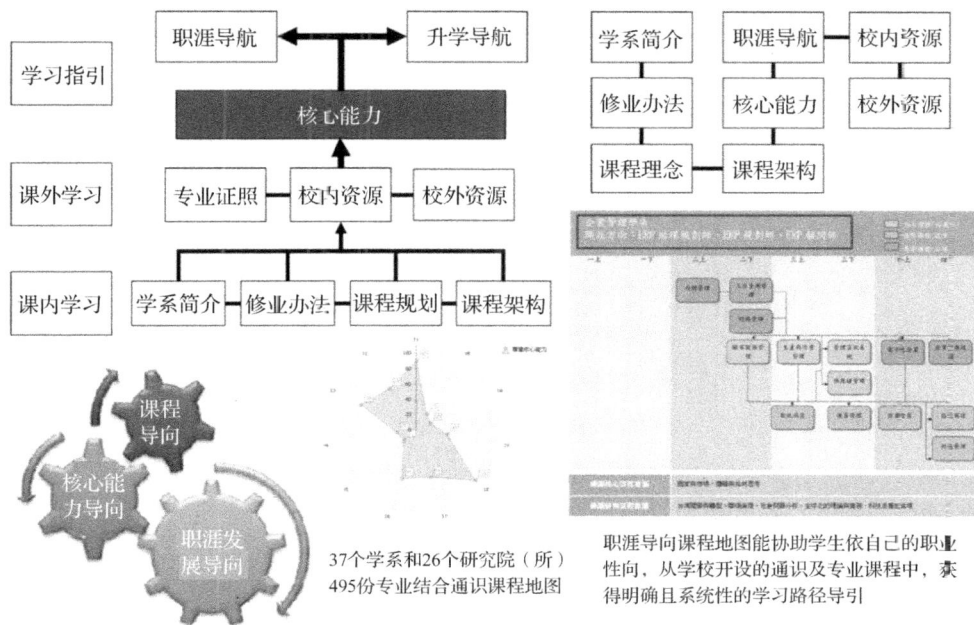

图 7.7　台湾铭传大学课程地图设计方法示意

课程地图是课程规划进一步聚焦的实践操作，参照台湾铭传大学的课程地图，浙大城市学院在课程设计改革实践中，设计了各类专业的课程计划图解。以人工智能专业为例，课程计划图解如图 7.8 所示。

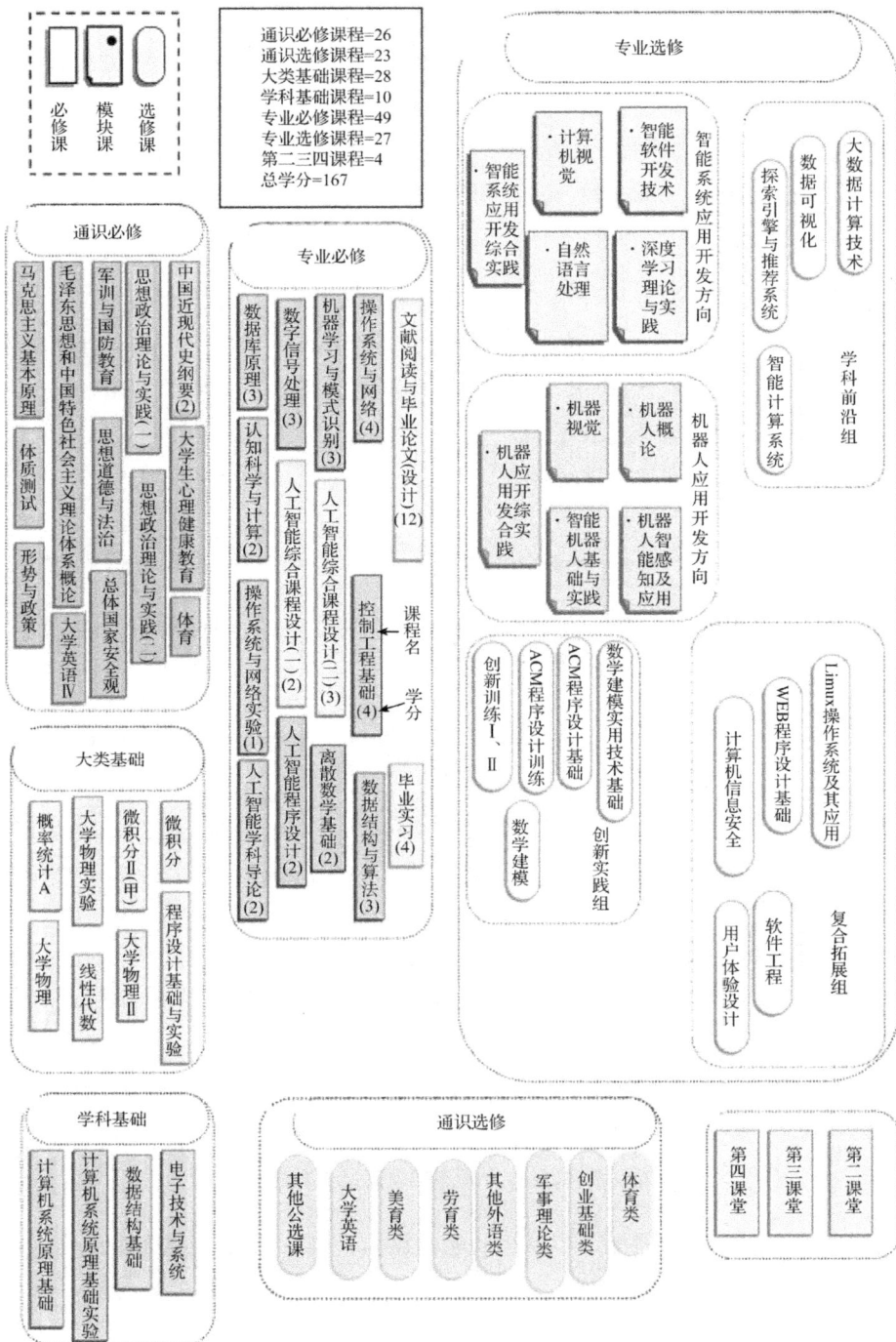

图 7.8　浙大城市学院人工智能专业课程计划

在清晰完善的专业课程计划解析指导下,再进一步叠加以核心能力为基础的职业导航和升学导航等功能和教学资源,就可以完成一份完整的课程地图。而如何培养和提高学生的知识应用能力?优秀的教学设计方案已有长足发展,但因为操作性等方面的问题导致推广还不够畅通,如何推广更容易操作的课程设计使优质的教学惠及更多的师生。基于上述分析,我们通过研究,提出了一些简便易行的课程设计操作策略,如图7.9所示。

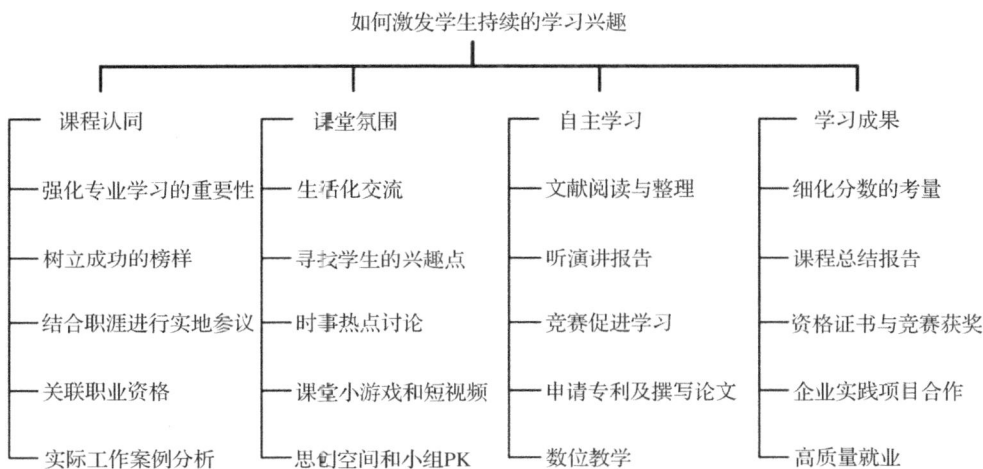

图 7.9 激发学生持续学习兴趣的课程设计操作策略示意

由于图7.9所示内容比较清晰易懂,此处不再过多解释。

(2)描述学习成果

学习成果是指学习者完成指定学习内容后,所应具有的知识、技能或态度等。课程学习成果描述对教学的具体过程具有重要的指导意义,我们在研究过程中,设计了一种课程学习成果的描述方法,其核心是采用结构化的分析方法而获得的一种层次递进式的描述分析框架。

首先是学习成果的概念设计部分,课程学习以知识获取与应用能力的提升为核心,具体包括哪些知识和相关的应用技能和能力;其次是学习成果的总体设计部分,包括哪些知识是需要记忆的,哪些知识是需要整理建构的,哪些知识是需要继承创新的,哪些知识是与应用密切相关、要在应用中发挥价值的;最后是学习成果的细节设计部分,可提供的概念是清晰的记忆内容是什么,需要整理建构的知识如何做到逻辑严密,继承创新有哪些突出的重点,知识应用的具体目标是什么。按此方法逐层展开进行设计,再与学习成果的评量设计相结合,就可以较为清晰地描述课程的学习成果(见图 7.10)。

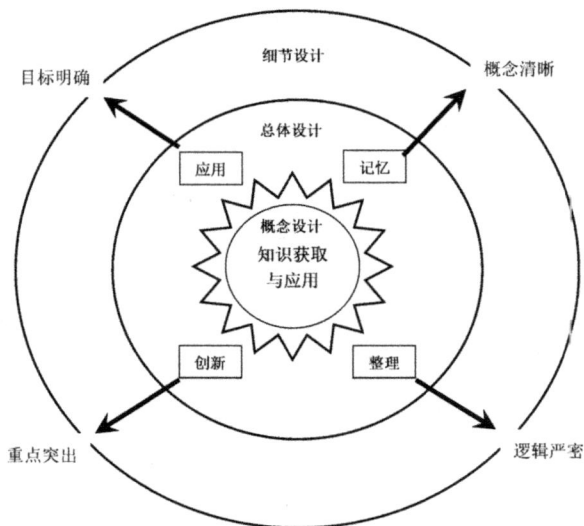

图 7.10　课程学习成果描述方法示意

(3)规划教学策略

教学策略的规划从课前预备开始,涵盖教学进行的全过程,并一直延续到教学结束。课前预备期主要围绕课程目标、课程形式、课程内容、评量工具等内容进行规划,并再次确认核心能力、课程设计和评量指标之间的关联性;课程进行中主要围绕教学工具、教学法、期中问卷、成果展示、期末问卷等内容进行规划;课程结束后主要围绕分析评量数据、教学成效反思、课程改进及进一步规划未来教学策略等内容进行。

在研究过程中,我们设计了一种关于教学法和学习成果验收的教学策略规划方法(见图 7.11),采用教师、学生、理论、实践四个向量组成坐标系,将课程教学有关的策略选择划分成四个区间:知识主要依靠教师传授理论,以课堂讲授配合随堂测验为主进行;素质培养主要依靠学生系统整理理论知识,以问题导向式教学法等配合学生口头或书面报告为主进行;创新意识主要依靠教师指导实践,以个案教学、脑力激荡教学法等配合课堂讨论为主进行;应用能力主要依靠学生动手实践,以情景教学等教学法配合形成性评价或总结报告为主进行。

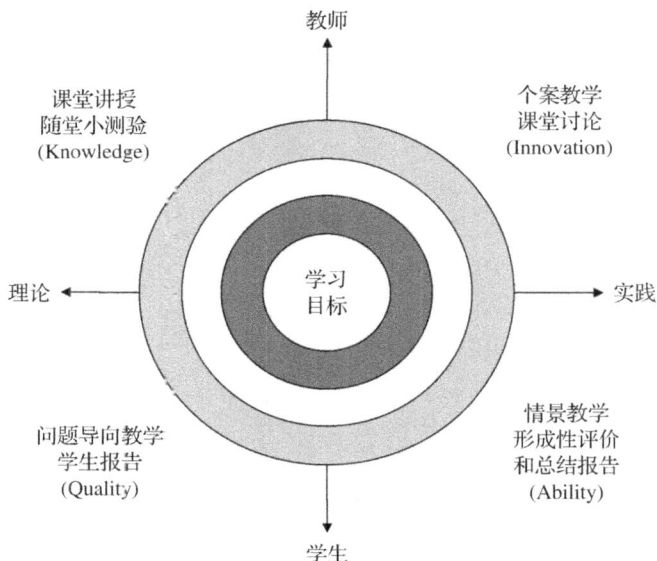

图 7.11　教学策略规划方法示意

（4）学习成果评量

学习成果是学习者所达成的成就表现，而且在结束学习后，可以明确地检验出来。学习成果需要遵循 SMART 原则：Specific（明确）、Measurable（可评量）、Attainable-Oriented（可达成导向）、Results-Oriented（结果导向）、Time Bound（具有期限）。评量是以系统的组织方式，收集、审查和利用有关教育内容的信息，以改善学生的学习和发展成就，包括评量方法、评量标准（测试蓝图和评量尺规）、评量进行、评量分析和评量结果发布等具体环节。因此，学习成果评量实际上是一个资料收集的过程，用来显示高校所提供的教学活动对学生是否产生预期的影响。

高校的学习成果评量一般分为三个阶段进行。

第一，定义阶段：定义学生在一个学习历程中需达到的最重要成果；

第二，评量阶段：评估学生实际完成设计目标的程度；

第三，改善阶段：运用评估结果去改善学生学习的历程。

具体如图 7.12 所示。

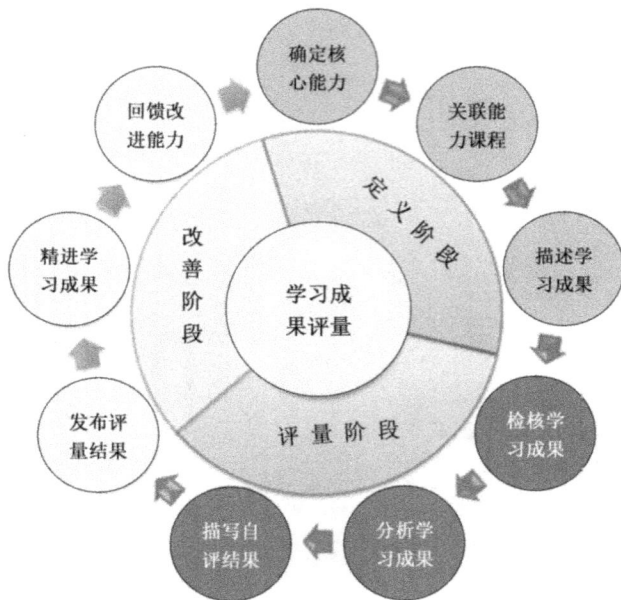

图 7.12　高校学生学习成果评量的阶段及核心要素

学习成果评量的方法分直接评量和间接评量两种。直接评量，一般针对学生知识、技能态度和实际行为表现，设计测验、心理量表或问卷等工具直接评量学生，测出学生学识程度和心理状况，常用的方法有考试、专题报告审查、口试或面试、专业或临床操作表现、第三方组织的职业资格考试、实习单位主管评价等；间接评量总体上还是欠缺有效工具，在校期间可以从学生行为（积极投入学习活动情况），或在校学习态度和行为表现（课堂签到和不迟到早退、作业的准时提交情况和作业质量）等方面，毕业后可以采用毕业生就业追踪调查、雇主对毕业生的满意度调查、毕业生的成长自评、学习经验问卷调查等方法，来间接评估学生的学习成果，以持续改善教学和学习。

通过多元评量的方法来衡量学生学习成果，对学生而言，能够清晰科学地评量其学习成果，能够形成贯穿全过程的一致性学习成果目标；对教师而言，可以明确教学成果的达成情况，以及需要进一步改进的核心环节；对高校管理者而言，有助于展示学校的人才培养目标承诺，可以持续性地改进学校所提供的教学工作。

7.5　组织支持下的高校教师教学发展形成机制分析

以美国为代表的高等教育强国,进入高等教育普及化之后,一度由于缺乏对高校最基本的教学质量的关注,造成了高校有"重研究、轻教学"的倾向,带来了社会对其高等教育发展质量的担忧。经过反思与改革,通过重视组织支持促进高校教师教学发展,以妥善应对社会发展带来的机遇与挑战的做法受到公认。

普及化不代表低质量,更不能落后于时代。分析上述问题产生的原因,主要体现在教学资源的投入保障不足、对学生核心素养培养的关注不够、教师教学和应用能力不足、知识结构更新落后等方面,并在组织支持层面集中反映出高校教师教学发展的三个方面的突出矛盾,具体为:

一是教师价值回报期望提高与资源投入不充分的矛盾。进入普及化高等教育阶段,我国高等教育体系和基础设施项目陆续建成完善,新的资源投入项目开始减少,人口红利的强劲动能不再,而教师对更大力度的资源投入保障,扩大教师队伍总量、完善教学基础设施建设、强化教师培训指导和基层教学组织建设、提高教师待遇等方面的保障需求却日益提高。在要素配置制约和资金保障压力下,如果不能有针对性地采取组织支持策略,教师教学价值的回报感将可能下降。

二是教师职业发展需求迫切与制度保障不健全的矛盾。无论在什么阶段、什么规模,高等教育要发挥其功能,都要依靠相应的制度。在推进高等教育过程中,教师教学发展受现行上位政策、评价体系等方面的约束限制,教学关注度偏低,终身学习的理念淡薄,发展的内生激励不强。比如,教师专业技术职务评聘中,量化的业绩指标考核仍是当前的主要手段,教师安心教学、关爱学生的人才培养工作难以有效体现,亟待通过落地制度创新,强化教师教学发展的内生激励。

三是教师角色要求加速更新与体制机制不完善的矛盾。当前,人才培养的新技术、新形态要素不断涌现,以教学法、信息技术和高科技设备辅助、真实情景教学和核心素养培养等为代表。数字时代对教师角色加速更新的要求在高校传统的管理制度层面尚无清晰的顶层设计方案和相关配套制度安排,与之相对应的教师教学发展组织和制度建设也不健全。

为什么会产生这些问题,并且越来越多的高校教师也对自己的职业表现出不满意呢?我们思考,其核心原因在于,随着工业时代发展进入成熟阶段的高等教育,制度、标准、规范的力量过于膨胀,变得过于具象,教学工作绩效考核过于"刚性"和功利化,教师教学发展机械化、高校发展同质化的问题日益显现,导致创新人才培养质量的弱化。将工业化的管理模式强加于高校教师,实际上是对高校教师积极性和创造性的一种遏制。

浙江 A 高校领先发展、浙大城市学院转型提升和我国台湾地区"奖励大学教学卓越计划",三个案例所体现出的组织支持举措及其建设成效,为我们推进立德树人背景下的高校教师教学发展提供了可参考借鉴的经验和启示,其核心要义是:改进高校人才培养工作的落脚点还是应以教师教学为主,通过加大资源投入,实现引培并举,夯实基层教学组织作用,加强信息技术创新应用,瞄准教师的教学理念、教学法、学习成果评价和高科技辅助教学四个方面发挥组织支持作用优势。这四个方面关注了高校教师教学的学术和应用研究,反映了大学的文化和定位差异,形成了一套逻辑严密的研究视角,被定义为"卓越教学视角"。通过理论与实证研究,以卓越教学视角指导课程改革,开展涵盖教学理念变革、教学法设计、高科技辅助教学方案以及学业评价体系的全面教学模式设计,对促进教师的教学发展具有明显的作用和现实意义。

从我国高等教育强国战略的发展思路看,国家教育管理的宏观层面对应用型人才培养模式提出了基于理念变革的教学内容、方法的改进和课程设计、评价的创新要求,也提出了对国际先进课程资源及其他高科技辅助教学手段的引入要求。从我国台湾地区教学卓越计划的比较研究看,其取得的成绩恰恰具体体现在强化了教学理念、教学法、教学评估设计和高科技辅助教学四个方面。所以,以卓越教学为视角的大学教学主要关注教学理念、教学法、教学评价设计和高科技辅助教学四个方面的提升,致力于加强和改进高校人才培养,实现人才培养模式的全方位改革和创新。

基于卓越教学视角促进高校教师教学发展的四个方面策略落脚点本身没有轻重和主次之分,都是改进大学教学工作需要予以关注的重大问题。但如果深入剖析,不难看出这四者之间存在高度融合、紧密衔接的内在联系,形成了一整套严密的逻辑研究方法,具体基于以下分析思考。

(1)关注教学的内在与外在,指导研究的系统化和模式化

卓越教学视角关注的四个方面问题反映了对教学从学术研究到应用研究的不同侧重,教学理念高度关注学术研究,而高科技辅助教学则高度关注应用研究,教学法和教学评估设计则兼而有之。追求卓越的教学,不论是学术层面的研究还是应用层面的研究都必须改进和完善。真正卓越的教学一定是教学理念先进、教学方法得当、教学评价科学、高科技深入应用的教学。研究高校人才培养模式,切忌

忽略学术研究而单纯地强调应用研究,有了卓越教学视角的方法指导,研究工作更为全面深入,易于系统化和模式化。

(2)反映大学的定位与文化,指导研究的方向性和差异化

一方面,大学的人才培养定位差异会影响卓越教学视角的问题关注偏好,研究型的大学更偏好于教学的学术研究,即更关注教学理念和教学法,而应用型的大学则更偏好于教学的应用研究,即更关注教学评估设计、教学法和高科技辅助教学;另一方面,大学的文化差异也直接导致对教学改进需求的不同侧重,偏重于以学生为中心、强调学生个体教育的大学文化倾向于对教学理念与教学方法投入更多的关注,而偏重于以教师为中心的、强调课堂集体教育的大学文化则更看重对教学评估设计和高科技辅助教学的改进。这种大学文化上的差异,也恰恰反映出目前东西方文化背景下的大学差异。

卓越教学视角关注了教学工作的方方面面,同时对不同的大学定位和大学文化均能够如实反映。由此可见,卓越教学视角对研究和改进大学的教师教学发展、提高人才培养质量,具有明确可行的指导意义。具体来看,浙江 A 高校领先发展和浙大城市学院的转型提升,两个典型案例所体现出的组织支持举措,以及促进教师角色认同、职业适应和价值回报的建设成效,显示出其中所蕴含的影响因素间的动态匹配、协同发展特性和深度的内在联系(见图 7.13),为我们推进新发展阶段立德树人背景下的高校教师教学发展提供了可参考借鉴的经验和启示,对促进卓越教学视角下的高校教师教学发展具有一定作用和现实意义。

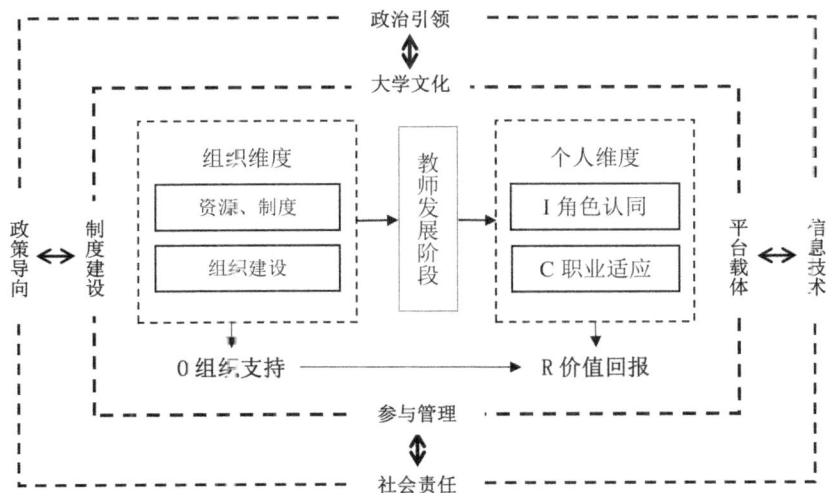

图 7.13 高交教师教学发展组织支持作用形成机制分析框架

图 7.13 描述的核心要义是：高校教师教学发展各影响因素之间存在深度的内在联系，也存在与内外环境的动态匹配协同。更好推动高校教师教学发展的关键机制在于外部环境（政治引领、政策导向、信息技术、社会责任等）与内部环境（大学文化、制度建设、平台载体、参与管理等）之间交互影响，形成对组织的资源、制度、组织建设等方面的动态匹配引导，由此确立组织支持成为推动高校教师教学发展的关键性影响因素。一方面通过资源投入直接影响教师的价值回报感，另一方面通过夯实基层教学组织作用，加强信息技术创新应用对相关教师发展的指导，瞄准不同教师发展阶段发挥组织支持作用优势，促进教师形成角色认同感和职业适应性。

7.6　本章小结

教学的本质是什么？教师的职责又是什么？经过前述相关分析，我们也充分认识到这些都是非常复杂的问题。教学是高校人才培养的核心环节，但把教学等同于知识传授、把学习等同于获得知识，这种根深蒂固的观念导致很多高校的教师和管理者认为，教师最基本的职责就是上课，学生学习最重要的方式就是听课和考试。我们认为在数字时代，这样的观念存在认识上的误区。

为此，我们需要借鉴有关的先进经验来准确把握高等教育发展的趋势。浙大城市学院在推进教师教学发展过程中，牢牢把握高等教育改革发展的趋势要求，强化坚持以本为本，高度重视本科教育工作，认真学习、深入领会、坚决贯彻习近平总书记关于教育的重要论述，提高政治站位，系统部署和落实党中央、国务院、教育部、省市教育部门关于加强全日制本科教育的重要政策措施，牢固确立把本科教育放在学校基础性、根本性、战略性地位的政治意识，达成了"本科至上"的全校共识，紧紧抓住提高人才培养能力这个核心点，构建了党委领导、校长主抓、全校联动的工作体系。加强"强身健心""一生一艺"等体育、美育、劳动教育，实施"博雅教育""十百千万""金课建设""学业发展""健身健心"等五大计划，着力构建具有浙大城市学院特色的"五育"并举教育体系。成立学校课程思政工作领导小组，建立课程育人与专业育人的映射和支撑关系；以二三四课堂的社会实践为支点，涵育学生品行素质，形成全员全过程全方位的育人格局。我国台湾地区"奖励大学教学卓越计划"的支持实施过程中，也严格遵循着这样一种趋势。

以追求卓越教学的经验分析，结合浙大城市学院 20 年转型提升发展的实践探索,高校及教育主管部门通过加大资源投入强化组织支持,并将资源保障、制度保障、队伍建设、组织建设等物化的表象,逐渐转变为推动教师教学理念更新、强化学程架构与课程规划的顶层设计、扩大课程设计方法更深度和广度的创新应用等具体作用机制和方式,形成有效的组织支持策略,有助于推动实现教师对教学角色的更高标准认同和更强烈的价值回报感,推进高校教师教学发展、追求教学卓越以提升大学的人才培养质量。

8 高校教师教学发展两元多维协同推进策略

高校教师教学发展的推进策略,总体上要以学校治理体系和治理能力现代化为基础,坚持以人才培养为中心的发展思想,突出数字时代的支撑度、服务师生的获得感和学校发展的竞争力三大工作落脚点,构建数字赋能、技术应用、教学发展、人才培养相融合的创新治理理念和模式。

根据高校教师教学发展 ICR-O 分析框架的理论指导,明确推进高校教师教学发展可以强化教师与环境(包括教学环境和社会环境)动态匹配的角色认知为切入点,聚焦促进教学角色认同、职业能力建设、价值回报激励三个维度,通过整合相关的教师教学发展影响因素,完善相关的体制机制和制度建设,加大教学资源投入和保障,强化组织支持,形成推进教师教学发展的有效策略。

8.1 强化组织支持的高校教师教学发展策略

高校教师教学发展体系构建要强调政治意识的引领,加快实现从管理向治理的转变,通过组织支持正向强化高校教师的角色认同、职业适应和价值回报,进而促进教师教学发展。高等教育需要创新治理模式,更好地发挥教学发展组织和其他基层教学组织的作用,大力推动治理体系和治理能力现代化。

卓越教学视角下的高校人才培养强调要协调解决"量"与"质"的问题,其中"质"是要改善学生的基本能力和专业能力,使之达到高等教育应有的学业水平,具备社会及产业所需的应用能力。因而,能力成就的高低就成为衡量一所大学人才培养水平高低的重要关键性指标。下面以强化人才培养的卓越教学视角为指导,探讨强化组织支持下的高校教师教学发展策略。

8.1.1 以政治意识为引领,促进教师内生发展

古语有云,"政者,正也"①,所谓"以正治国"②,就是强调政治意识,"治理好众人之事"③。高校教师教学发展要按照政治视角所要求的"构建秩序、公平分配、创造价值、追求理想"四项基本功能,对内要形成公平、和谐、价值引领的创新策略,强化组织建设、制度建设、文化氛围与教师教学发展相协同的高校现代化治理能力;对外要强调开放、融合和跨界发展的创新理念,构建产业支撑、人才培养、高校发展相融合的高校现代化治理体系。适应数字时代新发展阶段的高校教师教学发展要根据我国实际情况科学谋划,不仅要关注前沿的科学技术,更需要文明素质、思想智慧、社会责任的整体提高。中国传统的以人为本文化也强调向内关注自己的内心,人只有发自内心的认知,才能指导自己的行为。通过"破五唯",推动采用更灵活且富有弹性的系统性的治理方法,构建更加多元化的教师评价体系和更具先进性的制度文化环境,培养具有高度的政治站位、始终专注于国家战略和组织发展需要的教师;具有高度的感情承诺、愿意接受灵活而又具有挑战性的任务的教师;具有高度精神品德、能够在深入领会组织的发展目标与愿景的基础上更好地为组织利益而工作的教师;具有高度的理想信念,能够与组织的价值追求相协调而形成内生发展意愿的教师,形成强调内在激励性的高承诺高校教师教学发展最佳实践模式,将更好地实现以高校教师教学发展驱动高等教育发展,有助于把立德树人根本任务统一于建设有中国特色的社会主义事业的伟大实践中。例如在大学教学组织中创新形成高承诺基础上的"刚性"与"柔性"相结合的教学工作考核评价模式,能够使教师更加认同大学教学组织的发展目标,配合促进高校教师教学发展的制度实施和个人实践,从而使组织发展的目标要求和经济社会发展的战略要求相一致、相协同,带来国家、社会、组织和个人发展的多赢。

8.1.2 以资源保障为核心,支撑教师稳定发展

对浙江地方本科高校的数据分析显示,浙江地方本科高校教师教学发展的生态不尽理想,从发展态势上看,省重点建设高校与非重点高校间差距明显,"公强民弱"现象显著,高校明显向经济发展优势地区集聚。各高校之间的教师教学发展水

---

① 《论语·颜渊》中,鲁国大夫季康子向孔子问政,孔子回答:"政者,正也。子帅以正,孰敢不正?"
② 《道德经》第五十七章:"以正治国,以奇用兵。"
③ 孙中山先生说:"政就是众人之事,治就是治理,管理众人之事,就是政治。"

平差异较大,重点院校因为大量的国家资源投入和政策支持而对其他高校形成了较显著的竞争优势,这种态势一方面反映出高校教师教学发展水平的现实问题,另一方面反映出高校教师教学发展对资源保障的依赖。可见,资源投入和保障能力是推动高校教师教学发展的关键。

瞄准高水平的人才培养,需要先进的实验仪器设备、高水平的师资队伍、完备的校园基础设施,需要大量的不计回报的前期投入,资源保障必不可少。除了资源投入保障之外,要解决这些问题,还要营造良好的政策环境和文化生态,开展科学化、有适应性的高校教师教学发展水平评估和质量管理,建立完善高校教师教学的组织支持体系,开展多层次引导扶持与交流学习等组织支持活动。公益性是办好教育的前提,支持的决心要更强一些,投入的力度要更大一些,发展的体制机制要更完善一些,才能够真正提高高校教师教学发展水平。

8.1.3 以耗散结构为依托,引导教师开放发展

数字时代的高等教育需要创新诸多制度以保证教育功能的实现,制度的多样性、灵活性和社会性更加鲜明,推动学校和教师与社会各部门联系更加紧密,形成良性互动、合作办学的机制,并推进人才培养向全面而自由的发展目标迈进,成为经济社会发展不可或缺的创新策源地。"管理"和"治理"之间不仅仅是理念上的区别,而且存在理论与实践上的差异,在兼具管理功能和公共服务功能的大学里体现得尤为明显。随着大学组织的公共服务功能不断深化和完善,其管理系统的弱化成为必然,降低了行政约束力的"管理"必将转向寻求行为引导、价值树立和精神建构层面多元统一的"治理"。除了高校本身面临的客观形势和发展要求外,缺乏有效的制度、文化等各层面的激励手段是高校在构建适应未来经济社会发展需要的组织治理体系过程中所面临的又一难题,以规范管理为基础构建治理体系是高校组织发展的核心。

高校教师教学发展与大学组织发展之间不只是"器"和"道"的关系,其中蕴藏着有利于管理耗散的大学管理文化。在促进形成管理耗散结构的策略创新思路上,就是要形成以充分体现知识、技术等创新要素价值收益分配为重点领域和关键环节,带动组织在资源配置方面的全面深化改革,健全市场化、制度化和标准化的资源配置规则,形成系统集成、协同高效的管理制度体系,全面构建资源配置支撑下的高校教师教学发展制度体系,进而形成服务人才培养、科技创新等高质量发展目标的体制机制。

　　通常意义上组织内部的制度和政策都具有明显的熵增作用,随着时间推移将不再适合组织发展,且制约其他因素的积极作用。原因在于,组织和个人两个方面所关注的内容不尽相同,组织层面希望维护基础职能、实现高效运转、促进价值提升,而个人层面则要求满足生存的需要、创建和谐的环境、体现成长的激励。此正是博弈的"必经之点",两者融合的介质和桥梁正是管理策略的创新。作为指导高校教师教学发展策略创新的重要方法论,具有耗散结构的开放系统管理策略可能对组织和个人都会产生非线性的影响,因此,通过区分构建激励和保障策略,基于管理耗散结构形成开放系统,有针对性调节个人的促进焦点和防御焦点,将可形成组织和个人的协同发展。因此,基于耗散结构理论探索高校教师教学发展的内生激励与组织支持驱动的耦合模式,是引导组织与个人协同发展,克服对组织过程不利影响的有益之举。

　　以此为基础,管理耗散结构理论范式指导下对应的策略重点分别是"文化""激励"和"保障",分别对应价值回报、职业适应和角色认同,进而形成创新的高承诺治理模式,能够使教师更加认同大学组织的发展目标,配合促进发展的制度实施和个人实践,从而达到个人职业发展目标与大学组织发展目标、高等教育发展目标和国家社会发展战略要求的多元协同。

8.1.4　以系统规划为导向,助力教师科学发展

　　要充分发挥高校教师教学发展各影响因素的相互作用,我们需要准确把握趋势性概念,并以系统规划为导向,准确地开展组织行动。20年前,高等教育注重投入资源(Input),包括教师的数量、结构、校舍建筑、图书的数量、实验仪器设备的情况等;10年前,高等教育注重机制(Process),包括教师考核评价、学生发展指导机制、课程大纲设计等高校教学质量评估的要求;而到了今天,高等教育则更关注成果(Output),包括课程的教学成果、学生核心能力、核心素养的达成情况、产学研合作和科研成果转化的情况等。这一趋势带给高校教师教学发展的启示就是,要高度关注学生的学习成果,也就是要以学习成果导向来进行系统性的教学规划。

　　课程规划是系统性教学规划的一种核心应用体现,也是确保高校教师教学发展系统规划落地的重要环节。与20世纪80年代相比,当今大学的课程总量是比较大的,除了教学计划规定的各种必修、选修课程,同时,基于传统的人才培养理念和模式,还开设了大量的辅导课,比如各种提高班、特色班等,还有其他如竞赛等"辅导课",课程量几近翻番。因此,课程设计的研究是高校教师教学发展过程中最

重要、最发人深省的一部分。

课程规划覆盖课程进行的全过程,规划设计具体包括学习行为、学习目标规划、教学策略、学习成果评价和课程诊断等内容。课前预备期主要围绕课程目标、课程形式、课程内容、评量工具等内容进行规划,并再次确认核心能力、课程设计和评量指标之间的关联性;课程进行中主要围绕教学工具、教学法、期中问卷、成果展示、期末问卷等内容进行规划;课程结束后主要围绕分析评量数据、教学成效反思、课程改进及进一步规划未来教学策略等内容进行。

8.1.5 卓越教学视角与组织支持策略

高等教育加快推进过程中,涉及的利益相关者众多,数字时代的大数据、人工智能等技术发展深刻影响社会生活的方方面面,高等教育的发展要积极回应和理性面对理念变革和技术发展,向教育善治和更好地促进人的全面发展转变。要通过组织支持提升高校教师教学发展成效,利益相关者中每一方的制度都需要变革。

借助卓越教学视角的分析,诸如评价体系的变革,由纯粹的论文发表导向转向发表与成果转化结合起来;学生课程设计方法的变革,通过教学理念、教学法、教学评估设计和高科技辅助教学四个方面的重构,构建具有各利益相关方直接参与的、促进学生全面能力成就达成的测定评价反馈机制,其协同创新课程设计体系和方法如图8.1所示。从各协同主体的动机来看,获取互补性研究成果、进入新技术领域、开发新产品、接近大学教师、获得更高素质能力的创新型人才、提高自主创新能力等方面是企业参与产学研协同创新的主要动机。而大学和大学教师也能从合作中获得企业对教学发展的支持、推进知识更新、探索新的未知领域以获得更多的创新成果。也就是说,协同创新的展开能够有机地整合高校与企业资源,能够调动高校和企业等利益相关方的参与动机,促进产学研的对接与成果转化应用,在这样的环境中开展的教学和人才培养,才是立足于产业应用和知识前沿的最有价值的、真正意义上的高等教育。因此,鼓励教师实施问题导向式教学方法,更广泛地应用现代教育技术和教学信息化手段,在教学评价方式上更注重与产业实际和工程应用接轨的真实情境下的开放性专业学习任务的创设;大力推动注重解决结构性问题的学科竞赛和实践活动等。要实现这些教师教学发展目标,学校持续加大投入、强化组织支持必不可少。引导教师积极参与行业、企业挂职锻炼等实践和合作交流活动,推动产教融合等,都是有效实现上述教学改革目标的重要手段。

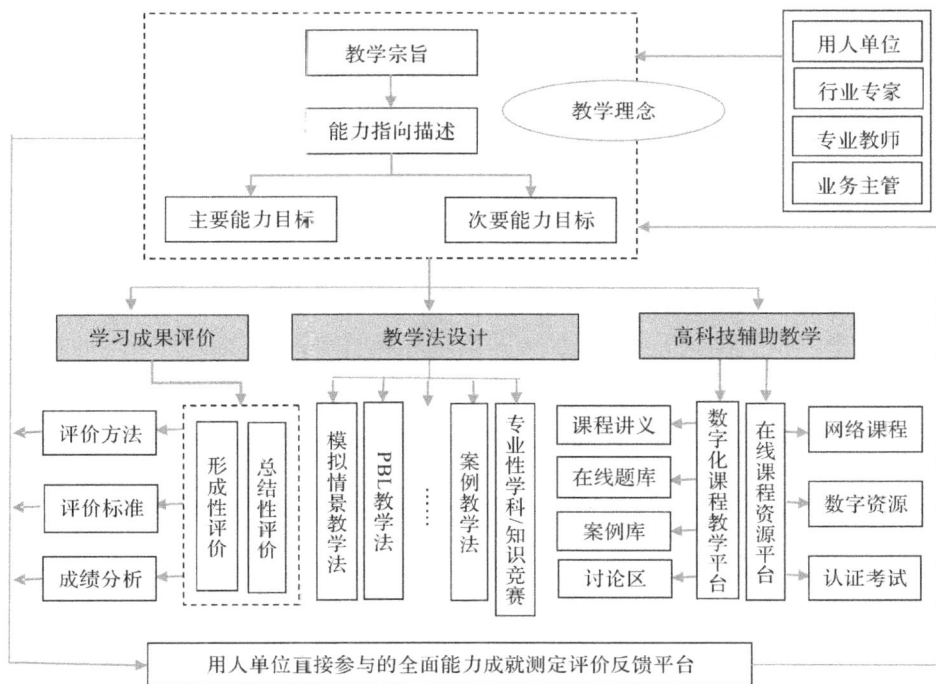

图 8.1　卓越教学视角下组织支持高校教师教学发展的协同体系设计示意

　　需要特别说明的是,卓越教学视角的策略分析中,虽然以"程序设计基础与实验"基础课和"药理学"专业课等浙江省地方高校的具体课程为例,但研究案例中的"程序设计基础与实验"是国家级一流本科课程、"药理学"是省级一流本科课程,且涵盖了公共课和专业课,总体上具有较好的研究意义,因此其中所提出的教学理念、教学法、高科技辅助教学应用和学业评价设计的方式方法对其他专业的人才培养方案和课程改革方案的设计具有一定的借鉴参考意义。

8.2　激发价值回报的高校教师教学发展策略

　　人才培养是高校的根本任务,认真思考面对新发展阶段高校如何扎根中国大地、实现更高质量发展,努力培养服务经济和社会发展,尤其是新兴产业发展所需的创新人才,这是数字时代对高等教育提出的更高要求。立足当下的时代背景和发展格局,跳出狭义地过度关注知识传授的教学认知和行为,推动以更高站位的价值发展、价值责任和价值回报为目标的高校教师教学发展,明确如何更好培养创新人才,是应对新兴产业创新人才培养需求,提升新发展阶段高校教师教学发展水平的重要举措。

8.2.1 以情感信任为中介,鼓励教师参与治理

数字时代的高校发展战略和治理理念都面临新的挑战和要求,创新、发展、关注学生、有长远眼光、善于激发信任是高校的组织领导者与普通管理者的显著区别,系统性、总体性、动态性的决策思维是提升高校领导者影响力的重要途径,而这些也将体现在领导者带领所在的组织和成员可持续地创造价值,包括对政治的使命、发展的效益、社会的价值、文化的传承等多层次的战略考虑。不仅关注自身,还关注利益相关者的权益是否得到兑现,这一观点被称为"责任导向"。从这个角度看,高校领导者的社会责任导向更是一种使命,是当前时代领导力的重要组成部分,是卓越领导力的灵魂。为了利益而管理,组织的发展就会伴随纠结、烦恼、迷茫和抱怨,就会导致教师士气低落。而一旦面临如此窘境,就会导致教师的责任心不强,进而引发管理失控,教学效果自然难以保证,高水平的内外部治理更是无从谈起。经受了利益诱惑和磨难,领导者的责任、组织的使命就强大起来了,组织就能够更加行稳致远。

信任分为认知信任和情感信任两种类型,认知信任建立的基础往往是领导的胜任力和可靠性,领导能力、过往履历、历史绩效等因素都是非常重要的影响因素;情感信任更多的是个体层面对组织领导人情感方面的互动、利他性归因、正面互惠体验、互惠频率频次等因素的考量。目前的研究表明,情感信任相对认知信任而言,在影响上是更深层次的,更有利于形成对员工长期稳定的正面积极影响。

在提高教师参与教学发展水平方面,数字时代信息传递方式的变化应发挥更重要的作用,但这种影响主要还是间接的和工具性的,真正能触及教学"内核"的还是人的主体价值的倾向。事实上,教师也有"社会人"的特质(可能相比较略显隐性),也具有社会关系、情感和心理等方面的需求,如果得到满足、关心、理解和尊重,责任感会被更强烈地激发,将得到更好的自我激励。基于前述分析,当高校的领导者增加在社会责任导向上的投入时,教师的情感信任会提升,会增强认同感,社会责任加深内化,进而在参与行为方面会表现得更加积极。因此,高校领导者的社会责任导向愈突出、教师的情感信任愈强、参与发展的内生动力及其带来的组织凝聚力也愈发的突出。也正因如此,高校领导者在教师教学发展过程中,需要通过强化学校组织的社会责任导向,强调构建授权式、参与式和协商式的现代治理体

系,激发教师的自我控制力和主观能动性。

根据前述分析可知,情感信任作为中介,有助于教师的凝聚,因此,可以从情感信任出发探讨高校教师教学发展的推进策略。根据马斯洛需求层次理论,情感信任经过长期发展,将带来组织成员个体价值的实现和自我的超越,因此基于职业生涯规划理论,推动高校教师围绕终身学习自我超越的终极目标,根据职业生涯不同阶段的特点来对环境匹配值动态调整。通过工作调节焦点理论分析,在具有较强社会责任导向的组织环境中,组织成员在与环境匹配时,阶段性的现状会使个体形成与社会责任、价值理想要求间的差异感,进而采取自我调节过程(可能是促进的或是抑制的)来应对这种差异感。在这一过程中,组织需要采用积极的管理制度和手段,以引导教师形成促进教学的工作焦点,并进一步形成创新性的工作思维,提升高校教师教学发展的价值回报感。

(1)高校各级教学组织的领导者都应当重视社会责任的导向作用

社会责任导向能增强教师的参与意愿、利他倾向,学校可以加强各级教学组织领导者社会责任的培训工作,督促领导者们将社会责任融入日常管理和运行工作中,将履行社会责任与保证教学组织运行结合起来,通过领导者社会责任导向直接影响教师参与度。

(2)制度构建要重视强化社会责任的"柔性"工作评价机制

基于高校发展战略和社会责任所构建的教师工作业绩评价指标,可以是内在的质性的(如品德、质量标准、技能水平、改革创新、数字技术应用等),也可以是外在的量化的(如知识更新频率和创新成果数量、应用范围、覆盖率、贡献度等)。工作绩效考核评价是未来高交教师聘用制改革创新的主要方向,"柔性"工作评价考核有助于推动组织践行社会责任和可持续发展。

8.2.2 以协同创新为抓手,实现产教融合发展

高校教师教学发展应随着技术进步和形势发展不断迭代升级,要摆脱传统学校行政体系以管理为主的机械推进和路径依赖。传统的教师教学发展偏重于工具理性和制度理性,是工业革命以来形成的一种人为的、理性化的运行机制和运行规则,其建立的基础是教学者传播知识、管理者监督教学。高校教学和组织管理的传统模式难以适应大学在数字时代所面临的快速变化的国际形势、社会环境、持续迭代的产业升级、复杂多元的内部治理。

从策略的具体落脚点看,一是要坚持产教融合发展理念,突出产业发展的支撑

度、学生能力的获得感和高校发展的竞争力三大工作落脚点,以教师教学发展带动高等教育发展的转型升级,提升对数字时代新兴产业发展的支撑度;推动高校知识结构和培养体系的更新完善,提高学生能力发展的获得感;引领高校发展方向与治理理念的提升调整,增强经济社会发展的竞争力。二是要以协同创新为抓手,提升专业前沿发展水平。只有立足于产业应用和技术前沿,才能培养出最符合新兴产业发展需求的高素质创新型人才。具体可以从以下几个方面着手。

(1)紧贴"数字"

围绕新兴产业发展建设创新型学科和专业,加强学科交叉和专业复合,打造如数字治理、数字经济、数字制造、智慧健康等学科交叉创新平台和人工智能、数字贸易、数字设计与创新等专业复合创新平台,形成"数字+"交叉学科群和新兴专业群,通过学科和专业建设引领教师教学知识更新。

(2)聚焦"应用"

坚持对接新兴产业、携手创新型企业,全面提高教师指导学生应用创新和技术实践的专业能力,努力使应用型人才培养达到领先水平。进一步加强知识应用,将前沿知识与教学有机融合,紧密对接社会和产业需求,推动产教深度融合和校企协同创新,融入新兴产业发展生态,寻求高校教师教学发展的支撑与创新,通过前沿知识的学习与应用,引领高校教师教学的专业化发展。

(3)突出"创新"

健全完善制度保障体系,深化教师分类评价制度,构建鼓励高校教师教学发展的评价体系。围绕新兴产业技术创新和技术成果产业化需求,探索与头部创新型企业合作开展人才培养,实现高校教师教学发展的关键性提升。通过完善体制机制树立导向,加大支持力度,构建鼓励教师教学更高水平发展的制度环境和文化氛围。

8.2.3 以共同利益为指向,强化教师社会责任

不仅关注自身,还关注利益相关者的权益是否得到兑现,这一观点被称为"责任导向"。在此战略思维指导下,高校在履行社会责任的同时,可以打造正面形象,获得社会的整体认同,提高组织内部的凝聚力、向心力,有助于提高管理效率,降低管理成本。可见,未来高校的发展过程中,将越来越关注战略思维引领下的社会责任,实现从关注自身向更加注重维护利益相关方的利益转变,适应环境变化

的思考方式也从"安索夫矩阵"指导下的策略思维向社会责任导向下的战略思维转变,实现更优的"个人—环境"动态匹配。前述高校教师参与治理、产教融合协同等价值回报的多元化需求,都可以通过教师的社会责任予以表现。社会责任强调关注利益相关者的共同利益,要求教师在教学活动影响覆盖范围内,坚持诚实、正直、公平、公正的价值观,教学的内容、过程和方式务求清晰明确、及时完整,拒绝弄虚作假,在一定合理范围内,教师对教学决策本身或者教学活动在社会环境中所产生的影响负有全部责任,更要求教师及时、自愿地履行在社会体系中所扮演角色的对应义务,给予社会整体回报,主动地去解决那些在其能力范围内的社会问题。

学生课程参与,是指学生围绕课程与教学活动进行的、以学生为主体的参与活动,学生通过心理投入与为之而付出的努力,实现对知识或者技能技术的掌握,进而获得学习与理解上的促进。学生对课程的理解过程中,课程参与是重要条件。一方面,学生本人参与到课堂学习中来,表明实际意义上学生参与到了理解活动中来;另一方面,学生精神层面、心灵情感层面的投入也是极为重要的。高校学生的课程参与有效地促进了学生个人发展,同时还促进了教师授课能力、知识结构的发展与教学改革。在这一过程中,教师实践能力与知识水平的提升,对本科阶段的教学质量是很好的保障。课程参与促进大学生从单纯接受知识向学习实践改变。

"大学之道,在明明德"[①],立德树人背景下大学生的道德意识和道德责任日渐增强,学生把承担的各种道德责任内化到课程参与的行为中。教师的社会责任导向有助于强化学生的社会责任意识,使责任教育内化为学生的品质和能力,有助于更好地推动"课程思政"建设,增强大学文化的凝聚力,提高学生对课程、对学校的认可,正所谓"心之在体,君之位也。九窍之有职,官之分也"。唯有教师和学生都心处其道,九窍才能循理。[②] 同时,根据社会交换理论,信任是教师与学生角色关系的重要基础,教师的社会责任导向越强,信任的中介作用越强,学生对教师的情感信任、对课程参与的心灵情感投入程度越高。因此,教师的社会责任导向对促进学生参与、提高课程教学水平有显著效果。

本书在以上研究结论形成之前,也通过一定范围内的调查研究,并采用量化分

---

① 《大学》的第一句话是:"大学之道,在明明德,在亲民,在止于至善。"第一个"明"意思是发扬光大,第二个"明"形容其后的"德"是光明正大的。每个人都有明德,我们要把它发扬出来。

② 引自《管子·心术上》,指心在人体处于统领的地位;其他感官各有功能,影响我们的种种行为。心的活动合于正道,人的行为就能按常规工作。

析的方法对上述结论予以证明,研究模型如图8.2所示。以学生课程参与为因变量,以教师社会责任导向为自变量,以学生情感信任为中间变量,同时对参与实验者的年级、性别、绩点、来源地区进行控制。

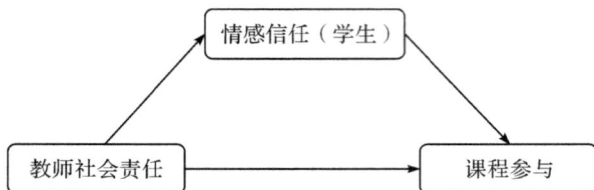

图 8.2　高校教师社会责任促进学生课程参与的关系研究模型

资料来源:浙大城市学院商学院吴挺博士指导的大学生研究课题"商科教师的 CSR 导向与学生课程参与的关系:基于信任的视角"。

除控制变量外,所有三个变量量表都通过李克特 5 点量表来描述符合程度,从"非常不同意"到"完全同意"依次记为 1—5 分,分数越高说明教师的社会责任导向、学生情感信任以及学生课程参与的水平越高。最终,在国内外学者的研究基础上设计量表,面向高校学生收集有效问卷 321 份,量化分析结果显示:教师的社会责任导向对学生的课程参与存在直接的、显著的正向影响,教师的社会责任导向能够提高学生课程参与度;情感信任具有明显的中介作用。具体量化分析结论如表8.1 所示。[①]

表 8.1　教师社会责任与学生课程参与的相关性分析

变量	均值	标准差	1	2	3	4	5	6
教师社会责任	4.22	0.62	−0.089	−0.131*	−0.046	0.049		
学生信任	4.23	0.63	−0.026	−0.077	−0.002	0.077	0.723**	
课程参与	4.10	0.72	−0.081	−0.079	−0.043	0.013	0.596**	0.684**

注:*代表在 0.05 级别(双尾),相关性显著。
　　**代表在 0.01 级别(双尾),相关性显著。

基于以上研究分析,高校教师应当重视社会责任的导向作用。学校可以加强教师社会责任培训工作,强化课程思政建设,督促教师将社会责任等思想政治元素

[①]数据来源于浙大城市学院商学院吴挺博士指导的大学生研究课题"商科教师的 CSR 导向与学生课程参与的关系:基于信任的视角"。

融入日常教学中,将履行社会责任与保证课程质量齐头并进,通过教师社会责任导向提升学生的课程参与度。同时,要更加重视师生间情感信任的建立。基于情感信任,可以促进师生在共同价值观和思维模式下沟通复杂知识,可以促进师生间的情感联系,帮助学生形成社会责任感。

8.3　促进动态匹配的高校教师教学发展策略

更注重培养学生核心素养,是高等教育中教师教学发展的重要方向,体现在以培养批判性思维、创新、沟通和交流、团队协作等创新人才的关键适应性技能为目标,更加关注培养学生今后应对和解决复杂的、不确定的应用情境的综合性品质,引导和支持教师推动发展带有社会性、实践性的教学,要求教师能够创设与学生经验成长紧密关联的、真实性的问题或任务情境,让学生通过基于真实问题或项目的活动方式,开展体验式的、合作的、探究的或建构式的学习。这就需要我们提高教师的教学角色认同和职业能力,促进教师更好地实现教学过程中的环境动态匹配。

根据实证研究结论,对教师促进焦点的更高水平激励,以及对更高发展程度(阶段)的教师,在教学角色认同和职业能力适配方面会有更好的表现,这一研究结论也充分说明了个人的内在发展与内外部环境之间存在价值交换并逐渐形成动态匹配。因此,可以从促进焦点调节激发和教师发展阶段加速跃迁的角度构建教师教学发展策略。

8.3.1　以调节焦点为切口,激励教师自主发展

前文实证研究已经明确了工作焦点调节对教师教学发展中的角色认同、职业适应等维度均具有显著的相关关系,这带来了一种基于调节焦点理论的策略启示。数字时代的高等教育需要创新诸多制度以保证教育功能的实现,制度的多样性、灵活性和社会性更加鲜明,推动学校和教师与社会各部门联系更加紧密,形成良性互动、合作办学机制,并推进人才培养向全面而自由的发展目标迈进,成为经济社会发展不可或缺的创新策源地,制度创新成为调节教师工作焦点、激发教师发展内生动力的重要抓手。"教育评价事关教育发展方向,有什么样的评价指挥棒,就有什

么样的办学导向。"①由此角度出发,评价是推动制度创新的牛鼻子。制度创新成为调节教师工作焦点、激发教师发展内生动力的重要抓手。

"管理"和"治理"之间不仅是理念上的区别,而且存在理论与实践上的差异,在兼具管理功能和公共服务功能的大学里体现得尤为明显。随着大学组织的公共服务功能不断深化和完善,其管理系统的弱化成为必然,降低了行政约束力的"管理"必将转向寻求行为引导、价值树立和精神建构层面多元统一的"治理"。在以更加深度的智力劳动和更加开放的文化为特征的未来大学组织中,对个人创造力和主观能动性会有更多的依赖,过度控制带来的所谓秩序只会导致对组织生态的伤害和组织活力的窒息,所以,评价指挥棒的应用必然要依靠的是"治理"的理念,其核心价值取向应该是:组织的管理功能和公共服务功能通过共同治理方式,让两个系统形成能量场的高度耦合,管理功能的价值所在是让公共服务的能量得以充分地释放而不是相反。

(1)优化聘用制度,构建现代化高校治理体系

教师聘用制度是高校管理制度的核心,深刻体现着学校的评价导向,也是学校推动教师教学发展过程中面临的最复杂问题。面对内部条件和外部环境正在发生深刻复杂变化的新挑战,在推进高校教师聘用制改革中,除了制度本身的规范性要求与环境快速变化的现实需求之间的矛盾外,还面临着发展需求与资源供给能力不足之间的矛盾、改革需求与制度创新空间不足之间的矛盾,以及创新需求与评价规则缺失之间的矛盾。

我们之所以需要基于聘用制来构建高校的组织治理体系、选择治理策略,是因为工作绩效考核是聘用制的核心内涵,而构建绩效考核评价和激励机制是组织提升员工工作绩效的主要举措,是引导组织发展行为、把握发展方向、确保发展目标实现的重要手段。从制度实践的角度出发,聘用制的相关要求已深入人心,得到稳定发展并日臻完善,组织治理要实现有效的内生激励,必须借助聘用制来实现,进而通过基于战略引领面向知识型员工、强化以内生激励为核心的促进焦点调节激励,形成教师自主发展与未来组织治理之间的耦合发展,构建发展的保障、体现发展的激励、创建发展的文化,推进高校治理现代化的探索与实践。

①2020年9月,中共中央、国务院印发《深化新时代教育评价改革总体方案》指出,要坚持立德树人、坚持问题导向、坚持科学有效、坚持统筹兼顾、坚持中国特色。改革学校评价,推进落实立德树人根本任务;改革教师评价,推进践行教书育人使命;改革学生评价,促进德智体美劳全面发展;改革用人评价,共同营造教育发展良好环境。

这一点直接关系到高校聘用制改革的政策导向和成效。优秀的聘用管理所能带来的就是利益导向的可预见性和合理性,并且会避免出现过度功利性的制度倾向,通过管理理性融合了治理理念的决策,变利益导向的外生激励为价值承诺的内生激励,形成管理与治理博弈融合后的强化促进焦点调节激励的现代化高校教师聘用制度,支撑未来高校治理体系和治理能力的现代化建设,从制度层面保障高校教师教学的不断发展。完善工作绩效考核是优化聘用制的核心要义,构建绩效考核评价和激励机制是高校提升教师工作绩效的主要举措,是引导教师发展行为、把握发展方向、确保发展目标实现的重要手段。

(2)实施教师预聘制度是高校教师聘用制度的重要发展方向

美国大学实施教师预聘制度已经多年,而国内高校管理者和教师,乃至社会上的其他人员对预聘制度本身产生了很多误解,一些人将其简单地理解为"末位淘汰"或"非升即走",导致教师预聘制度的实施并非一帆风顺。实际上,这并非预聘制的本意。曾任北京大学校长的林建华教授,在2021年8月发表《从北大师资聘任制发展看大学里的人才阶梯》一文,专门剖析了预聘制的是与非,指出预聘制的核心是希望选聘最优秀的青年教师,支持并帮助他们追求卓越,保护他们安心治学、免受外界干扰;判断一个制度是否合理,应主要看留下者是不是优秀的,不能因个别案例因噎废食。事实上,选聘把关严、支持环节到位的学校和院系,"预聘制"的实施成效一般都比较好。

未来的大学将更强调组织行为的社会定位和公益属性,这与过去强调封闭系统的线性管理是不同的,所以不能简单地采用外生激励手段。未来的大学教师将是具有更高水平的知识和利用知识工作的人,更加追求自主性、个体化、多样化和创新精神,激励高校教师的动力更多的要来自工作的内在价值和职业的发展,来自价值回报和精神追求。要把握未来高校教师聘用制改革创新的关键点,必须把握住教师发展开放性和动态性的核心内涵,强调制度构建的内生激励。当前关于激励的理论有很多种,都可以指导我们构建强化高校教师动态匹配激励制度的研究实践,各种激励理论的合理运用将在高校教师聘用制改革创新中发挥重要的作用。

高校教师的聘用制与大学组织发展之间不只是"器"和"道"的关系,其中还蕴藏着有利于促进管理合理、激励价值回报的大学聘用文化。在促进形成管理耗散的策略创新思路上,就是要形成以充分体现知识、技术等创新要素价值收益分配为重点领域和关键环节,带动组织在资源配置方面的全面深化改革,健全市场化、制度化和标准化的资源配置规则,形成系统集成、协同高效的管理制度体系,全面构建资源配置支撑下的高校教师聘用制改革,进而形成服务人才培养、科技创新等高质量发展目标的体制机制。

管理耗散结构引入负熵流,带来了外部的信息、技术和人力资源等创新要素,提高了组织管理效率,但同时也对组织内部的个人与文化产生了新的冲击。通常意义上组织内部的制度和政策都具有明显的熵增作用,随着时间推移将不再适合组织发展,且制约其他因素的积极作用。基于管理耗散结构形成的开放系统,主要涉及组织和个人两大因素,两者所关注的内容不尽相同,组织层面希望维护基础职能、实现高效运转、促进价值提升,而个人层面则要求满足生存的需要、创建和谐的环境、体现成长的激励。此正是博弈的"必经之点",两者融合的介质和桥梁正是管理策略的创新。作为指导高校教师聘用管理策略创新的重要方法论,具有耗散结构的开放系统管理策略可能对组织和个人都会产生非线性的影响,通过区分构建激励和保障策略,有针对性调节个人的促进焦点和防御焦点搭建耦合场域,将可形成组织和个人发展的耦合。因此,基于耗散结构理论探索高校教师聘用管理的内生激励与治理驱动的耦合模式,是引导组织与个人耦合发展,克服自组织过程不利影响的有益之举。

以此为基础,管理耗散结构理论范式指导下对应的策略重点分别是"文化""耦合""激励"和"考核",进而形成创新的高承诺治理模式,能够使教师更加认同大学组织的发展目标,配合促进发展的制度实施和个人实践,从而达到个人职业发展目标与大学组织发展目标、高等教育发展目标和国家社会发展战略要求的多元协同,带来国家、社会、经济、产业、高校和个人发展的多赢格局。

8.3.2 以发展阶段为标准,推动教师终身学习

进入数字时代,人对电脑和技术的依赖越来越强,人的感官全方位延伸到科技中容易使人忘记自我,追求的"主动"可能变成了"被动",导致人的主体性弱化。因此,新发展阶段对高校教师终身学习的要求日益强化,要求教师要自觉克服发展差异化倾向,坚持以人为本,掌握发展的主动权。

高校教师教学发展包含个人维度的"教师自主发展"和组织维度的"组织引导发展"两个方面的动机。教师教学发展应该是稳定安全状态下的自主发展,还是外部激励环境下的组织支持引导,内生动力和组织支持之间如何取得最佳平衡,从而形成合力达到教师教学发展的高水平,这些问题都需要研究。高校教师教学发展在不同阶段对各种驱动要素有不同的需求侧重,同类驱动要素在不同的教师发展阶段也有不同的关注重点。在前述实证研究过程中,我们也证实了教师发展阶段

与高校教师教学发展各个维度的显著正相关性,教师发展阶段越高(从新手期逐渐发展到专家期的过程),其职业适应性表现越强,对组织支持的正反馈也越明显。因此,在推动高校教师教学发展过程中,要强调对发展阶段的关注,尤其是要关注青年教师的成长,使其快速渡过新手期向更高阶段发展。使青年教师取得成功,不仅是其个人愿望,也是学校、院系和同事的责任。

导致教师在不同发展阶段反馈表现差异的核心是动机的强弱。根据萧浩辉(1995)针对动因理论的研究,动机是由需要产生的,当需要达到一定的强度,并且存在满足需要的对象时,需要才能够转化为动机。动机是驱使人从事各种活动的内部原因,根据已有研究,动机的强弱与期望的强度和效价的大小呈现显著的正向相关,即"动机=期望×效价",动机的强弱与期望的强度和效价的大小呈现显著的正向相关,既要有对动机达成的期望,又要有动机达成后所能带来的显著成效。由此,动机有助于推动高校教师的职业动态适应(个人和组织都有推动教师职业发展的期望,适应内外部环境的教师职业发展有较高的效价,适应程度越高效价越高),从中可以把动机划分为外部动机和内部动机。高校教师教学发展的外部动机,强调学校通过有计划的培训驱动成长,有针对性地改进教师队伍整体的结构和个体的素质、技术和能力,并引导教学行为的关注点,以构建符合组织发展利益导向的发展系统。高校教师教学发展的内部动机,则由教师的内在需要引起,强调教师追求终身学习和持续发展。

在动机理论研究的过程中,社会心理学家马斯洛提出了著名的需求层次理论,将人类的需求按从低到高的层次分为五层:生理的需求、安全的需求、社交的需求、尊重的需求和自我实现的需求。五种需要是最基本的、与生俱来的,构成不同的等级或水平,并成为激励和指引个体行为的力量。当最高层次的自我实现的需求得到满足之后,也存在一部分个体通过精神升华,挖掘自身潜力最终实现、超越自我的需求。但我们同时也发现,马斯洛的动机研究主要集中在内部动机,即由基本需要引起的动机上,这也再次证明已有研究在组织支持方面的关注不足。而组织支持恰恰是提升动机所需要的效价因素的最关键环节,因此,根据前文的分析,可以依据马斯洛需求层次理论和教师发展阶段理论,结合 ICR-O 分析框架,来共同界定和区别高校教师教学发展活动及其动机情况,以使得各方面的驱动要素协调作用(见图 8.3)。

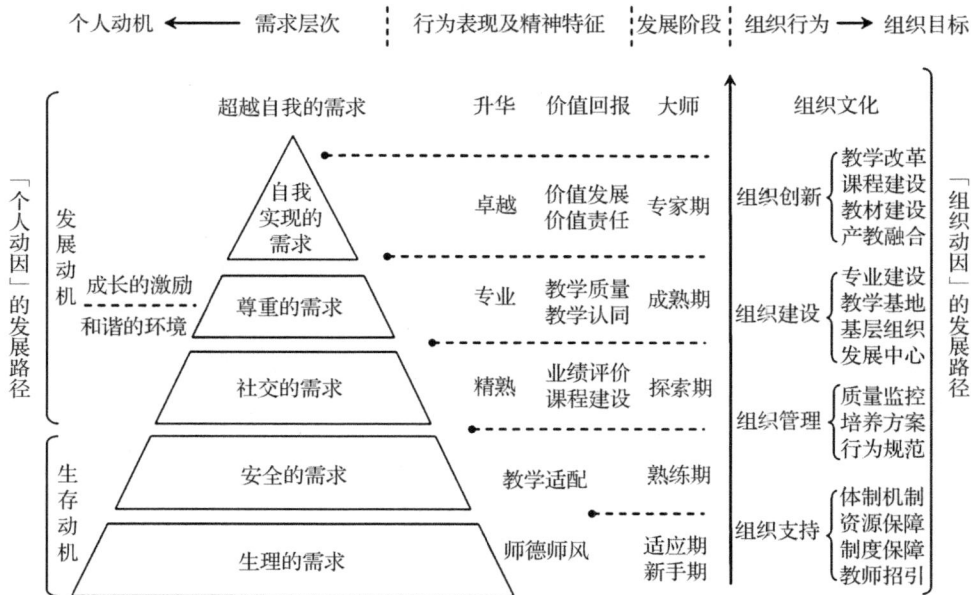

图 8.3　基于需求的高校教师教学发展价值回报动因及相应路径分析

如图 8.3 所示,高校教师的职业适应是满足基础需求(生理需求和安全需求)层次的重要发展环节,也是从生存动机向发展动机跃迁过程中提升效率水平的关键环节。新手期和适应期的教师大多是以担任助教或从事基础的教学活动来换取"生存"的保障,关注个体不断学习的内容和提升的路径;熟练期的教师,通常已经满足了生存需求,更向往追求和谐的环境,既关注持续不断的学习,又关注学习的利益;探索期的教师,教学技艺已经精熟,出于自发主动的职业生涯规划,开始向专业和卓越的方向努力,可视为马斯洛需求理论中较高层次的追求;成熟期的教师,教学方面已经非常专业,更关注成长的激励,希望得到外界对自己的肯定鼓励和表彰奖励,开始寻求教学的创新和突破;专家期的教师,教学堪称卓越,教学成果丰富,逐渐形成一定程度上的社会影响和引领,自我实现的需求得到满足。追求超越自我的教师,教学的过程变得更为纯粹,实现精神引领,真正体现了"学为人师、行为世范"的崇高育人境界,而其中所获得的"道"的升华成为自我超越的需求境界,"大师"即教师的最高境界。因此,从个人动因角度出发,组织对教师的管理要起到满足生存的需要、创建和谐的环境、体现成长的激励这三个方面的作用;从组织动因角度出发,组织要引导教师改进教学的行为、支持教师教学发展,以确保组织目标实现,为此,从需求的角度来厘清高校教师教学行为中的层次界别,可以清楚地标定出哪些(个体和组织)行为可以促进高校教师教学发展。

8.3.3　以现代技术为手段,提升时代适应能力

在线教学及其基础设施建设是数字时代高等教育加快推进的重要部分,也是教育国际化竞争的重要内容。新冠疫情期间,高校按照教育部要求落实疫情防控期间不停教、不停学,多措并举保证教学稳步推进。《全国普通高校本科教育教学质量报告》显示,2020 年度全国在线教学规模庞大,本科高校共有 108 万名教师开出 110 万门/1719 万门次课程,大学生在线学习共计 35 亿人次,全国高校在线课程开出率达到 91%。

针对在线教学的深度应用,为了确保教学质量,探索推动更为系统完善的线上线下混合教学是一种可行的举措。如浙大城市学院的"程序设计基础与实验"课程中基于"MOOC＋PTA 实验平台"的混合式教学模式设计。学生学习课程时,迭代学习和渐进训练是有效的方法之一,课程组利用 MOOC＋PTA＋SPOC多平台及资源,实施强调学生自主探究学习的翻转课堂教学方案。课前,教师提供精心设计的自学内容,学生按照学习任务单,看 MOOC 微视频或者阅读教材、课件,在 PTA 平台进行例题、做练习和自测,在 SPOC 论坛上与同组或其他组的同学进行讨论;课堂上,教师针对重难点问题,引入比预习任务更综合的案例,使学生更专注于基于问题或项目的学习和编程训练,并且以合作学习的方式共同参与教学活动,从而获得更高效的知识内化过程;课后,通过拓展学习、讨论和编程以巩固提高。其中课前、课后以学生自主线上 MOOC 学习、SPOC 讨论、PTA在线编程练习为主,课中以教师主导的线下教学为主,辅以在线编程练习。

线上教育的发展是高等教育现代化的一大特征,鼓励教师提升线上教育能力,释放教师的发展潜力,借助线上教育所带来的全面重塑,实现高校教师教学发展的创新突破。通过教师适应数字时代社会深刻变革的能力提升,深度应用现代技术手段辅助教学,更好地培养学生适应经济和社会发展所需的能力,推动将教育所需要的知识、科技、政治、经济、文化、社会和环境等多方要素融为一体,促使人才培养相关的新技术、新形态要素深度应用。这种围绕教师教学能力的发展将成为高等教育发展的坚强基石。

8.3.4　多维时空演进与动态匹配策略

当今人们普遍接受高校得以持续发展是认识论和政治论共同影响的产

物,它们和谐地并存于大学的治学理念中,从而指导着现代高校的发展。认识论主张大学对科学知识的追求,是大学产生和存在的基础;而数字时代的演进,带来了技术领域和产业发展的结构性根本变化,这对高等教育的发展规划、管理决策等方面具有重要意义,更进一步从政治论角度强化了大学积极探索更高深的知识应不只是出于学术价值和知识追求本身,而是要适应时代发展需要,与产业、经济、社会的发展密切关联的政治要求,还是与学校、政治组织乃至国家的发展密切关联的一种追求,对人类社会发展的进程有着深远的影响。

　　高校立足时代所需,以人才培养为主线,强化教师立德树人的使命感,构建更有利于教师树立终身学习的理念、持续更新知识的发展路径,可以探索依托教师教学发展,通过组织支持加强对课程体系、教学内容、培养方式和教师知识结构实行需求传导式的改革,推进基于教师角色认同和加强教师职业适应的理念变革,教学内容、方法改进,课程设计、评价创新,主要关注教学理念、教学方法、教学评价设计和高科技辅助教学四个方面的提升,强化教师教学发展与多维时空环境变化的动态匹配,致力于加强面向数字时代的高校教师教学发展。

　　上述几个方面的动态匹配策略,与政治视角下"构建秩序、公平分配、创造价值、追求理想"四项基本功能相呼应。而透过政治视角实现的创新策略,以耗散结构理论范式为指导,通过强化教师参与,将有助于形成一系列的组织内部治理创新策略,重点突破刚柔并济的工作绩效考核评价、强化内生的价值回报激励创新、组织与个人耦合发展的治理驱动和跨越博弈的先进文化(组织管理文化、人力资源聘用文化和社会责任文化等)价值引领,能够变利益导向的治理驱动为价值承诺的内生激励,加快实现从管理向治理的转变。

8.4　提升角色认同的高校教师教学发展策略

　　能力成就的高低是衡量一所大学人才培养水平高低的重要指标,高校教师基于更高水平的教学角色认同,应更加关注教学理念变革、教学法和信息技术辅助教学深度应用,学业评价体系科学构建的具体内容。本部分以浙大城市学院面向临床医学的专业课"药理学"和面向全校的计算机基础课"程序设计基础与实验"课程为例,介绍相关高校教师教学发展策略。

8.4.1　以理念变革为指引,追求教学卓越发展

高等教育提供的课程不能一成不变,不论什么课程,都需要不断地进行再设计,以更好地激发学生持续的学习兴趣。要坚持立德树人,以学生为中心,以学习成效为导向,持续改进教学的理念。以理论知识体系为主线,以能力培养为核心,对教学进程、资源、模式和评价进行全面重构,以强化实践能力培养、线上线下相结合为基准设计适合推广的混合式教学方案及资源。

围绕能力导向指标的课程再设计是角色认同视角下教学理念变革的主要体现。举例来说,"药理学"课程是基础医学与临床医学之间的桥梁,该课程必须以记忆为基础、应用为表现,故而对教学的要求非常高。药理学作为一门严谨的基础科学,教学理念的变革很难通过教材的变化来体现,因此,为保证课程的教学质量和学生的能力成就,必须在课程的教学法、高科技辅助教学和学业评价方面下功夫。从教学改革思路和方法角度看,一是要改变高校教师以知识传授为主的传统角色认知,二是要正视数字时代的知识更新和科技进步。

根据能力导向卓越教学理念变革的指引,本书提出了一些简便易行的教学设计操作策略,以"程序设计基础与实验"课程的实际操作为例加以阐释。作为一门重要的计算机类基础课程,要以立德树人为根本任务,多角度强化学生的课程认同;通过课堂学习和自主学习、线上学习和线下学习相结合的方式,重点培养学生利用计算机求解问题的能力;鼓励学生通过基础的程序设计语言学习和编程训练,掌握高级程序设计语言的知识,掌握更贴近实际的程序设计的基本方法和风格,从而具备适应社会需要的真实问题分析、数据表达、算法描述和编程实现的能力,以及团队合作和创新精神,创造更高水平的学习成果。

8.4.2　以学习成就为尺度,"翻转课堂"共同学习

培养应用型人才的教学理念与传统教学有所区别,必须改变传统以"教"为中心的观念,而代之以"学"为中心,同时也必将体现在教学方法的不同上。

"翻转课堂"是对传统教学的一种反思,能将学习的主动权由教师转移给学生,通过学生课前的自主学习和课上的教学互动,实现对教学知识的理解并促进记忆,最终应用于判断实际问题(形成解决实际问题的能力)。

如前所述,学习成果评量一般分为定义阶段(定义学生学习需达到的最重要成果)、评估阶段(评估学生实际完成目标情况)和改善阶段(运用评估结果改善

学生学习)三个阶段进行。学习成果评量实际上是一个资料收集的过程,用来显示高校所提供的教学活动对学生是否产生预期的影响。通过直接评量和间接评量相结合的多元评量的方法来衡量学生学习成果,对学生而言,能够清晰、科学地评量其学习成果,能够形成贯穿全过程的一致性学习成果目标;对教师而言,可以明确教学成果的达成情况,以及需要进一步改进的核心环节;对高校管理者而言,有助于展示学校承诺的人才培养目标,可以持续性地改进学校所提供的教学工作。

要科学检视评量学生的学习成果,针对课程的学生学业考核评价至关重要。学业考核评价方案的设计过程要围绕课程教学的主要目标和次要目标予以区别进行,通常可以包括形成性评价和总结性评价两个方面,并且应围绕成果导向,重新设计适应性的评价方案。例如,浙大城市学院"药理学"课程学习成果评量的方案,可以按表8.2进行设计。

表8.2 "药理学"课程的学生学业考核评价方案[①]

教学目标			记忆	理解	分析	应用	创造知识拓展
	评价项目	比重/%					
形成性评价	BB平台测验	10	1				
	MOOCs及PBL等报告	20			1	1	2
	案例分析及其他作业	10		1	1	1	
	讨论	10		1	1	1	2
总结性评价	期末考试	50	1	1	1	1	

注:表中所列"1""2"分别对应主要教学目标和次要教学目标。

根据表8.2所示,多种评价方式的综合运用,以记忆和理解为基础,侧重于分析与应用能力的构建,对准确衡量学生的学习成就水平、把握学生的学习目标达成情况具有较好的作用,也有助于学生的自主学习和知识拓展。

浙大城市学院在"程序设计基础与实验"课程中,也在积极探索"线上+线下"混合的多维度学业考核评价方案,同样设置形成性评价和总结性评价,各占50%,侧重编程能力考核。内容涵盖线上线下、课内课外、理论实践、个人团队,形式包括自测与统测、随测与阶段性测验。具体如表8.3所示。

[①] 本书作者于2014年7月6日至19日,赴台湾铭传大学专题学习教学卓越计划相关内容和教学法。表中学业评价方案依据培训学习的内容自行编制。

表 8.3　"程序设计基础与实验"课程的学生学业考核评价方案

教学目标			评价要点
评价项目		比重/%	
形成性评价	PTA 上机练习与测验	10	鼓励平时多学多练
	PTA 阶段性测验	30	4 次月考和 PAT 基础级考试进行检测
	线上讨论、课堂表现	5	鼓励多思多辩、团队合作和深度学习
	大作业	5	强调知识能力的融会贯通
	修读 MOOC	(附加 5 分)	鼓励学生修读 MOOC，获证弓
总结性评价	期末考试	50	PTA 综合评价

资料来源：浙大城市学院"程序设计基础与实验"国家一流本科课程申报方案。

　　根据表 8.3 所示，旨在提升学生的学习成效的"程序设计基础与实验"课程，通过设计学生迭代学习的反馈改进机制，依托 PTA 实验平台，基本做到即时评价和反馈，据此可以进行学生自评改进与教师干预改进。此外，为帮助部分自学能力弱、不适应"翻转课堂"教学而掉队的学生，每周固定时间补课答疑，要求平时作业正确率低于 80% 的学生参加。按此方法进行课程学业评价设计及相应的教学方案规划，学生编程能力明显提高，修读优质 MOOC 热情高涨，近一半的学生获得合格证书，其中 70% 达到优秀。教学成效更明显，使用相关课程规划方案和评价办法的班级期末平均分明显高于其他班级。

　　"翻转课堂"起于课程设计，要明确学习的目的、教学的主要内容、培养的核心能力及应用的教学方法，以这些内容作为学习成果评价的基础，通过评价学习目的的达成率、教学内容的传授率、核心能力的支撑度，以及教学方法的应用度来对课程进行综合评价。同时还应该评价课程设计对专业知识能力、关联课程及职业生涯（就业）的贡献度。

8.4.3　以业绩评价为表征，引领先进教学文化

　　教师是立教之本、兴教之源，教书育人是教师的第一职责，好的组织文化能激励教师的教学行为。为更好地引导高校教师履行职责，必须坚持把师德师风作为第一标准。加强师德师风建设，外在约束固然重要，但通过先进文化的价值引领带来的自我约束更是关键之所在。面向未来的大学教学组织战略目标和人力资源配置方式的特殊性决定了传统的"泰勒制"、官僚制管理模式无法适应大学组织发展所面临的社会环境和复杂的内部治理要求，需要研究设计一种灵活

且富有弹性的治理方法，培养专注组织发展、具有很高的感情承诺（精神与品德）、愿意接受灵活而又具有挑战性的任务、能够在深入领会组织的发展目标与愿景的基础上更好地为组织利益（价值）工作，且与未来组织的发展需求相协调的教师队伍。

组织文化要重视情感信任的建立。组织成员对领导者的信任是提高组织凝聚力，提升组织发展水平和能力的重要前提。情感信任可以在共同价值观和思维模式下，强化对组织发展面临的复杂知识的沟通能力。基于情感信任传递社会责任，可以促进组织成员与组织领导者间的情感联系，强化员工对组织战略的认同，帮助组织成员形成社会责任感，形成组织内部更有效的价值回报激励文化。可以预见，在日益重视社会责任的趋势下，强调教师内在驱动机制的价值回报激励模式必将得到更广泛的应用。形成良好的组织氛围和组织文化，能够为个人提供一种强有力的内在驱动机制，并使大学中教师个体发展目标与组织战略目标保持一致。

《事业单位人事管理条例》第二十条规定："事业单位应当根据聘用合同规定的岗位职责任务，全面考核工作人员的表现，重点考核工作绩效。考核应当听取服务对象的意见和评价。"[1]可见，对高校教师而言，教学工作绩效考核是人事管理中的重要内容，并且应当注重听取学生的意见。

在不断深化高校教师工作绩效考核制度的同时，瑞典延雪平大学教育心理学教授佩尔松的一项研究也同样需要我们重视。这是全球首次针对高等教育压力等级的跨国界研究，讨论了世界各国高校教师的工作压力。这项研究将压力分为从0到5共6个等级。从结果看，最没有压力的是德国，压力等级为0，而中国高校首当其冲，为5级，也是世界上唯一5级的国家。[2]为什么中国高校教师的压力指数会如此之高？研究中给出的结论主要基于两个方面：一方面，是绩效管理文化导致的绩效管理政策上的差异，德国正因为没有严格的绩效管理，使得德国的大学教师士气高昂，对自己的工作感到非常满意；另一方面，是中国的女教师群体所面临的压力过大，这与中国的传统文化有关，也提出了一项非常值得进一步深入研究的课

---

①国务院于2014年4月25日发布《事业单位人事管理条例》。该条例是为规范事业单位人事管理，保障事业单位工作人员合法权益，建设高素质的事业单位工作人员队伍，促进公共服务的发展而制定的。该条例自2014年7月1日起施行。

②2017年5月4日，英国《泰晤士高等教育》介绍了瑞典延雪平大学教育心理学教授佩尔松的研究成果，他针对过去20年间的情况，通过分析91篇文章和各种文献资料，对34个国家的职场压力进行了全面调查，最多的一次调查人数将近38000人，平均参与人数也在1430人左右，最终得出了上述结论。

题,可以在未来的工作中进一步探讨。

这样的讨论给高校教师工作绩效的考核评价提供了重要的参考,我们认为,除了坚持师德师风"一票否决"的底线,在高校教师教学工作绩效的考核评价方面,还应构建刚性与柔性相结合的考核评价体系。刚性的就是常用的一些关键绩效指标,它们可能关系到教学组织的效益和教师个人的晋升等现实的利益。但不能只有刚性指标,避免教学工作绩效评价过度功利化,应强调重点评价教学贡献、社会贡献及支撑人才培养情况,树立以教学品德、教学能力、教学业绩为导向的教学工作评价标准。柔性的就是基于大学教学组织发展战略和社会价值所构建的评价指标,可以是内在的质性的,也可以是外在的量化的。教学工作绩效考核评价是未来高校教师聘用制改革创新的主要方向,以"刚"为基、以"柔"为主、"刚柔"并济,推动大学教学组织的科学可持续发展,实现高校人才培养的高质量健康发展。未来,高校教师管理制度和治理策略持续创新的关键点应围绕柔性考核评价的指标体系构建,以此为教师价值回报激励的起点、制度构建的方法、组织发展的关切、先进文化的内核,只有解决了这个问题,才能改变当前刚性考核评价主导的管理模式,才有可能实现跨越博弈、融合创新的现代化治理。

8.5　态势评估牵引的高校教师教学发展策略

随着科学技术的高速发展,时代更迭的进程也在不断加速,科学管理盛行的工业时代已经成为过去,我们的社会已经跨越到以人工智能为代表的数字时代。教育是文化与人之间的桥梁,立足当下的时代背景,教育既承担着服务经济社会发展的职能,又承担着弘扬文化、传播人生价值和生命意义的重要职能,助推社会发展形成合力运动的高质量发展格局。只有把握住数字时代之"时"、乘"势"而上,才能培养出经济和社会发展需要的人才。所以,基于数字时代特征推动高校教师教学发展是高等教育发展的必然要求和当前的关键之举。高等教育现代化与数字时代的叠加影响,对未来教师提出了新的挑战和要求。进一步推动面向未来的高校教师教学发展,正是态势评估牵引的意义所在。

以本书开展的高校教师教学发展影响因素扎根理论研究结论为基础,结合调研讨论和专家咨询意见,根据高校教师教学发展管理实践经验,总结形成高校教师教学发展指数评价内涵维度确立的思维导图(见图 4.1),并以此导图所含的信息内容为出发点,支撑了全国高校教师教学发展指数"6+1"维度的研发和具体编制,并作为相关课题研究的部分结论和支撑材料。

为了更加清晰地显示高校教师教学发展指数内涵维度与本书所得的影响因素之间的关联,绘制了关系图(见图 8.4)。图 8.4 显示,高校教师教学发展指数的 7 个维度与影响因素 13 个主范畴类属中的 11 个显著关联,涵盖了全部 4 个核心类属。足见二者之间的密切关联。

针对高校教师教学发展指数内涵维度的认同度,专门对教育学专家、统计学专家、高校领导与管理者、教务管理人员、一线教师、教师发展相关研究人员、教育硕士/博士等相关专家进行了深入的当面访谈和问卷调查(详见附录 6),认同度平均在 80%,获得了认同上的普遍支持。其中对"教学成果奖"的认同度最高,这与高校教学管理的实际情况基本相符,也侧面印证了相关统计结果的效度将得到有效的保证。上述调研的克隆巴赫信度系数(Cronbach α 系数值)为 0.972,表示测量样本回答结果可靠,测验的信度较好。

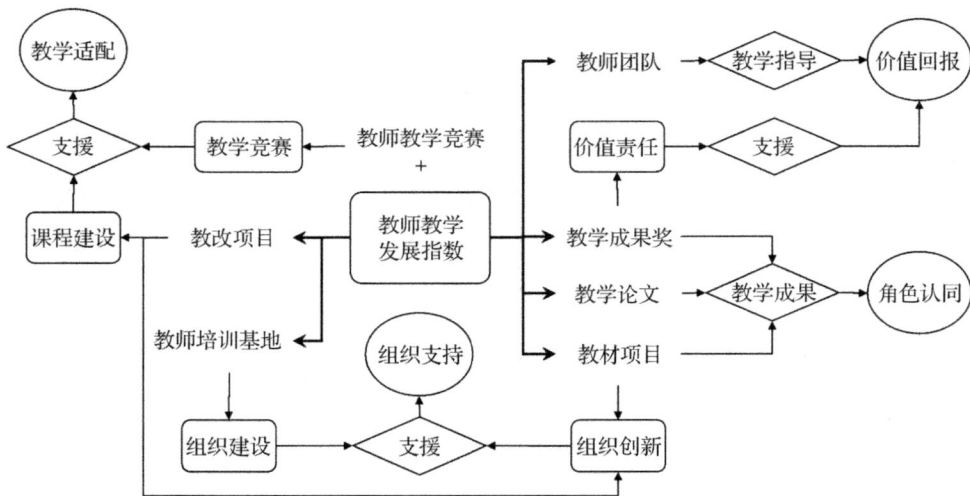

图 8.4　高校教师教学发展指数内涵维度与 ICR-O 影响因素的关系

当前国家对教育评价的要求是,要坚持立德树人、坚持问题导向、坚持科学有效、坚持统筹兼顾、坚持中国特色。实施态势评估,是希望更多的高等教育管理者、广大教师和其他相关的社会人士都能够转换思路,以数字时代的治理思维来看待高校教师教学发展的当下状况和未来趋势,为应对高等教育普及化的持续深化和高等教育现代化的加快发展找到更优化的推进策略。

8.6   本章小结

高等教育加快推进过程中,涉及的利益相关者众多,而中国传统文化自西周以来就强调以人为本,因此,利益相关者的主体性、独立性和能动性都应按照以人为本的要求加以保障,尤其是数字时代,大数据、人工智能等技术发展深刻影响社会生活的方方面面,高等教育的发展要积极回应和理性面对理念变革和技术发展,向教育善治和更好地促进人的全面发展转变(鲁子箫,王嘉毅,2021)。要提升高校教师教学发展成效,利益相关者中每一方的制度都需要变革。

高校立足时代所需,以人才培养为主线,强化教师立德树人的使命感,构建更有利于教师树立终身学习的理念、持续更新知识的发展路径,可以探索依托高校教师教学发展,通过政治引领、资源保障基础上的组织支持,加强对课程体系、教学内容、培养方式和教师知识结构实行需求传导式的改革,推进基于教师角色认同和强化教师职业适应的理念变革,教学内容、方法的改进和课程设计、学习成果评量的创新,主要关注教学理念、教学法、教学评价设计和高科技辅助教学四个方面的提升,强化教学发展与多维时空环境变化的动态匹配。强化组织支持、激发价值回报、促进教学适应、提高角色认同四个方面的多维协同、动态匹配策略,与政治视角下"构建秩序、公平分配、创造价值、追求理想"四项基本功能相呼应。而透过政治视角实现的创新策略,以耗散结构理论范式为指导,通过强化教师参与社会责任导向,将有助于形成一系列的组织内部治理创新策略,重点突破刚柔并济的工作绩效考核评价、强化内生的价值回报激励创新、组织与个人耦合发展的治理驱动和跨越博弈的先进文化(组织管理文化、人力资源聘用文化和社会责任文化等)价值引领,能够变管理导向的利益驱动为价值承诺的内生激励,加快实现从"管理"向"治理"的转变。

基于以上,根据高校教师教学发展 ICR-O 分析框架的理论指导,本章从强化组织支持、激励价值回报、促进职业适应、提升角色认同四个方面出发,通过整合相关的教师教学发展影响因素,形成全方位、全周期推进高校教师教学发展的有效策略。微观层面的影响因素研究支撑宏观层面的态势评估指数牵引,构成了本书推动高校教师教学发展策略的重要落脚点,以数字时代的治理思维来看待高校教师教学发展的现状与问题,寻求更深层次、更科学化的策略指引,有助于加强顶层设计和规划,积极开展管理决策和制度建设等相关举措。

9   研究结论与启示

遵循"实践—理论—实证—实践"的研究发展脉络,第一,本书从高校教师教学发展的概念辨析角度入手,对已有研究成果进行梳理,通过对高校教师教学发展复杂系统进行结构化分析,重点依据角色认知的职业发展理论,归纳高校教师教学发展的适应理论、研究方法和技术路线;第二,通过基于大数据的高校教师教学发展指数评价研究,宏观描述我国高校教师教学发展的一般态势;第三,基于扎根理论和专家访谈等质性研究方法,以浙江省地方本科高校为实证研究对象,通过校(院)长教学述职报告的文本分析,总结梳理高校教师教学发展的关键影响因素;第四,进行实证分析,采用问卷调查基础上的多层建模量化研究方法,构建动态匹配的整合研究模型,对高校教师教学发展关键机制进行实证分析;第五,针对实证研究和多层量化建模分析的结论,进行多案例验证,以高校教师教学发展的达成为目标,实现关键机制研究的再深化;第六,进行系统性的高校教师教学发展推进策略研究。

在上述研究的基础上,本章对研究结论进行提炼和整合梳理,提出几点主要研究结论、研究创新、研究中可能存在的不足和未来需进一步研究的问题。

9.1   主要研究结论

在深入的文献综述和扎实的调研基础上,依托全国教师教学发展指数的态势评估指引,以浙江省地方本科高校为例进行相关的实证分析,围绕高校教师教学发展复杂系统的实践问题和关键机制得出以下结论。

①通过扎根理论研究方法,以浙江地方本科高校为实证对象,明确了高校教师教学发展的关键影响因素。聚焦新发展阶段高等教育实践问题,本书通过扎根理论研究建构了高校教师教学发展的影响因素及其核心类属,形成了组织和个人两个核心动因范畴,显示了教师层的认知维度、行为维度、成就维度和组

织层的组织维度所对应的 4 个核心类属、主轴编码的 13 个主范畴类属和 44 个属性。同时形成了故事线：强调外部响应（时代变化—耗散结构）和内部协同（组织支持—个体行为），通过组织层"自上而下"的治理保障与教师层"自下而上"的改革推动，强调二元发展的整体配合，形成双动因驱动作用关系完整回路，有助于高校推进教师教学发展的具体实践。影响因素分析过程中还发现，从外部环境的动因角度来看，高校教师教学发展水平与数字时代产业结构相脱节，产业创新人才的需求难以及时准确地传递到高校，出现高校培养创新人才的盲目性与企业创新人才的匮乏性并存的状况，同时问题也通过不断传导，带来创新链与产业链之间的错位。因此，厘清人才链、创新链、产业链三者的关系，特别是人才链和创新链之间的联系，强化三链耦合，形成全链闭环、有源无界、协同创新的内生动力逻辑，对更好地发挥高等教育在培养创新人才中的作用，打造培养创新人才的高等教育体系至关重要。

本书研究指出，打造适应高质量高等教育要求的教师教学发展需要各级教学组织（上至教育主管部门、下至基层教学组织）和教师的共同参与，把握内生动力和外部环境两个方面的共同影响，以人才培养为关键指向，构建有助于优化提升的推进策略，形成良性互动的科学发展局面。大学的逻辑起点是人才培养，大学发展的根本任务是立德树人，教育的起点是促进学生学习，教师是主导、学生是主体，必须牢牢把握教学中心这个出发点和人才培养这个根本任务，才能使路径联通、制度融通，才能实现新发展阶段高质量高等教育的战略需要与高校发展、教师发展和教学发展的现实需求之间相互适应、动态匹配、协调发展。

②通过基于高校教师教学发展 ICR-O 分析框架的深入研究，深化了高校教师教学发展的关键机制。寻致普及化阶段高等教育的质量发展水平和人才培养能力落后于时代的原因，主要体现在教学资源的投入保障不足、对学生核心素养培养的关注不够、教师教学和应用能力不足、知识结构更新落后等方面，在组织支持层面集中反映出高校教师教学发展中存在的三个方面的突出矛盾：一是教师价值回报期望提高与资源投入不充分的矛盾；二是教师职业发展需求迫切与制度保障不健全的矛盾；三是教师角色要求加速更新与体制机制不完善的矛盾。

导致上述问题的共同原因有很多，比如，教师面临着越来越细的工作考核和日益增加的工作量，还有诸如缺乏支持和公平感等。随着工业时代发展进入成熟阶段的高等教育，制度、标准、规范的力量过于膨胀，变得过于具象，教师教学发展机械化、同质化的问题日益显现，导致创新人才培养质量的弱化。很多高校把采用的工业化的管理模式强加于教师，实际上是对教师积极性和创造性的一种遏制，很多高校的领导者和管理者还不明白教师是需要更多更大的自主权才能发挥作用的。

根据以上分析,本书研究基于高等教育立德树人重大教育实践,对 Guan 等(2021)的通用职业发展理论进行了拓展,进而实现了对教师个体层面的角色认同、职业适应和价值回报及学校组织层面的组织支持四个影响因素的整合。这一针对高校教师职业发展特点的情境化研究,创新地构建了高校教师教学发展的 ICR-O 分析框架,从不同层面揭示了高校教师教学发展的多层形成机制,并且不再局限于讨论影响职业发展的个体因素,而是基于上述的高等教育管理现实问题分析,明确了组织支持这一非个体的、更高层次的影响因素,并证实了其对高校教师教学发展的关键影响作用,弥补了高校教师教学发展这一领域在实证研究方面的不足。

③通过总结并归纳相关理论研究与实践,充分尊重并利用好创新经验,形成系统性的高校教师教学发展推进策略。如何评价高校教师教学发展策略是否科学有效?能够提供卓越教学的大学,一定要给予学生更好的学习和成长的体验,也一定要给予所有教师更大的发展空间。为了充分尊重并利用好已有的创新经验,本书通过特定情境的典型案例研究,发现基于 ICR-O 分析框架验证的高校教师教学发展影响因素之间存在进一步的联系:学校层面的组织支持会通过影响教师群体对教学工作的更高度认同、发展职业能力的主动性和社会责任导向的价值回报,进而影响教师教学发展水平,证实了"组织支持"是非个体的、更高层次的影响因素,进一步深化了高校教师教学发展的关键机制。

基于关键机制的研究分析,推进策略要以学校治理体系和治理能力现代化为基础,以强化组织支持为核心,创新治理模式,坚持以人才培养为中心的发展思想,突出数字时代的支撑度、服务师生的获得感和学校发展的竞争力三大工作落脚点,构建数字赋能、技术应用、人才培养、高校发展相融合的创新理念。同时,根据高校教师教学发展 ICR-O 分析框架的理论指导,还明确了推进高校教师教学发展可以从强化教师与学校教学环境动态匹配的角色认知为切入点,聚焦促进教学角色认同、提升职业适应能力和激励价值回报三个维度,整合相关的教师教学发展的影响因素,完善相关的体制机制和制度建设,将形成推进高校教师教学发展的有效多维协同策略。

为便于把握本书的研究思路、过程脉络、研究进展和研究的主要结论,绘制如下高校教师教学发展的关键机制和推进策略研究导图(见图 9.1)。

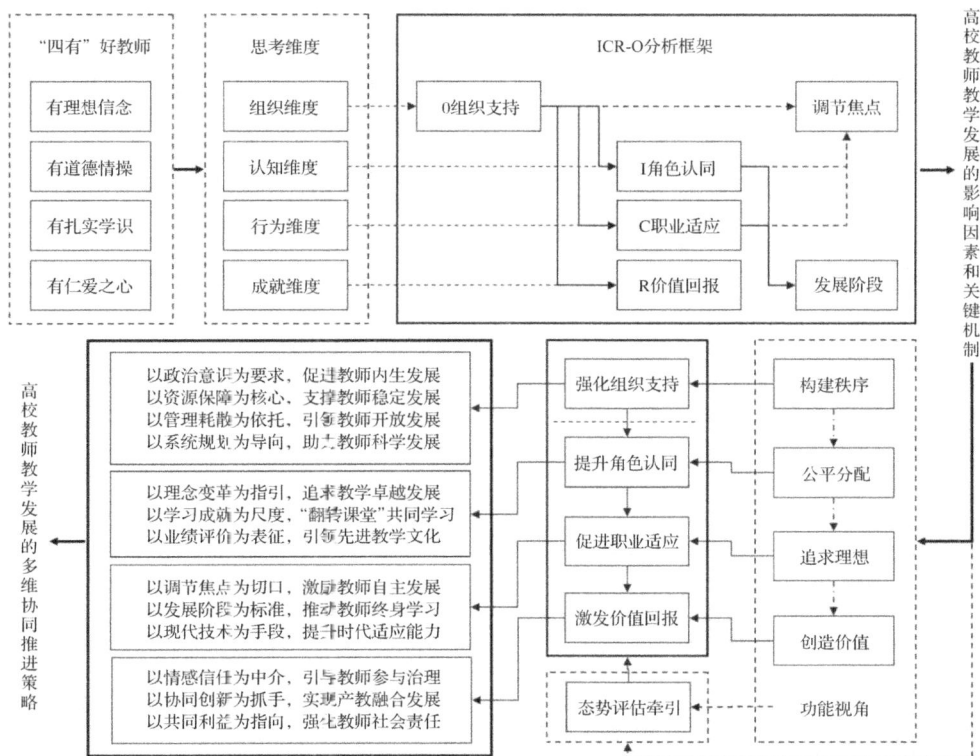

图 9.1　高校教师教学发展的关键机制和推进策略研究主要结论

9.2　研究创新

　　本书寻求一定程度上突破高校教师教学发展研究的局限,强调问题导向,从强化立德树人理念、提升高校教师教学发展水平、提高人才培养能力的根本问题出发,重点解决如何明确高校教师教学发展的关键影响因素,以及如何构建推进策略的实际应用问题;同时研究如何强化教师自主学习和终身学习,以及如何推进学习共同体建设等方面问题,以促进高校教师教学发展,因此具有较强的现实意义。

　　①本书主要有两个方面的理论贡献。第一个理论贡献是对 Guan 等(2021)的职业发展理论的一次情境化尝试。虽然 Guan 等(2021)基于角色认同和社会交换理论提出基于身份认同、生涯能力和生涯回报三个维度来理解个体在变化的职

业世界中应如何实现个人—环境匹配,但是他们构建的是一个未经实证检验、去情境化的通用分析框架。其中,值得深入思考的一个问题是:Guan 等(2021)的通用职业发展理论是否适用于高校教师的职业生涯发展?组织管理中的情境化理论指出,特定的情境会产生独特的权变因素、约束条件和因果关系,因此要嵌入具体情境来研究理论的有效性(Johns,2006)。在本书中,我们进一步细化了 ICR 分析框架中的三个维度,并结合教师职业发展的群体特点和立德树人的时代背景提出了情境化的三个维度——角色认同、职业适应和价值回报,因而深化了 Guan 等(2021)的职业发展理论。而且,不同于 Guan 等(2021)的职业发展理论局限于讨论影响职业发展的个体影响因素,本书进一步提出了组织支持这一非个体的、更高层次的影响因素,并证实了其对高校教师教学发展的重要影响,因而拓展了 Guan 等(2021)的职业发展理论。

本书的第二个理论贡献在于揭示了高校教师教学发展的多层形成机制。李中国和黎兴成(2015)基于 2005—2015 年中国知网文献的共词分析发现,虽然有关高校教师教学发展的研究是近年来的持续热点主题,但该领域目前仍处于萌芽阶段,尤其是实证研究仍较为少见。周玲和康翠萍(2018)基于科学知识图谱的实证分析结果也得出了类似的结论。本书从两个方面弥补了上述不足:一方面,本书通过大样本问卷调研(几乎覆盖浙江省全部地方本科院校)的方式定量分析了个体和组织层面的不同因素对高校教师教学发展的直接影响作用,由此形成的 ICR-O 分析框架和研究结论具有良好的外部效度;另一方面,本书在上述基础上进一步探索了 ICR-O 分析框架对高校教师教学发展影响的边界条件。通过引入教师发展阶段和调节焦点两类调节变量,我们揭示了高校教师教学发展的动态匹配机制。以教师发展阶段为例,高校教师的角色认同(职业适应)对教师教学发展的积极影响在教师职业发展的成熟阶段更为显著,这一研究结果代表了高校教师教学发展的动态机制;再以促进焦点为例,高校教师的角色认同(职业适应和组织支持)对教师教学发展的积极影响对高水平促进焦点的教师群体更为显著,这一研究结果显示了高校教师教学发展的匹配机制。

②本书主要有两个方面的实践意义。一是明确了高校教师教学发展的关键影响因素。通过统计教育主管部门长达 30 年时间跨度指导高校教师教学发展的相关管理活动和政策实践,结合浙江省本科校(院)长教学述职等基层管理经验,通过总结演绎,梳理出高校教师教学发展的关键影响因素,既关注了教师职业发展的要素、发展阶段和行为特点,也创新性地研究了组织支持和大学文化等维度对教师个体内生动力的激励要求和启示。二是选择了新的研究视角和相关交叉学科理

论,综合政治视角下的人力资源管理实践和耗散结构理论基础上的高校治理现代化启示,并以角色认知、工作焦点调节等理论指导下的量化分析为基础,以浙江高校的跨层次实证研究为依据,提出了系统性的高校教师教学发展推进策略,为解决高校人才培养过程中的教学瓶颈提供了具有创新性的理论参考。

9.3　研究中的不足和未来研究

由于受能力、精力和时间的限制,本书的研究不足可能有以下三个方面。

第一,共同方法偏差问题。由于样本规模和工作量巨大,我们在收集数据时很难从不同的来源或者不同时间点对不同的变量进行收集。虽然我们的探索性因子分析显示不同因子的最大因子载荷为 35.44%(<40%)——共同方法偏差并不会对研究结果和参数估计产生显著偏差,但是未来研究在研究方法设计上可以更加多元化和精细化,通过多源数据或者纵向研究设计,在避免共同方法偏差的同时从方法层面揭示不同影响因素(例如角色认同)和教师教学发展的逻辑因果关系。

第二,外部效度需进一步检验。虽然笔者近 20 年的高校人事管理和学生工作经验为本书研究的大样本问卷调研提供了重要资源,但同时也将我们的样本来源局限于浙江省的地方本科院校。鉴于浙江省的经济、文化和社会特性,浙江省的地方本科院校在发展过程中可能形成了不同于其他地区(或其他国家)高校的独特性,这种独特性可能对高校教师教学发展过程产生不一样的影响。因此,本书的研究结论是否适用于浙江省之外的地方高校,是否适用于"985 工程""211 工程""双一流"等特殊院校,是否适用于其他国家文化背景下的高校,以及由于样本数据均来源于经济发达的浙江地区,基于这些数据形成的研究结论是否适用于经济欠发达地区等,都是值得进一步探索的问题。因此,未来研究可以在更多的情境(不同地区、不同院校属性、不同国家文化)下继续检验本书的研究结论是否成立,以拓展其外部效度。

第三,研究情境可以进一步深化。本书以立德树人为情境提出了高校教师教学发展的"个人—环境匹配"分析框架,主要关注的是个人和组织等非技术影响因素。但是,高校教师教学发展在数字时代同时受制于技术环境,那么基于数字情境提炼的影响因素与本书情境因素(教师发展阶段和调节焦点)的交互作用是否会影响高校教师教学发展,这些问题有待进一步的探索。

除了围绕当前研究不足之处开展后续研究之外,还要更深入思考进一步全方位提高教育质量、强化人才培养能力的其他待解问题。纵观世界范围内高等教育先进的国家，都投入了大量的人力物力于高等教育的改革与创新中，以求得大学人才培养质量与竞争力的提升。大学的人才培养是一项系统工程，除了课程之外，大学生在高校里的学习是多方面的，不仅学习专业知识，还包括塑造人格、道德品质、思维方式、问题解决能力等多方面的核心素养。可见，大学立德树人背景下的人才培养工作是综合性的，方式多种多样。未来，我们有可能在以下领域拓展和深化研究。

(1)高校教师教学发展相关的教育评价问题

相比以往，本书是为数不多的采用实证定量方法对高校教师教学发展进行的研究。但是，本书在设计时更多关注的是高校教师教学发展的影响因素(主效应)及其情境分析(调节机制)，并没有深入分析基于 ICR-O 分析框架构建的系列因素是如何影响高校教师教学发展(中介机制)的。Guan 等(2021)提出，不同形式的"个人—环境匹配"(例如，相似性匹配和互补性匹配)有助于解释角色认同或者职业能力是如何帮助个体在动态的环境中实现可持续性的职业发展。因此，未来研究可以在现有研究的基础上引入不同类型的"个人—环境匹配"性(作为中介机制)，进一步探索基于 ICR-O 分析框架构建的系列因素是如何通过影响教师的"个人—环境匹配"性进而影响高校教师教学发展。

如果明确了高校教师教学发展的形成机制，那么高校就可以有针对性地开展教育评价。深化新时代教育评价改革在理念层面和政策层面的要求已经明确[①]，但缺乏有效的制度、方法、路径、技术、文化等各层面的研究指引和激励手段是构建面向未来的高校教师教学发展策略面临的首要难题。高校教师教学发展的客观要求已深入人心，得到稳定发展并日臻完善。然而高校要针对教师教学发展真正实现有效的内生激励，必须有效解决各种复杂的发展矛盾，引导组织发展行为、把握发展方向、确保发展目标。

面对新发展阶段高校内部条件和外部环境正发生深刻复杂变化的新挑战，面对从组织建设到教师个体发展，再到经济社会的全面发展所呈现出的日益增长的创新创业发展需求，推进高校教师教学发展的现实需求已经非常迫切。但从实际情况来看，已有的相关研究比较多的还只是学院性的命题，教大家应该怎么样去发展教学，你的研究讨论我的教学发展，我的研究讨论你的教学改革。作为一个亟待

[①]中共中央、国务院印发的《深化新时代教育评价改革总体方案》中指出："教育评价要坚持立德树人、坚持问题导向、坚持科学有效、坚持统筹兼顾、坚持中国特色。"

解决的复杂问题,其研究过程从"应然"到"实然"的转化还远没有完成,讨论者大多躲在书房里写文章,都还在探索,还没有真正实现推陈出新地解决实际问题。因此,负有实际责任的高校领导者,往往都并不重视这些研究。

(2)数字时代的高校教师教学发展创新问题

随着数字时代信息技术的飞速发展,以全覆盖式的信息传播为特征的人类社会活动新模式已经形成,未来更将成为知识获取的重要渠道。在已经结束的全国云端教学发展大会上,与会专家就掷地有声地指出,学生是互联网时代的原住民,无论你(高校、教师)愿不愿意,"云端教学"一定是未来的发展方向。"云端教学"不同于"线上教学",通过大数据和信息技术的应用,学生的课前预习、课中学习、课后作业和老师的课前准备、课中讲授、课后辅导等都进行了全程记录,学生可以随时评价课程和教师,教师也可以随时进行形成性评价,反馈给学生帮助其改进学习。"云端教学"对高校来说,需要更强有力的管理支撑、硬件支撑、制度保障和资源保障。复旦大学副校长徐雷在报告《云端教学的变与不变》中指出,检验高校一切创新和变革成效的标准是育人成效,高等教育需要重新思考,在变局中坚守育人初心之"道"、信息技术催化模式方法变革之"术"。①

可见,数字技术高速发展之下,高等学校已经很难再引领社会发展,当前高等教育已经产生了脱离社会发展实际的"系统性风险"。从唯物史观的立场看,暗藏于"风险"中的力量一定会以看不到的方式潜移默化地发育发展并产生影响,以求对系统进行修复。高校教师教学发展改革创新的探索已进入"深水区",仍需有效的统筹规划和政策支撑以形成修复"风险"的关键力量。

以大历史观引领我们更加深刻领会总书记关于教育的指示精神,未来还应认真思考如何扎根中国大地办好高等教育,进一步打破行政部门的条块分割,强化多维度聚合反应,打造闭环发展链条,以组织支持驱动创新的高校教师教学发展,支撑高等教育的更高质量发展。

---

①2021年12月30日,以"数据驱动、教学创新、技术助力、教育担当"为主题的首届云端教学发展大会采取线上线下相结合的方式在北京召开。

参考文献

[1] 别敦荣,易梦春,2021. 高等教育普及化发展标准、进程预测与路径选择[J]. 教育研究,42(2):63-79.

[2] 蔡永红,龚婧,2019. 学校创新支持与教师教学创新的关系——基本心理需要满足的中介作用[J]. 教育学报,15(2):48-57.

[3] 蔡永红,申晓月,李燕丽,2018. 基本心理需要满足、自我效能感与教师教学专长发展[J]. 教育研究,39(2):103-111.

[4] 曹茂甲,姜华,2021. 高校青年教师专业发展动力体系探析[J]. 教育科学,37(3):89-96.

[5] 曹梅,沈书生,柏宏权,2018. 数字化校园到智慧校园的差距与行动——来自南京市若干学校的调研分析[J]. 电化教育研究,39(1):49-54.

[6] 曹燕南,2019. 以"学"为中心的高校教学评价实践[J]. 江苏高教(3):13-20.

[7] 曹元坤,徐红丹,2017. 调节焦点理论在组织管理中的应用述评[J]. 管理学报,14(8):1254-1262.

[8] 曾兰芳,黄荣怀,2014. 大学教师教学方式变革的影响因素——基于结构方程模型的实证研究[J]. 开放教育研究,20(5):52-58.

[9] 曾玲晖,张翀,卢应梅,马楠,2016. 基于卓越教学视角的大学应用型人才培养模式研究[J]. 高等工程教育研究(1):19-23.

[10] 陈红,周萍,2015. 教学学术能力:青年教师教学发展的理性诉求[J]. 教育探索(4):124-126.

[11] 陈良雨,汤志伟,2020. 群落生态视角下一流学科组织模式研究[J]. 高校教育管理,14(1):8-15.

[12] 陈亮,2019. 高等教育改革与发展 70 年的中国特色道路[J]. 内蒙古社会科学(汉文版),40(2):177-184.

[13] 陈明学,郑锋,缪国钧,2018. 高校教师教学发展中心协同职能探究[J]. 中国大学教学(9):83-86.

［14］陈时见，2018. 高校教师教学发展概论［M］. 重庆：西南师范大学出版社.

［15］陈时见，周虹，2016. 高校教师教学发展的内涵特征与实践路径［J］. 高等教育研究，37(8)：35-39.

［16］陈时见，刘方林，2018. 比较教育的价值构建与主题选择——2015－2017 年中国比较教育研究的热点与动态分析［J］. 教育研究(1)：26-35.

［17］陈始发，朱格锋，2021. 论习近平立德树人重要论述的逻辑理路［J］. 现代教育管理(5)：15-21.

［18］陈涛，邬大光，2017. 高等教育公私并举与分类管理走势分析——基于中、法、德三国经验的视角［J］. 教育研究，38(7)：79-91.

［19］陈卫平，1994. 角色认知的概念与功能初探［J］. 社会科学研究(1)：106-111.

［20］陈向明，2000. 质的研究方法与社会科学研究［M］. 北京：教育科学出版社.

［21］陈向明，2015. 扎根理论在中国教育研究中的运用探索［J］. 北京大学教育评论，13(1)：2-15,188.

［22］陈宇齐，杨丹，2014. 商学院社会责任与成长研究［D］. 成都：西南财经大学.

［23］陈志勇，2013. 大学教师教学发展中心：是什么？做什么？［J］. 高等工程教育研究(6)：92-96.

［24］成思危，1999. 复杂科学与管理［J］. 中国科学院院刊，14(3)：175-183.

［25］程妍涛，顾荣芳，2017. 21 世纪以来国内外教师专业发展阶段研究述评［J］. 教育导刊(11)：17-22.

［26］丛立新，2007. 教学概念的形成及意义［J］. 北京师范大学学报(社会科学版)(5)：5-12.

［27］戴伟芬，梁慧芳，2022. 论跨界的教师教育者专业学习共同体构建［J］. 教育发展研究，42(2)：1-8.

［28］邓新明，张婷，许洋，等，2016. 企业社会责任对消费者购买意向的影响研究［J］. 管理学报，13(7)：1019-1027.

［29］樊亚峤，靳玉乐，2011. 新课程改革中教学理念转变的文化阻滞及突破［J］. 教育发展研究，31(2)：30-34.

［30］范国睿，2004. 复杂科学与教育组织管理研究［J］. 教育研究(2)：52-58.

［31］傅树京，2003. 教师发展学校：理念及特点［J］. 首都师范大学学报(社会科学版)(5)：115-119.

［32］高桂娟，邓媛媛，2008. 角色认同与职业操守——我国大学教师文化的反思与建构［J］. 教育理论与实践(21)：32-34.

[33] 高雪芬,2018.数学文化在大学数学课程中的应用——以"全国高校青年教师教学竞赛"获奖作品为例[J].数学教育学报,27(1):72-75.

[34] 郝永林,2014.国际教学学术运动的进展与挑战——基于英国、美国、澳大利亚三国的分析[J].现代大学教育(3):44-49.

[35] 何霞,2018.复杂系统下教师学习共同体的运行机制[J].中国职业技术教育(33):12-20.

[36] 侯浩翔,2018.校长领导方式可以影响教师教学创新吗?——兼论学校组织创新氛围的中介效应[J].教育科学,34(1):26-32.

[37] 胡礼祥,等.创新教育与教育创新:浙江大学城市学院本科应用型创新人才培养思考与实践[M].杭州:浙江人民出版社,2009.

[38] 胡敏,吴卫东,王真,2020."ZISU"联盟:教师发展学校建设的浙江经验——基于鲁曼社会系统理论的分析[J].教育发展研究,40(8):58-64.

[39] 胡小平,谢作栩,2020.疫情下高校在线教学的优势与挑战探析[J].中国高教研究(4):18-22.

[40] 黄敏,2014.知识之锚——从语境原则到语境主义知识论[M].上海:华东师范大学出版社.

[41] 黄起,张亚,2017.基于积极心理学视角下工作价值取向与员工工作绩效关系探索[J].企业科技与发展(7):133-137.

[42] 姜晓坤,朱泓,李志义,2018.新工科人才培养新模式[J].高教发展与评估,34(2):17-24.

[43] 姜竹青,姚利民,2014.一般高校青年教师教学发展研究[D].长沙:湖南大学.

[44] 蒋文昭,2009.教师德性的制度文化困境及超越[J].教育学术月刊(3):87-89.

[45] 焦燕灵,2013.高校教师教学发展的内涵、意义与路径指要[J].教育探索(4):89-91.

[46] 康翠萍,王磊,2016.高校教师教学发展应纳入学术发展轨道[J].教育研究,37(12):122-124.

[47] 亢樱青,芮益芳,2016.社会责任是企业持续发展的动力[J].商学院(5):72-73.

[48] 兰国帅,张怡,郭倩,等,2020.推动高等教育数字化转型:优化,持续和创新——《2020年十大IT议题》报告解读与启示[J].开放教育研究,26(5):

12-25.

[49] 李彬，2006. 产业结构的调整与人才需求及其培养模式[J]. 高等工程教育研究，5(7)：70-74.

[50] 李方安，陈向明，2016 大学教师对"好老师"之理解的实践推理——一项扎根理论研究的过程及其反思[J]. 教育学报，12(2)：58-70.

[51] 李广，冯江，2016. 回归教学：大学教学评价的基本价值追求——以东北师范大学为例[J]. 教育研究，37(10)：150-155.

[52] 李广，解书，2017. 习近平论教师[J]. 全球教育展望(10)：3-10.

[53] 李立国，2016. 工业 4.0 时代的高等教育人才培养模式[J]. 清华大学教育研究，37(1)：6-15.

[54] 李世珍，郝婉儿，2021 习近平新时代高校教师队伍建设重要论述研究[J]. 北京交通大学学报（社会科学版），20(2)：141-147.

[55] 李亚慧，刘华，朱恩东，等，2020. 高校青年教师不同工作价值取向对其工作绩效的影响研究[J]. 财经理论研究(4)：86-95.

[56] 李亚慧，张艺鏻，2020. 为什么工作:高校青年教师职业发展管理与工作价值取向的研究展望[J]. 内蒙古财经大学学报，18(1)：35-38.

[57] 李燕萍，龙玎，2014. 国内外高承诺人力资源管理理论综述及其运用研究[J]. 科技进步与对策，31(4)：156-160.

[58] 李义茹，黄甫全，曾文婕，等，2018. 论指向教师有效专业发展的学习学术[J]. 高教探索(1)：111-119.

[59] 李志河，刘芷秀，聂建文，2020. 高校在线教师教学学术能力的评价指标体系构建[J]. 远程教育杂志，38(5)：81-89.

[60] 李志河，忻慧敏，王孙禹，等，2020. 教学学术的学术本质及其发展路径[J]. 现代教育管理(6)：69-76.

[61] 李中国，黎兴成，2015. 我国高校教师教学研究的热点状况分析——基于 2005－2015 年 CNKI 文献的共词分析[J]. 教育研究，36(12)：59-66.

[62] 刘隽颖，2018. 大学教师教学学术能力及其提升策略[J]. 黑龙江高教研究(2)：5-7.

[63] 刘庆昌，2011. 教学主体的角色德性[J]. 教育理论与实践，31(4)：50-53.

[64] 刘学东，袁靖宇，2018.美国大学生批判性思维能力培养研究——以斯坦福大学为例[J]. 高教探索(9)：4-50.

[65] 刘亚，龙立荣，2009. 职业决策理论的线索与趋势[J]. 教育研究与实验(2)：

78-81.

[66] 刘叶,邹晓东,2014. 探寻创业型大学的"中国特色与演变路径"——基于国内三所研究型大学学术创业实践的考察[J]. 高等工程教育研究(3):44-49.

[67] 刘宇,张华,2009. 意义的探寻——学生课程参与研究[D].上海:华东师范大学.

[68] 刘振天,2017. 教学与科研内在属性差异及高校回归教学本位之可能[J]. 中国高教研究(6):18-25.

[69] 龙立荣,方俐洛,凌文辁,2000. 职业成熟度研究进展[J]. 心理科学,23(5):595-598.

[70] 鲁子箫,王嘉毅,2021. 扎根中国大地办教育的理论内涵与实践面向——学习习近平总书记关于教育的重要论述[J]. 教育研究,42(2):4-12.

[71] 陆国栋,孙健,朱慧,2014. 教师教学发展的融合理念与现实探索[J]. 中国高等教育(6):32-34,46.

[72] 陆国栋,王小梅,张聪,等,2019. 我国普通本科院校教师教学发展指数:设计、实践与启示[J]. 中国高教研究(7):6-11.

[73] 陆国栋,赵春鱼,颜晖,等,2019. 本科院校教师教学竞赛发展现状及模式创新[J]. 中国高教研究(7):86-90.

[74] 罗家德,曾丰又,2019. 基于复杂系统视角的组织研究[J]. 外国经济与管理,41(12):112-134.

[75] 吕林海,2009. 大学教学学术的机制及其教师发展意蕴[J]. 高等教育研究(8):83-88.

[76] 吕素珍,2013. 论大学教师角色冲突的内在成因及其解决策略[J]. 湖北社会科学(7):161-164.

[77] 马楠,陆国栋,2020. 高校教师教学发展的路径和优化策略研究——基于浙江省本科院校的实证分析[J]. 高等工程教育研究(2):177-182.

[78] 马楠,曾玲晖,刘叶,2017.基于协同创新的应用型本科高校创业教育模式研究[J].高等工程教育研究(4):146-150.

[79] 马思腾,赵茜,焦欣然,2018. 自主支持:教师教学方式的转变[J]. 华东师范大学学报(教育科学版),36(1):15-21.

[80] 毛道维,任佩瑜,2005. 基于管理熵和管理耗散的企业制度再造的理论框架[J]. 管理世界(2):108-117,132.

[81] 毛菊,2019. 从机械到复杂的范式转型:教师学习观变迁及启示[J]. 教育理

论与实践(31)：35-39.

[82] 毛智辉，眭依凡，2018. 高校教师韧性发展的影响因素研究——基于扎根理论的探索性分析[J]. 江苏高教(8)：74-79.

[83] 努斯鲍姆，2017. 功利教育批判：为什么民主需要人文教育[M]. 肖聿，译. 北京：新华出版社.

[84] 潘懋元，蔡宗模，朱乐平，等，2019. 中国高等教育改革发展70周年：回顾与前瞻——潘懋元先生专访[J]. 重庆高教研究，7(1)：2,5-9.

[85] 潘懋元，罗丹，2007. 高校教师发展简论[J]. 中国大学教学(1)：5-8.

[86] 潘懋元，2018. 主动适应新时代新形势 发展高等教育中国学派——在厦门大学教育研究院40周年庆祝大会上的讲话[J]. 高等教育研究，39(6)：1-2.

[87] 潘懋元，李国强，2016.2030年中国高等教育现代化发展前瞻[J]. 中国高等教育(17)：5-7.

[88] 裴跃进，2008.教师专业发展阶段基本内涵的探究[J].重庆文理学院学报（社会科学版）(1)：17-23.

[89] 戚如强，2018. 习近平师德观述论[J]. 社会主义研究(3)：27-33.

[90] 戚聿东，丁述磊，刘翠花，2021. 数字经济时代新职业发展与新型劳动关系的构建[J]. 改革(9)：65-81.

[91] 钱学森，于景元，戴汝为，1990. 一个科学新领域——开放的复杂巨系统及其方法论[J]. 自然杂志(1)：3-10,64.

[92] 乔浩风，2014. 本科教学质量保障：学生课程参与的视角[J]. 黑龙江高教研究(9)：70-72.

[93] 瞿葆奎，郑金洲，1998. 教育学逻辑起点：昨天的观点与今天的认识(二)[J]. 上海教育科研(4)：6,15-20.

[94] 饶爱京，万昆，邹维，2019. 教育大数据时代高校教师教学领导力建设[J]. 现代教育管理(1)：57-61.

[95] 任佩瑜，张莉，宋勇，2001. 基于复杂性科学的管理熵、管理耗散结构理论及其在企业组织与决策中的作用[J]. 管理世界(6)：142-147.

[96] 任湘郴，杨立邦，任腾，2017. 企业社会责任对员工工作绩效的跨层次作用研究——基于组织认同感的中介作用[J]. 湖南社会科学(4)：61-66.

[97] 邵宝祥，2008.北京市中小学教师继续教育开创阶段工作的回顾与思考[J]. 北京教育学院学报(3)：11-15.

[98] 沈翰，2009. 论课程改革要唤醒教师应具备的课程意识[J]. 天津师范大学学

报(基础教育版),10(1):33-35.

[99]沈辉香,何齐宗,彭旭,2018.有机体理论视野下的高校教师教学[J].江苏高教(2):18-21.

[100]时龙,2013.复杂系统研究的基本思想及教育反思[J].教育科学研究(7):13-20.

[101]史兴松,程霞,2020.国内教师身份认同研究:回顾与展望[J].现代教育管理(4):54-60.

[102]宋洁绚,2018.高校教师教学发展中心实践机理探源——以美国詹姆士麦迪逊大学教师创新中心为例[J].国家教育行政学院学报(8):54-59.

[103]苏强,吕帆,林征,2015.大学教师教学发展的理性思考与超越之维[J].教育研究,36(12):52-58,72.

[104]眭依凡,2000.大学使命:大学的定位理念及实践意义[J].教育发展研究(9):18-22.

[105]眭依凡,2012.大学文化理性与文化育人之责[J].中国高等教育(12):6-9.

[106]眭依凡,2019.关于一流大学建设与大学治理现代化的理性思考[J].中国高教研究(5):1-5,48.

[107]眭依凡,赵彩霞,2017.自主与自律:大学教师权力与责任的博弈[J].江苏高教(8):5-8.

[108]唐玉生,2020.高校青年教师培养:挑战:任务与策略[J].现代教育管理(1):101-106.

[109]田虹,所丹妮,2020.基于企业社会责任导向的环境变革型领导对环境组织公民行为的影响机制研究[J].管理学报,17(5):755-762.

[110]万里鹏,陈雅,郑建明,2004.数字化校园:21世纪大学的概念模型[J].情报科学,22(2):143-146.

[111]汪霞,崔军,2015.高校教师教学发展的理论基础与促进策略[J].中国高教研究(11):87-91.

[112]王策三,1985.教学论稿[M].北京:人民教育出版社.

[113]王凤彬,郑腾豪,刘刚,2018.企业组织变革的动态演化过程——基于海尔和IBM纵向案例的生克化制机理的探讨[J].中国工业经济(6):174-192.

[114]王国明,2017.大学教师教学发展的模式研究[J].教师教育学报,4(4):39-45.

[115]王建华,2007.大学教师发展——"教学学术"的维度[J].现代大学教育(2):1-5.

[116] 王静,马楠.2021.基于管理耗散的现代人力资源聘用管理制度创新策略研究[J].商场现代化(11):97-99.

[117] 王可,2020.学生课程理解的意涵、内容与条件[J].教育理论与实践,40(31):60-64.

[118] 王琼,2022.职业可续视角下的工作重塑行为研究:动力、路径及干预机制[J].心理科学进展,30(3):499-510.

[119] 王若梅,2021.新时代高校教师教学发展机制的反思与重建[J].黑龙江高教研究(5):85-89.

[120] 王小博,张毅,2020.一流专业背景下教师课堂质量提升策略——评《教师教学设计:改进课堂教学实践》[J].教育理论与实践,40(5):2-2.

[121] 王瑛,贾义敏,王文惠,等,2014.教育信息化管理实践中的领导力研究[J].远程教育杂志,32(2):13-24.

[122] 王玉衡,2006.美国大学教学学术运动[J].清华大学教育研究(2):84-90.

[123] 王长纯,2001.教师专业化发展:对教师的重新发现[J].教育研究(11):45-48.

[124] 翁清雄,卞泽娟,2015.组织职业生涯管理与员工职业成长:基于匹配理论的研究[J].外国经济与管理,37(8):30-42.

[125] 邬大光,2013.教学文化:大学教师发展的根基[J].中国高等教育(8):34-36.

[126] 邬大光,李文,2020.我国高校大规模线上教学的阶段性特征[J].华东师范大学学报(教育科学版),38(7):1-30.

[127] 邬建国,1991.耗散结构、等级系统理论与生态系统[J].应用生态学报,2(2):181-186.

[128] 毋丹丹,2014.传统教师德性内涵的现代建构[J].教师教育研究,26(1):22-27.

[129] 吴爱华,杨秋波,郝杰,2019.以"新工科"建设引领高等教育创新变革[J].高等工程教育研究(1):1-7.

[130] 吴明隆,2013.结构方程模型——AMOS实务进阶[M].重庆:重庆大学出版社.

[131] 吴彤,1998.耗散结构理论的自组织方法论研究[J].科学技术与辩证法(6):19-24.

[132] 吴振利,饶从满,2010.美国大学教师教学发展研究[D].长春:东北师范大学.

[133] 夏飞,高燕,2015.内源与外源发展:教师专业发展的实践博弈[J].中国教育学刊(8):86-91,100.

[134] 萧浩辉,1995.决策科学辞典[M].北京:人民出版社.

[135] 熊晓梅,2020.把握好高校思想政治教育立德树人的四个维度——学习贯彻习近平总书记关于思想政治教育重要论述[J].现代教育管理(8):23-29.

[136] 徐广东,2020."行动学习":"行动—反思"模式在大学教学中的应用[J].中国大学教学(5):81-86.

[137] 徐继红,董玉琦,2012.我国高校教师发展研究现状与进展分析[J].中国高教研究(4):77-80.

[138] 徐小洲,阚阅,2021.跨入新全球化——新时期我国教育对外开放的挑战与对策[J].教育研究,42(1):129-137.

[139] 徐延宇,2013.建立高校教师教学能力提升的有效机制[J].中国高等教育(21):48-50.

[140] 徐延宇,李政云,2010.美国高校教师发展:概念、变迁与理论探析[J].黑龙江高教研究(12):50-53.

[141] 薛姣,2020."6+1"发展指数下公安院校教师教学发展的路径及行动策略研究[J].公安教育(11):71-73.

[142] 闫涛,曹明福,刘玉靖,2021.面向一流的学科知识与组织系统模型构建及运行机制研究[J].研究生教育研究(1):74-84.

[143] 杨保成,2020.数字化转型背景下地方应用型本科高校的教育创新与实践[J].高等教育研究,41(4):45-55.

[144] 杨超,2018."专业学术人"抑或"教学学术人"——大学青年教师职业角色的选择取向及重构[J].江苏高教(6):45-49.

[145] 杨德广,2020.习近平总书记关于教育的重要论述对毛泽东和邓小平教育思想的传承和发展[J].重庆高教研究,8(5):5-17.

[146] 杨林,赵春鱼,陆国栋,等,2020.地方本科高校教师教学发展特征的数据分析[J].高等教育研究,41(12):84-92.

[147] 杨晓哲,任友群,2015.数字化时代的 STEM 教育与创客教育[J].开放教育研究,21(5):35-40.

[148] 杨秀玉,1999.教师发展阶段论综述[J].外国教育研究(6):36-41.

[149] 叶澜,2001.思维在断裂处穿行——教育理论与教育实践关系的再寻找[J].中国教育学刊(4):3-8.

[150] 叶映华，尹艳梅，2013. 大学生批判性思维的认知特点及培养策略探析——基于小组合作探究的实证研究[J]. 教育发展研究，39(11)：66-74.

[151] 伊翠娟，2018. 后现代背景复杂性教育学视野下课程教学未来发展方向研究——评《后现代与复杂性教育学》[J]. 学前教育研究(1)：73-73.

[152] 尹天光，2021. 基于大数据分析的高校教师教学发展性评价体系构建研究[J]. 教育理论与实践，41(27)：42-45.

[153] 有本章，丁妤，2006. 教师发展(FD)的课题——日本的视角[J]. 复旦教育论坛，4(6)：5-11.

[154] 于畅，高向辉，李明，2020. 高等教育供给侧改革的动因、逻辑和实现路径[J]. 现代教育管理(8)：16-22.

[155] 余荔，2018. 高校教师校外兼职的实证研究——基于角色冲突的视角[J]. 中国高教研究(8)：53-59.

[156] 袁莉，斯蒂芬，鲍威尔，等，2014. 后 MOOC 时代：高校在线教育的可持续发展[J]. 开放教育研究，20(3)：44-52.

[157] 袁维新，2003. 教学学术：一个大学教师专业发展的新视角[J]. 高教探索(1)：22-25.

[158] 原霞，2012. 教师学习共同体：高校教师教学学术发展的一种新范式[J]. 福建师范大学学报(哲学社会科学版)(1)：156-161.

[159] 张丽文，郭凤敏，曲环，2020. 指向教师专业发展的学校组织变革[J]. 现代教育管理(3)：65-70.

[160] 张连红，陈德良，王丽萍，2014. 高校教学文化建设与教师教学发展[J]. 中国高等教育(3)：47-49.

[161] 张人杰，2005. 教师专业化：亟需更深入研究的若干问题[J]. 比较教育研究(9)：47-52.

[162] 张蔚磊，李馨，赵云建，2014. 高等教育数字化学习的未来——访哈佛大学教育技术学专家克里斯·德迪教授[J]. 中国电化教育(12)：3-7.

[163] 张曦琳，2020. 智能时代高校教师的身份危机及其重塑[J]. 现代教育技术，30(11)：5-11.

[164] 张遐，朱志勇，2018. 开放大学教师角色认同建构个案研究——社会学符号互动论和建构论视角[J]. 开放教育研究，24(1)：68-81.

[165] 张学敏，张翔，2011. 教师职业专业化的异化与转型——基于社会分工演进的考察[J]. 教育研究(12)：68-72.

[166] 张艳,2001.终身学习全球化趋势下的教师职后培训与角色定位[J].比较教育研究（5）：49-52.

[167] 张应强,2014.高等教育全面深化改革需要对高等教育改革进行改革[J].中国高教研究（10）：16-20.

[168] 张志学,2010.组织心理学研究的情境化及多层次理论[J].心理学报,42(1)：10-21.

[169] 章建丽,2008.英国剑桥大学的大学教师发展及其启示[J].外国教育研究：51-54.

[170] 赵春鱼,2016.高校课程质量评价存在的问题及其改进——基于全国49所高校的现状调查[J].教育发展研究,36(23)：44-51,79.

[171] 赵春鱼,颜晖,吴英策,等,2019.全国普通本科院校教师教学发展指数模型构建及初步应用[J].中国高教研究（7）：12-17,24.

[172] 赵慧臣,马佳雯,姜晨,等,2019.创客教师教学能力提升研究的反思与建议[J].现代教育技术,29(5)：119-125.

[173] 赵菊珊,2021.基于教学学术视角的高校教师教学发展思考[J].中国大学教学（8）：92-96.

[174] 赵炬明,高筱卉,2020.赋能教师：大学教学学术与教师发展——美国以学生为中心本科教学改革研究之七[J].高等工程教育研究（3）：17-36.

[175] 赵巍,2021.后疫情时代的高校在线教学质量管理[J].现代教育管理（5）：107-112.

[176] 郑琼鸽,余秀兰,2020.地方高校教师创业型角色认同的过程机制研究[J].复旦教育论坛,18(2)：65-71.

[177] 钟启泉,2012.教学实践模式与教师的实践思维——兼评"特殊教学认识论"[J].教育研究,33(10)：108-114.

[178] 钟祖荣,张莉娜,2012.教师专业发展阶段的调查研究及其对职后教师教育的启示[J].教师教育研究,24(6)：20-25,40.

[179] 周波,2020.教学认同：高校教师回归本分的内生力[J].高教探索（11）：113-120.

[180] 周玲,康翠萍,2018.我国高校教师教学发展研究热点及演化——基于科学知识图谱的实证分析[J].教师教育论坛,31(1)：14-22.

[181] 朱炎军,2021.大学教学学术的理论审视：价值、困境与走向[J].高校教育管理,15(1)：107-116.

［182］左璜，黄甫全，2012. 行动者网络理论:教育研究的新视界[J]. 教育发展研究，32(4):15-19.

［183］AGUINIS H，EDWARDS J R，BRADLEY K J，2017. Improving Our Understanding of Moderation and Mediation in Strategic Management Research[J]. Organizational Research Methods，20(4):665-685.

［184］AKERLIND G S，2005. Academic Growth and Development: How Do University Academics Experience It? [J]. Higher Education1(50):1-32.

［185］BERGQUIST W H，PHILLIPS S R，1975. A Handbook for Faculty Development:Vol. 2[M]. Washington,D C: The Council for Advancement of Small Colleges.

［186］BLIESE P D，CHAN D，PLOYHART R E，2007. Multilevel Methods: Future Directions in Measurement，Longitudinal Analyses，and Nonnormal Outcomes[J]. Organizational Research Methods，10(4):551-563.

［187］BOICE R，1984. Reexamination of Traditional Emphases in Faculty Development[J]. Research in Higher Education，21(2):195-209.

［188］CARRILLO C，FLORES M A，2018. Veteran Teachers' Identity: What does The Research Literature Tell Us? [J]. Cambridge Journal of Education，48(5):639-656.

［189］CROW M L,Milton O,Moomaw W E,et al. ,1976. Faculty Development Centers in Southern Universities [M]. Atlanta: Southern Regional Education Board.

［190］DAVIDSON J C，CADDELL D P，1994. Religion and the Meaning of Work[J]. Journal for The Scientific Study of Religion:135-147.

［191］EBLE K E，MCKEACHIE W J，1985. Improving Undergraduate Education Through Faculty Development:An Analysis of Effective Programs and Practices[M]. San Francisco: Jossey-Bass.

［192］FENWICK T，EDWARDS R，2011. Introduction: Reclaiming and Renewing Actor Network Theory for Educational Research[J]. Educational Philosophy and Theory，43(sup1):1-14.

［193］FESSLERR，1985. A Model for Teacher Professional Growth and Development[C]//Burke P J and Heideman R G (Eds.). Career-long Teacher Education. Springfield: Charles C Thomas Publisher:181-193.

[194] FRANCIS J B, 1975. How do We Get There from Here?: Program Design for Faculty[J]. The Journal of Higher Education, 46(6): 719-732.

[195] FRENAY M, SAROYAN A, EBRARY I, 2010. Building Teaching Capacities in Higher Education: A Comprehensive International Model[M]. London: Tayor & Francis.

[196] GAFF J, 1975. Toward Faculty Renewal: Advances in Faculty, Institutional and Organizational Development[M]. San Francisco: Jossey-Bass.

[197] GAIHRE G P, KHANAL J, GHIMIRE S, 2021. Practices and Challenges of Teachers Motivation in Community Colleges of Nepal[J]. Community College Journal of Research and Practice, 46(11): 778-795.

[198] GREEN Z A, 2021. Strengthening Career Adaptation among School Teachers in Pakistan: Test of Strengths-based Career Intervention Imparted through Emotionalized Learning Experiences[J]. International Journal for Educational and Vocational Guidance(1): 1-33.

[199] GRIFFIN M A, NEAL A, PARKER S K, 2007. A New Model of Work Role Performance: Positive Behavior in Uncertain and Interdependent Contexts[J]. Academy of Management Journal, 50(2): 327-347.

[200] GUAN Y, DENG H, FAN L, et al., 2021. Theorizing Person-environment Fit in A Changing Career World: Interdisciplinary Integration and Future Directions[J]. Journal of Vocational Behavior, 126: 103557.

[201] HIGGINS E T, 1997. Beyond Pleasure and Pain[J]. American Psychologist, 52(12): 1280-1300.

[202] HU L, BENTLER P M, 1999. Cutoff Criteria for Fit Indexes in Covariance Structure Analysis: Conventional Criteria Versus New Alternatives[J]. Structural Equation Modeling: A Multidisciplinary Journal, 6(1): 1-55.

[203] HUSEN T, POSTLETHWAITE T N, 1985. International Encyclopedia of Education[M]. 2nd ed. Oxford: Pergamon Press.

[204] JACCARD J, TURRISI R, 2003. Interaction Effects in Multiple Regression[M]. Newbury Park: Sage Publications.

[205] JOHNS G, 2006. The Essential Impact of Context on Organizational Behavior[J]. Academy of Management Review, 31(2): 386-408.

[206] KERLIND G S, 2005. Academic Growth and Development-How do Uni-

versity Academics Experience It? [J]. Higher Education, 50(1): 1-32.

[207] LEBRETON J M, SENTER J L, 2008. Answers to 20 Questions about Interrater Reliability and Interrater Agreement[J]. Organizational Research Methods, 11(4): 815-852.

[208] MAXWELL J A, 2001. The Carnegie Classification of Institutions of Higher Education[M]. Menlo Park: The Carnegie Foundation for the Advancement of Teaching.

[209] MCALLISTER D J, 1995. Affect- and Cognition-Based Trust as a Foundation for Interorganisational Cooperation in Organisations[J]. Academy of Management Journal, 38(1): 24-59.

[210] MCALPINE L, AMUNDSEN C, 2005. Academic Communities and Developing Identity: The Doctoral Student Journey[M]. New York: Nova Publishing.

[211] MIAO Q, NEWMAN A, HUANG X, 2014. The Impact of Participative Leadership on Job Performance and Organizational Citizenship Behavior: Distinguishing between the Mediating Effects of Affective and Cognitive Trust[J]. International Journal of Human Resource Management, 25(20): 2796-2810.

[212] NEWMANN F, 1992. Student Engagement and Achievement in American Secondary Schools[M]. New York: Teachers College Press.

[213] PARSONS F, 1909. Choosing a Vocation[M]. Boston: Houghton-Mifflin.

[214] PRUSSIA G E, AND J S A, MANZ C C, 1998. Self-leadership and Performance Outcomes: The Mediating Influence of Self-efficacy[J]. Journal of Organizational Behavior, 19(5): 523-538.

[215] REYNOLDS N, DIAMANTOPOULOS A, SCHLEGELMILCH B, 1993. Pre-testing in Questionnaire Design: A Review of the Literature and Suggestions for Further Research[J]. International Journal of Market Research 35(2): 1-11.

[216] RIEGLE R P, 1987. Conceptions of Faculty Development[J]. Educational Theory, 37(1): 53-59.

[217] ROBERT B, 1984. Reexamination of Traditional Emphases in Faculty Development[J]. Research in Higher Education, 21(2): 195-209.

[218] RUDOLPH C W, LAVIGNE K N, ZACHER H, 2017. Career Adaptabil-

ity: A Meta-analysis of Relationships with Measures of Adaptivity, Adapting Responses, and Adaptation Results[J]. Journal of Vocational Behavior(98): 17-34.

[219] SMITH A B, 1976. Faculty Development and Evaluation in Higher Education[M]. Washington, D C: The American Association for Higher Education.

[220] SORCINELLI M D, 2007. Faculty Development: The Challenge Going Forward[J]. Peer Review: Emerging Trends and Key Debates in Undergraduate Education, 9(4): 4-8.

[221] SORCINELLI M D, AUSTIN A E, EDDY P L,et al., 2005. Creating the Future of Faculty Development: Learning from the Past, Understanding the Present[M]. Bolton: Anker Publishing Company.

[222] STANLEY C A, 2001. The Faculty Development Portfolio: A Framework for Documenting the Professional Development of Faculty Developers[J]. Innovative Higher Education, 26(1): 23-36.

[223] STEINERT Y, 2008. Teaching Rounds: The "Problem" Junior: Whose Problem Is It? [J]. Bmj British Medical Journal, 336(7636): 150-153.

[224] STRAUSS A, CORBIN J M, 1990. Basics of Qualitative Research: Grounded Theory Procedures and Techniques[M]. Newbury Park: Sage Publications.

[225] TAYLOR K L, COLETNR. Make the Shift form Faculty Development to Educational Development: A Conceptual Framework Grounded in Practice [M]// SAROYAN A, FRENAY M. Bulding Teaching Capacities in Higher Education: A Comprehensive International Model. Sterling: Stylus Publishing, 2010.

[226] TROW M, 1973. Problems in the Transition from Elite to Mass Higher Education[M]. Berkeley: McGraw-Hill.

[227] VAN MANEN M, 1994. Pedagogy, Virtue, and Narrative Identity in Teaching[J]. Curriculum Inquiry, 24(2): 135-170.

[228] WALLACE J C, JOHNSON P D, FRAZIER M L, 2009. An Examination of the Factorial, Construct, and Predictive Validity and Utility of the Regulatory Focus at Work Scale[J]. Journal of Organizational Behavior, 30 (6): 805-831.

附　录

附录 1　数据采集过程中申请教育部信息公开有关情况

为了采集全国高校教师教学发展态势分析原始数据，本书作者 2019 年数次向教育部申请了部分状态数据[①]信息公开，使得 30 余年来的分析数据得以完善。

中华人民共和国教育部
Ministry of Education of the People's Republic of China

当前位置：首页 > 依申请公开

申请人信息	公民	姓名	马楠	工作单位	浙江大学
		证件名称	身份证	证件号码	330106198108310411
		联系电话	13813 66958	传真	
		电子邮箱	11803030@zju.edu.cn	邮政编码	310015
		联系地址	浙江杭州西湖区湖州街50号		
		申请时间	2019-02-24 15:57		
所需信息情况	信息索引				
	所需信息的内容描述	1998年教育部《关于表彰全国优秀教师和全国优秀教育工作者的决定》及其附件全国优秀教师和优秀教育工作者名单（含工作单位）			
	所需信息的用途	高等教育发展研究，分析全国教师荣誉奖项的实施情况。			
	获取信息的方式	电子邮件			
	附件				
处理状态	已受理				
信息处理情况	回复内容	政府信息公开申请告知书 教公开告〔2019〕第87号 马楠先生： 　你好！本机关收到你在线提交的政府信息公开申请，要求公开"1998年教育部《关于表彰全国优秀教师和全国优秀教育工作者的决定》及其附件"。 　根据《中华人民共和国政府信息公开条例》第二十一条，你申请的信息属于主动公开的范围，材料见附件，我部现存档案中仅保存部分全国优秀教师和全国优秀教育工作者名单，供参考。 　根据《中华人民共和国政府信息公开条例》第三十三条的规定，如你认为本机关在政府信息公开工作中的具体行政行为侵犯了你的合法权益，可自收到本答复之日起六十日内向教育部申请行政复议，或者六个月内向北京市第一中级人民法院提起行政诉讼。			

[①]申请查询号为：644107558155C995073161、644107558155186209071、644107558155262504074。

Languages 微言教育 无障碍浏览

中华人民共和国教育部
Ministry of Education of the People's Republic of China

当前位置：首页 > 依申请公开

申请人信息	公民	姓名	马楠	工作单位	浙江大学
		证件名称	身份证	证件号码	330106198108310411
		联系电话	13819166958	传真	
		电子邮箱	11803030@zju.edu.cn	邮政编码	310015
		联系地址	浙江杭州拱墅区湖州街50号浙江大学城市学院行政楼705		
		申请时间	2019-03-15 12:44		

所需信息情况	信息索引	
	所需信息的内容描述	贵部1991年和1995年关于表彰全国优秀教师和优秀教育工作者的决定及其附件名单（含工作单位信息）
	所需信息的用途	本人系浙江大学高等教育领导与管理在读博士生，拟在导师指导下开展高等学校教师发展指数的相关研究工作，需要上述数据做研究使用，本人确保不用于其他无关用途。
	获取信息的方式	网上查询,邮寄,电子邮件

申请人信息	公民	姓名	马楠	工作单位	浙江大学
		证件名称	身份证	证件号码	330106198108310411
		联系电话	13819166958	传真	
		电子邮箱	11803030@zju.edu.cn	邮政编码	310015
		联系地址	浙江杭州拱墅区湖州街50号		
		申请时间	2019-03-06 16:48		

所需信息情况	信息索引	
	所需信息的内容描述	需要1989年、1991年、1993年、1995年全国优秀教师和优秀教育工作者名单（含所在单位）的电子稿，或请告知何处可借阅登记上述名单的纸质光荣册。上述名单应为当年表彰文件的附件，但官网上只有文件，相关附件缺失（登记名单的光荣册也无处借阅，省档案馆和教育厅都没有找到）。
	所需信息的用途	本人系浙江大学教育学院博士研究生，需要上述信息进行全国高校教师发展指数研究。以上信息确保仅用于研究用途。
	获取信息的方式	网上查询,邮寄,电子邮件
	附件	

信息处理情况	处理状态	待处理

教育部政务公开办公室

政府信息公开申请告知书

教公开告〔2019〕第 87 号

马楠先生：

你好！本机关收到你在线提交的政府信息公开申请，要求公开"1998 年教育部《关于表彰全国优秀教师和全国优秀教育工作者的决定》及其附件"。

根据《中华人民共和国政府信息公开条例》第二十一条，你申请的信息属于主动公开的范围，材料见附件，我部现存档案中仅保存部分全国优秀教师和全国优秀教育工作者名单，供参考。

根据《中华人民共和国政府信息公开条例》第三十三条的规定，如你认为本机关在政府信息公开工作中的具体行政行为侵犯了你的合法权益，可自收到本答复之日起六十日内向教育部申请行政复议，或者六个月内向北京市第一中级人民法院提起行政诉讼。

感谢你对教育事业的关心和支持。

附件：关于表彰全国优秀教师和全国优秀教育工作者的决定及部分附件

教育部政务公开办公室

2019 年 3 月 13 日

教育部政务公开办公室

政府信息公开申请告知书

教公开告〔2019〕第 98 号

马楠先生：

你好！本机关收到你在线提交的政府信息公开申请，要求公开"1991 年和 1995 年关于表彰全国优秀教师和优秀教育工作者的决定及其附件名单"。

根据《中华人民共和国政府信息公开条例》第二十一条，你申请的信息属于主动公开的范围，材料见附件。

根据《中华人民共和国政府信息公开条例》第三十三条的规定，如你认为本机关在政府信息公开工作中的具体行政行为侵犯了你的合法权益，可自收到本答复之日起六十日内向教育部申请行政复议，或者六个月内向北京市第一中级人民法院提起行政诉讼。

感谢你对教育事业的关心和支持。

附件：关于表彰全国优秀教师和全国优秀教育工作者的决定及附件

教育部政务公开办公室

2019 年 3 月 25 日

附录 2　全国本科院校教师教学发展指数(2021)三级指标体系情况表

一级指标	二级指标	三级指标
01 教师团队	0101 立德树人	010101 立德树人
	0102 教学名师	010201 教学名师
	0103 教学团队	010301 教学团队
	0104 教学指导委员会	010401 教育部高等学校教学指导委员会
		010402 国家教育咨询专家委员会
		010403 教育部高等学校教师培养教学指导委员会
		010404 全国教师教育课程资源专家委员会
		010405 全国民族教育专家委员会
		010406 全国高校美育教学指导委员会
		010407 教育部基础教育教学指导专业委员会
		010408 师范类专业认证专家委员会
		010409 师德师风建设专家委员会
	0105 指导教师	010501 全国万名优秀创新创业导师
02 教改项目	0201 综合类	020101 世行贷款项目
		020102 "新世纪教改"项目
		020103 人才培养模式创新实验区
		020104 "六卓越一拔尖"培养计划
		020105 试点学院
		020106 "新工科"研究与实践项目
		020107 "新农科"研究与改革实践项目
		020108 网络学习
		020109 未来技术学院
		020110 "新文科"研究与改革实践项目
		020111 教学示范中心
	0202 专业类	020201 特色专业
		020202 农科教合作人才培养基地
		020203 专业综合改革试点项目
		020204 专业认证
		020205 一流专业

续表

一级指标	二级指标	三级指标
02 教改项目	0203 课程类	020301 精品课程
		020302 双语教学示范课程
		020303 精品视频公开课
		020304 精品资源共享课
		020305 精品在线开放课程
		020306 思政课程 & 课程思政
		020307 一流课程
	0204 教学基地	020401 理科基础科学研究和教学人才培养基地
		020402 文科基础学科人才培养和科学研究基地
		020403 工科基础课程教学基地
		020404 大学生文化素质教育基地
		020405 示范性软件学院
		020406 生命科学与技术人才培养基地
		020407 集成电路人才培养基地
		020408 动画教学研究基地
		020501 实验教学示范中心
		020502 临床技能综合培训中心
	0205 实验实践类	020503 大学生校外实践教育基地
		020504 大学生野外实践教育基地
		020505 工程实践教育中心
		020506 大学生创新创业训练计划
		020507 产学合作协同育人项目
		020508 虚拟仿真实验教学中心
		020509 虚拟仿真实验教学项目
		020510 临床教学培训示范中心
		020511 创新创业荣誉类
03 教材项目	0301 "马工程"教材	030101 "马工程"教材
	0302 "规划教材"	030201 "规划教材"
	0303 "精品教材"	030301 "精品教材"
	0304 "优秀教材"	030401 "优秀教材"
04 教学论文	0401 教育研究	0402 北京大学教育评论	0403 中国高教研究
	0404 高等工程教育研究	0405 高等教育研究	0406 清华大学教育研究
	0407 高校教育管理	0408 教育发展研究	0409 中国大学教学
	0410 复旦教育论坛	0411 江苏高教	0412 研究生教育研究
	0413 高教探索	0414 中国高等教育	0415 学位与研究生教育
	0416 高教发展与评估	0417 黑龙江高教研究	0418 现代大学教育

一级指标	二级指标	三级指标	
04 教学论文	0419 现代教育管理	0420 大学教育科学	0421 现代教育科学
05 教学成果奖	0501 高等教育教学成果奖	050101 特等奖	050102 一等奖
		050103 二等奖	050104 省级推荐
	0502 研究生教学成果奖	050201 特等奖	050202 一等奖
		050203 二等奖	
	0503 基础教育教学成果奖	050301 一等奖	050302 二等奖
	0504 民族院校教学成果	050401 一等奖	050402 二等奖
		050403 三等奖	
06 教师培训基地	0601 教师教学发展示范中心	060101 国家级教师教学发展示范中心	
		060102 省级教师教学发展示范中心	
	0602 西部受援高校教师和管理干部进修锻炼项目		
	0603 人工智能赋能教育	060301 人工智能赋能教育	
	0604 语言文字推广基地	060401 语言文字推广基地	
07 教师教学竞赛	"鼎阳杯"全国电工电子基础课程实验教学案例设计竞赛;"高校辅导员年度人物"推选展示活动;"外教社杯"全国高校外语教学大赛;"中医药社杯"全国高等中医药院校教师教学基本功竞赛;高等学校物理基础课程(实验课)青年教师讲课比赛;全国《麻醉学》独立开课讲课比赛;全国大学青年教师地质课程教学比赛;全国高等学校测绘类专业青年教师讲课竞赛;全国高等学校电子信息类专业青年教师授课竞赛;全国高等学校建筑材料青年教师讲课比赛;全国高等学校教师图学与机械课程示范教学与创新教学法观摩竞赛;全国高等学校结构力学及弹性力学青年教师讲课竞赛;全国高等学校青年教师电工学课程教学竞赛;全国高等学校青年教师电路、信号与系统、电磁场课程教学竞赛;全国高等学校青年教师电子技术基础、电子线路课程授课竞赛;全国高等学校物理基础课程青年教师讲课比赛;全国高等学校药学类青年教师教学能力大赛;全国高等学校中药学类专业青年教师教学设计大赛;全国高等学校自制实验教学仪器设备评选活动;全国高等院校工程应用技术教师大赛;全国高等院校英语教师教学基本功大赛;全国高校GIS青年教师讲课竞赛;全国高校城市地下空间工程专业青年教师讲课大赛;全国高校多媒体课件大赛;全国高校辅导员职业能力大赛;全国高校钢琴大赛;全国高校混合式教学设计创新大赛;全国高校经管类实验教学案例大赛;全国高校青年教师教学竞赛;全国高校数学微课程教学设计竞赛;全国高校数字艺术设计大赛;全国高校思想政治理论课教学展示活动;全国高校外语课程思政教学比赛;全国高校微课教学比赛;全国高校自动化专业青年教师实验设备设计"创客大赛";全国基础力学青年教师讲课比赛;全国基础医学青年教师讲课大赛;全国普通高等学校美术教育专业教师基本功展示;全国普通高等学校音乐教育专业教师基本功展示;全国医学(医药)院校青年教师教学基本功比赛;全国医学影像专业青年教师基本功竞赛;全国职业院校教师微课大赛;水利类专业青年教师讲课竞赛;外研社"教学之星"大赛;西浦全国大学教学创新大赛;信息化教学说课大赛;中国外语微课大赛等		

附录 3　浙江省本科高校教师教学发展指数(2021)指标体系情况表

一级指标	二级指标	三级指标
01 教师团队	0101 立德树人	010101 个人荣誉
		010102 集体荣誉
		010103 社会声誉
	0102 教学名师	010201 省级教学名师
		010202 省级教坛新秀
		010203 "××计划"教学名师
	0103 教学团队	010301 教学团队
		010302 课程思政示范基层教学组织
	0104 教学指导委员会	010401 高等学校教学指导委员会
		010402 基础课程改革专业指导委员会
		010403 教育信息化专家委员会
	0105 指导教师	010501 优秀创新创业导师
02 教改项目	0201 综合类	020101 高等教育教学改革项目
		020102 人才培养模式创新实验区
		020103 产教融合
		020104 应用型高校建设
		020105 课堂教学创新校
		020106 信息化教学改革
		020107 课堂思政示范校
	0202 专业类	020201 重点专业
		020202 优势专业
		020203 特色专业
		020204 一流专业
	0203 课程类	020301 精品课程
		020302 精品在线开放课程
		020303 一流本科课程
		020304 课堂思政示范课
	0204 教学基地	020401 教师教育基地
	0205 实验实践类	020501 实验教学示范中心
		020502 大学生校外实践教育基地
		020503 产学合作协同育人项目
		020504 虚拟仿真实验教学项目
		020505 创新创业项目
		020506 创新创业荣誉类

一级指标	二级指标	三级指标	
03 教材项目	0301 重点教材	030101 重点教材	
	0302 新形态教材	030201 新形态教材	
	0303 优秀教材	030301 优秀教材	
04 教学论文	0401 思想教育研究	0402 思想政治教育研究	0403 中国高校科技
	0404 中国特殊教育	0405 职教论坛	0406 职业技术教育
	0407 中国职业技术教育	0408 民族教育研究	0409 中国远程教育
	0410 教育与职业	0411 成人教育	0412 开放教育研究
	0413 远程教育杂志	0414 中国电化教育	0415 教师教育研究
	0416 现代远程教育研究	0417 电化教育研究	0418 全球教育展望
	0419 华东师范大学学报	0420 现代教育管理	0421 现代教育技术
	0422 教育学报	0423 比较教育研究	0424 现代远距离教育
	0425 教育与经济	0426 外国教育研究	0427 中国教育学刊
	0428 现代教育科学	0429 教育理论与实践	0430 教育科学
	0431 教育学术月刊	0432 当代教育科学	0433 当代教育与文化
	0434 河北师范大学学报	0435 当代教育论坛	0436 研究生教育研究
	0437 思想理论教育	0438 中国大学教学	0439 重庆高教研究
	0440 高教发展与评估	0441 黑龙江高教研究	0442 教育发展研究
	0443 学校党建与思想教育	0444 湖南师范大学教育科学学报	
	0445 国家教育行政学院学报	0446 苏州大学学报(教育科学版)	
05 教学成果奖	0501 高等教育教学成果奖	050101 特等奖	
		050102 一等奖	
		050103 二等奖	
	0502 基础教育教学成果奖	050201 特等奖	
		050202 一等奖	
		050203 二等奖	
06 教师培训基地	0601 教师教学发展示范中心	060101 教师教学发展示范中心	
	0602 教学研究示范中心	060201 课程思政教学研究示范中心	
	0603 研讨交流	060301 高校教学发展网络(CHED)年会	
07 教师教学竞赛	0701 高校青年教师教学竞赛	070101 浙江省高校青年教师教学竞赛	
	0702 高校微课教学比赛	070201 浙江省高校微课教学比赛	
	0703 高校辅导员职业能力大赛	070301 浙江省高校辅导员职业能力大赛	
	0704 高校多媒体课件大赛	070401 浙江省高校多媒体课件大赛	
	0705 互联网＋优秀课程案例	070501 浙江省互联网＋优秀课程案列	
	0706 互联网＋示范课堂	070601 浙江省互联网＋示范课堂	
	0707 高校思政微课教学比赛	070701 浙江省高校思政微课教学比赛	
	0708 教师教学创新大赛	070801 浙江省教师教学创新大赛	

附录4 浙江省地方本科高校基本情况表(含全国教发指数排名)

序号	学校名称	办学体制	全国教发指数排名	所在地市	建设工程
1	浙江工业大学	公办	61	杭州市	省重点建设校
2	浙江师范大学	公办	116	金华市	省重点建设校
3	宁波大学	公办	130	宁波市	一流专业、省重点建设校
4	杭州电子科技大学	公办	148	杭州市	省重点建设校
5	浙江理工大学	公办	167	杭州市	省重点建设校
6	温州医科大学	公办	182	温州市	省重点建设校
7	浙江工商大学	公办	189	杭州市	省重点建设校
8	温州大学	公办	212	温州市	省市共建校
9	杭州师范大学	公办	197	杭州市	省重点建设校
10	中国美术学院	公办	220	杭州市	一流专业、省重点建设校
11	中国计量大学	公办	272	杭州市	省市共建校
12	浙江中医药大学	公办	248	杭州市	省重点建设校
13	浙江农林大学	公办	330	杭州市	省重点建设校
14	浙江财经大学	公办	329	杭州市	省重点建设校
15	浙江万里学院	公办	361	宁波市	否
16	湖州师范学院	公办	402	湖州市	否
17	浙江科技学院	公办	422	杭州市	否
18	绍兴文理学院	公办	417	绍兴市	否
19	浙江海洋大学	公办	457	舟山市	省市共建校
20	浙江水利水电学院	公办	468	杭州市	否
21	台州学院	公办	513	台州市	否
22	浙江传媒学院	公办	432	杭州市	否
23	宁波工程学院	公办	549	宁波市	否
24	嘉兴学院	公办	555	嘉兴市	否
25	浙江树人学院	民办	571	杭州市	否
26	浙江警察学院	公办	579	杭州市	否
27	浙江外国语学院	公办	556	杭州市	否
28	杭州医学院	公办	617	杭州市	否
29	浙大宁波理工学院	公办	720	宁波市	否
30	宁波财经学院	民办	667	宁波市	否
31	丽水学院	公办	738	丽水市	否
32	浙大城市学院	公办	533	杭州市	否
33	浙江音乐学院	公办	770	杭州市	否
34	浙江越秀外国语学院	民办	707	绍兴市	否

序号	学校名称	办学体制	全国教发指数排名	所在地市	建设工程
35	衢州学院	公办	784	衢州市	否
36	浙江工业大学之江学院	独立学院	899	杭州市	否
37	绍兴文理学院元培学院	独立学院	902	绍兴市	否
38	杭州师范大学钱江学院	独立学院	930	杭州市	否
39	浙江师范大学行知学院	独立学院	905	金华市	否
40	宁波诺丁汉大学	中外合作办学	913	宁波市	否
41	上海财经大学浙江学院	独立学院	962	金华市	否
42	温州理工学院	公办	935	温州市	否
43	浙江工商大学杭州商学院	独立学院	996	杭州市	否
44	宁波大学科学技术学院	独立学院	994	宁波市	否
45	温州商学院	民办	1017	温州市	否
46	中国计量大学现代科技学院	独立学院	1005	杭州市	否
47	浙江财经大学东方学院	独立学院	947	嘉兴市	否
48	浙江理工大学科技与艺术学院	独立学院	1050	杭州市	否
49	浙江农林大学暨阳学院	独立学院	1082	绍兴市	否
50	温州医科大学仁济学院	独立学院	1025	温州市	否
51	嘉兴南湖学院	公办	1032	嘉兴市	否
52	同济大学浙江学院	独立学院	1048	嘉兴市	否
53	温州肯恩大学	中外合作办学	1132	温州市	否
54	杭州电子科技大学信息工程学院	独立学院	1132	杭州市	否
55	湖州学院	公办	1137	湖州市	否
56	浙江中医药大学滨江学院	独立学院	1213	杭州市	否
57	西湖大学	民办	未列入	杭州市	否

附录 5 高校教师教学发展推进策略研究调查问卷

高校教师教学发展推进策略研究调查问卷

尊敬的先生/女士：

您好！占用您 3—5 分钟的宝贵时间,接受一份问卷调查。本次调查是浙江大学的一项学术活动,目的是考查高校教师的教学发展情况。本问卷不涉及个人隐私,答案无对错之分。对所有数据,仅用于学术研究,请放心填写。

感谢您的支持！

浙江大学课题组

2021 年 10 月

首先,我们想了解一下您的基本情况,希望您不介意。

一、基本信息

1.1 您的学历学位			1.2 您的年龄（周岁）	1.3 您的教龄	1.4 您的性别		1.5 您的专业技术职务(含相当级别职务)			
本科（ ）	硕士（ ）	博士（ ）	30 以下（ ） 31—35（ ） 36—40（ ） 41—45 （ ） 46—50（ ） 51 以上（ ）	2 年以下（ ） 2—5 年（ ） 6—10 年（ ） 11—20 年（ ） 20 年以上（ ）	男（ ）	女（ ）	教授（ ）	副教授（ ）	讲师（ ）	助教（ ）

1.6 您任教的学校属于:(1)公办学校;(2)民办学校/独立学院

1.7 您任教的学科属于:(1)理工农医类;(2)人文社科类

1.8 您税后月收入约为:(1)6000 元以下;(2)6001—10000 元;(3)10001—15000 元;(4)15001—20000 元;(5)20000 元以上

接下来,我们想了解一下您任教的一些情况。

二、下面的问题描述了您的工作认知,请根据实际情况进行评价。其中,"1＝完全不符合,2＝不符合,3＝说不准,4＝符合,5＝完全符合"。

	1	2	3	4	5
2.1 我很喜欢教学工作					
2.2 我认为做好教学工作很重要					
2.3 我把大部分工作时间花在教学工作上					
2.4 我认为做好教学工作对自己很有意义					
2.5 我愿意尽可能多地承担教学工作					
2.6 我把大部分工作时间花在科研工作上					
2.7 科研人员的身份是我自我形象的重要组成部分					
2.8 我觉得自己属于研究领域					
2.9 我对科研人员群体有强烈的归属感					
2.10 我认为自己是科研人员					

三、下面的问题描述了您的工作情况,请根据实际情况进行评价。其中,"1＝完全不符合,2＝不符合,3＝说不准,4＝符合,5＝完全符合"。

	1	2	3	4	5
3.1 我能很好地完成教学任务					
3.2 我能很好地适应教学工作中的变化					
3.3 我善于提出改进教学工作的想法					
3.4 我会学习新技能来适应教学工作的变化					
3.5 我会根据学生的教学反馈来调整教学方式					

四、下面的问题描述了您的工作状态,请根据实际情况进行评价。其中,"1＝完全不符合,2＝不符合,3＝说不准,4＝符合,5＝完全符合"。

	1	2	3	4	5
4.1 我专注于遵守教师的教学行为规范					
4.2 我专注于履行我的工作职责					
4.3 我专注于教学工作细节					
4.4 我专注于正确地完成教学工作					
4.5 无论发生什么情况,我都专注于把教学工作做完					
4.6 我专注于在有限的时间做更多的教学工作					
4.7 我积极参加能够提高我教学水平的活动					
4.8 我专注于我的教学工作成就					
4.9 我倾向于自己(而不是求助他人)解决教学问题					
4.10 我致力于思考解决教学问题的办法					
4.11 我致力于改进教学工作					
4.12 我致力于思考教学工作中可能的积极改变					

五、下面的问题描述了学校对您教学工作的支持情况,请根据实际情况进行评价。其中,"1＝完全不符合,2＝不符合,3＝说不准,4＝符合,5＝完全符合"。

	1	2	3	4	5
5.1学校出台了多项措施来落实立德树人					
5.2学校建立了较好的薪酬制度来保障教师的教学投入					
5.3学校建立了较好的教学业绩评价体系来保障教师的教学投入					
5.4学校积极加强基层教学组织建设					
5.5学校投入了较多的资源来推动教师的教学发展					

最后,我们再简单问您几个问题。

6.1请对您最近三年里获得的教学相关奖项次数(例如课堂教学质量奖)进行大致的估算:(1)没获得过;(2)一般两个学年获得1次;(3)一般一个学年获得1次;(4)几乎每个学期都有。

6.2相比我的同事,我最近三年在教学相关奖项的获得情况。

(1)远低于平均水平;(2)略低于平均水平;(3)平均水平;(4)略高于平均水平;(5)远高于平均水平。

下面的问题描述了不同对象对您的教学质量的评价,请根据实际情况进行评价。其中,"1＝完全不符合,2＝不符合,3＝说不准,4＝符合,5＝完全符合"。

	1	2	3	4	5
6.3 相比我的同事,学生对我的教学质量的满意度是较高的					
6.4 相比我的同事,同行、专家对我的教学质量的评价是较高的					
6.5 相比我的同事,教学管理部门对我的教学质量的评价是较高的					
6.6 相比我的同事,教学督导对我的教学质量的评价是较高的					

6.7 最后,请填写下您现在任教的学校名称:

问卷至此结束,再次感谢您的配合和支持,祝您开心愉快!

【访问记录】(如通过面访完成,则由访问员填写以下内容)

1 本问卷填写方式	(1)被访者	(2)访问者代填	(3)第三方代填
2 被访者合作态度	(1)很好	(2)一般	(3)不合作
3 访问是否单独进行	(1)是	(2)多人同时	(3)监督下
4 问卷的可信程度	(1)可信	(2)一般	(3)不可信

附录 6 高校教师教学发展态势评估专家访谈提纲

访谈时间：＿＿＿＿＿＿　访谈地点：＿＿＿＿＿＿　访谈者：＿＿＿＿＿＿

访谈者身份：□教育学专家　□高校领导与管理者　□统计专家

　　　　　　□大学一线教师　□教师发展研究人员　□教育博士

(1)您认为从总体情况上来说，当前高校教师在教学上是否存在发展问题？

(2)您对高校教师教学发展的理解和认识？（或您认为，什么是高校教师教学发展？是否有学校类型、教师发展阶段的差异或特点？）

(3)您认为高校教师教学发展水平可不可测评，可以从哪些方面去测评？或举出实际案例。

(4)针对高校教师教学工作的特点，您认为高校教师教学发展的主要内涵维度包括哪些？或您认为教师团队、教改项目、教材项目、教学论文、教学成果奖、教师培训基地建设、教师培训、教师教学竞赛等哪些维度较为合适？（即对一级指标的看法和认同）

后 记

在一个国家的改革发展中，人才扮演着核心角色。高校是培养人才的主要场所，教师是培养人才的关键力量。我们选择了"高校教师教学发展"这个主题进行研究，深感责任重大，也期望能为社会发展做出一些贡献。

本书撰写在全国教学名师、浙江大学机器人研究院常务副院长、享受国务院政府特殊津贴的陆国栋教授的悉心指导下，由吴挺、王静等工作组成员共同完成。其中，马楠主要负责本书第1、4、7、9章的撰写，吴挺主要负责第3、6章，王静主要负责第2、5章，第8章及剩余部分则由马楠、吴挺、王静共同参与完成。在此，我们对所有人的协同努力表示由衷的感谢。

我们也要特别感谢浙大城市学院的韦巍副校长。他是享受国务院政府特殊津贴的知名专家学者，也是浙江大学的"求是特聘"教授。韦校长为我们的工作组提供了支持和指导，也推动了案例研究的顺利完成。春风化雨育桃李，润物无声映春晖，真诚感谢本书写作过程中所遇到的每一位老师，正因为他们如艳阳一般指引着我们前行，才让拙作得以完成。

本书的出版及相关研究得到浙江省2021年文化研究工程重大项目"浙江工匠精神研究"（21WH70077ZD）、教育部2022年产学合作协同育人项目"应用型本科高校教师教学发展的多维协同态势评估及路径研究"（220606272235133）、"数字时代背景下网络安全相关专业的高校教师发展研究与实践"（220604719022904）、浙江省2021年文化研究工程重点项目"浙江中医药工匠与工匠精神研究"（21WH70077－11Z）、2022年浙江省教育科学规划课题"ICR－O动态匹配视角下的高校教师教学发展：一个跨层次的分析框架"（2022SCG217）、2022年浙大城市学院党建研究课题"党建引领高校师德师风建设的作用机制和策略研究：基于政治视角的实证"，以及中国高等教育学会"高校教师教学发展研究"专家工作组、杭州市发展和改革委员会、杭州市哲社重点研究基地"数字化转型与社会责任管理研究中心"（筹）等单位的资助与大力支持。

特别值得一提的是，本书依赖的高校教师教学发展指数的数据采集非常困难。

即便如此，陆国栋老师仍要求我们多次核对，确保准确无误。例如，我们从教育部官方网站下载了 1991 年全国教育系统劳动模范的名单，总共 595 人，我们认为这是可靠的数据。然而，文件《关于表彰全国教育系统劳动模范全国优秀教师和教育工作者的决定（1991）》，明确记载着当年受表彰的为 596 人。尽管差异只有一人，对我们的 10 万条数据的研究影响微乎其微，但陆老师仍要求我们找出原因，确保数据无误。为此，我想尽办法，包括申请教育部信息公开、网上检索文献、查阅档案馆资料等，都没能补齐数据。直到一个偶然的机会，我从旧书市场买到了正式刊印的《一九九一年全国教育系统劳动模范、优秀教师、优秀教育工作者光荣册》，最后确定教育部官网上的名单缺少了黑龙江省一所学校的范丰利老师，我第一时间对缺失的数据予以补齐。在整个研究过程中，陆国栋老师一直都如此严格的要求我们，使我们受益匪浅。

尽管我们已经在此书中取得了一定的研究进展，但由于时间紧张和团队能力的局限，当前的研究成果或许尚未触及问题的更深层次。在承认这一点的同时，我们也深感研究的复杂性和挑战性，这为我们提供了更多推动自我进步和深化理解的动力。未来，我们将以更加敏锐的洞察力和创新的研究方法，继续在"高校教师教学发展"这一领域深入探索，力争为理论和实践提供更有价值的见解。期待我们的后续工作能为相关领域的发展做出更大的贡献。

马 楠

2023 年 7 月